Fthenakis / Textor (Hrsg.) · Mutterschaft, Vaterschaft

W0076484

Das „Jahrbuch der Frühpädagogik und Kindheitsforschung"

wird herausgegeben von Wassilios E. Fthenakis und Martin R. Textor

Band 4

Mutterschaft, Vaterschaft

Herausgegeben von
Wassilios E. Fthenakis und Martin R. Textor

Beltz Verlag · Weinheim und Basel

Über die Herausgeber:

Dr. Dr. Dr. *Wassilios E. Fthenakis*, Direktor des Staatsinstituts für Frühpädagogik
in München, Professor für Angewandte Entwicklungspsychologie und Familienforschung
an der Universität Augsburg.

Dr. *Martin R. Textor*, wissenschaftlicher Angestellter am Staatsinstitut für Frühpädagogik
in München.

Alle Rechte, insbesondere das Recht der Vervielfältigung und Verbreitung sowie
der Übersetzung, vorbehalten. Kein Teil des Werkes darf in irgendeiner Form (durch
Fotokopie, Mikrofilm oder ein anderes Verfahren) ohne schriftliche Genehmigung
des Verlages reproduziert oder unter Verwendung elektronischer Systeme verarbeitet,
vervielfältigt oder verbreitet werden.

Druck nach Typoskript
Lektorat: Peter E. Kalb

© 2002 Beltz Verlag · Weinheim und Basel
www.beltz.de
Herstellung: Klaus Kaltenberg
Druck: Druckhaus Beltz, Hemsbach
Umschlaggestaltung: Federico Luci, Köln
Umschlagfoto: Corbis Stock Market, Düsseldorf
Printed in Germany

ISBN 3-407-62492-1

Inhaltsverzeichnis

Wassilios E. Fthenakis und Martin R. Textor

Vorwort

Schon früh wurde die große Bedeutung von Mutterschaft und Vaterschaft für den einzelnen Menschen und die Gesellschaft erkannt. So schrieb zum Beispiel Aristoteles in der Nikomachischen Ethik: „Die Freundschaft zwischen Mann und Frau scheint auf der Natur zu beruhen. Denn der Mensch ist von Natur noch mehr zum Beisammensein zu zweien angelegt als zur staatlichen Gemeinschaft, sofern die Familie ursprünglicher und notwendiger ist als der Staat und das Kinderzeugen allen Lebewesen gemeinsam ist. Die andern freilich beschränken ihre Gemeinschaft gerade darauf, bei den Menschen besteht sie aber nicht nur um der Kinderzeugung willen, sondern wegen der Lebensgemeinschaft. Denn die Aufgaben sind von vorneherein differenziert und verschieden bei Mann und Frau. Also helfen sie einander, indem jedes das Seinige zum Gemeinsamen beiträgt. Darum scheint wohl das Nützliche wie auch das Angenehme in dieser Freundschaft vorhanden zu sein. Sie wird auch auf Tugend begründet sein, wenn sie beide tugendhaft sind. Denn jedes von beiden hat seine Tugend, und sie werden sich daran freuen" (VII, 14).

Aufgrund der großen Bedeutung von Mutterschaft und Vaterschaft für den Einzelnen, für das Zusammenleben von Frau und Mann, für Erziehung und Sozialisation der Kinder, für die Reproduktion der Gesellschaft u.v.a.m. haben sich Philosoph/innen, Theolog/innen, Politiker/innen, Psycholog/innen, Soziolog/innen, Pädagog/innen und andere Berufsgruppen seit jeher intensiv mit Elternschaft befasst. Die im Verlauf von mehr als zwei Jahrtausenden entstandene Fachliteratur ist nicht mehr überschaubar.

Weshalb haben wir trotz dieser Flut von Veröffentlichungen den Ihnen nun vorliegenden Sammelband herausgegeben? Mutterschaft und Vaterschaft unterliegen starken soziokulturellen Einflüssen, ihr Erscheinungsbild wandelt sich fortwährend. In diesem Buch werden einige Entwicklungslinien bei Elternschaft und Familienerziehung nachgezogen, wird ihre „Kultivierung" beschrieben (siehe die Beiträge von Steven Mintz sowie Rob Palkovitz und Loren Marks). Die großen Veränderungen bei der Vaterrolle werden herausgearbeitet und neue Phänomene wie z.B. Vaterschaft bei homosexuellen Vätern beleuchtet (Beiträge von Wassilios E. Fthenakis). Aber auch aktuelle Probleme wie Alleinerzieherschaft (Kapitel von Elisabeth Sander) und die Vereinbarkeit von Familie und Beruf werden aktualisiert – wobei deutlich wird, dass Letzteres nicht nur ein Problem von Müttern ist (Beiträge von Lois W. Hoffman sowie James A. Levine und Todd L. Pittinsky). Abgerundet wird das Buch durch ein Kapitel über den Prozess der Mutterwerdung (Martin R. Textor) und ein weiteres mit aktuellen Forschungsergebnissen über den Zusammenhang zwischen Elternschaftskonzepten und faktischer Rollenausübung (Bernhard Kalicki, Gabriele Peitz und Wassilios E. Fthenakis). Zum Schluss wird Elternschaft unter dem Gesichtspunkt der Generativität betrachtet und die Bedeutung der Ehequalität für das Gelingen der Familienerziehung herausgestellt (siehe Beitrag von Kay P. Bradford und Alan J. Hawkins).

Zum Schluss möchten wir allen Mitarbeiterinnen und Mitarbeitern an diesem Sammelband danken, die viel Geduld mit den Herausgebern gehabt haben. Besonderer Dank gebührt Herrn Peter E. Kalb vom Beltz Verlag für seine Aufgeschlossenheit für unser Buchprojekt und für seine Kooperationsbereitschaft.

Steven Mintz[*]

Mütter und Väter in Amerika:
Ein Blick zurück

Die Familienrollen von Männern und Frauen werden nicht von der menschlichen Natur, der Biologie oder der Psychologie bestimmt. Vielmehr sind sie die Produkte besonderer historischer Umstände, gesellschaftlicher Prozesse und Ideologien; sie unterscheiden sich stark entsprechend der Rasse, Religion und jeweiligen Epoche. Weit entfernt davon, festgeschriebene und statische Kategorien zu sein, sind Mutterschaft und Vaterschaft soziale, kulturelle und ideologische Konstrukte. Ihre gesellschaftliche Definition und Bedeutung verändern sich, variieren und werden immer wieder hinterfragt (Hacking 1999).

Während der letzten 300 Jahre haben sich die vorherrschenden kulturellen Ideale von Vaterschaft und Mutterschaft dramatisch gewandelt. Auf den folgenden Seiten wird der Umschwung in der Geschichte Nordamerikas von dem Ideal der Kolonialzeit vom Patriarchen des Hauses und von der Hausmutter hin zum Ideal des männlichen Familienernährers und liebevollen Vaters sowie der nicht erwerbstätigen Hausfrau und Mutter von Mitte des 20. Jahrhunderts skizziert. Im Beitrag wird dann das Aufsplittern und Politisieren der Ideale von Vaterschaft und Mutterschaft während der letzten 50 Jahre untersucht.

Heute bewegen sich die Medienbilder von Vaterschaft zwischen dem liebevollen „neuen" Vater bzw. der „männlichen Mutter", die Hausarbeit und Kindererziehung zu gleichen Teilen übernimmt, einerseits und dem sich tot stellenden Vater bzw. den seine Frau schlagenden oder seine Kinder missbrauchenden Mann andererseits. Juristische Definitionen von Vaterschaft umfassen Stiefväter und Pflegeväter ohne biologische Bande zu ihren Kindern ebenso wie viele außenstehende Väter oder Samenspender mit wenig oder überhaupt keiner emotionalen Bindung an ihre Nachkommen (Griswold 1993).

Genauso wenig gibt es heute ein einziges vorherrschendes Bild von Mutterschaft. Die volkstümliche Kultur präsentiert uns eine außerordentlich große Bandbreite von Mutterbildern: liebevoll, empathisch, involviert, aber auch überbehütend, erdrückend, vernachlässigend, aufdringlich, ablehnend, kalt und narzisstisch. Auch die Soziologie zeigt viele Formen von Mutterschaft auf: Neben der

---

[*] Aus dem Amerikanischen übersetzt von Martin R. Textor.

„traditionellen" Hausfrau und Mutter gibt es Alleinerziehende, geschiedene Mütter, lesbische Mütter und erwerbstätige Mütter. Die Entwicklung neuer reproduktiver Technologien hat zu Müttern mit radikal andersartigen Beziehungen zu ihren Kindern geführt: So mag eine Mutter eine Eispenderin oder eine Leihmutter sein, die ein fremdes Kind austrägt. Zur gleichen Zeit ermutigt die „offene Adoption" viele leibliche Mütter, neben den Adoptivmüttern Kontakt zu ihren Kindern zu halten (Thurer 1994).

Vaterschaft und Mutterschaft sind genauso tief eingebettet in den historischen Prozess wie irgendeine andere gesellschaftliche Institution. Dieser einführende Beitrag behandelt die Antriebskräfte und Implikationen von drei Jahrhunderten Wandel in den Familienrollen von Männern und Frauen.

Zentrale Themen in der Geschichte von Mutterschaft und Vaterschaft

Vier zentrale Themen werden sich aus unserer Untersuchung der Geschichte von Vaterschaft und Mutterschaft ergeben: Das erste ist, dass sich die Familienrollen von Männern und Frauen nicht in eine einzige Richtung entwickelt haben. Es ist in den letzten Jahren üblich geworden, die Geschichte von Mutterschaft und Vaterschaft als einen langfristigen Wandel von Patriarchat und Hierarchie hin zu wachsendem Egalitarismus und Androgynität zu diskutieren. Ich werde argumentieren, dass dieses Modell des historischen Wandels nicht ausreicht, um die Komplexität geschichtlicher Veränderungen zu erfassen.

Ein zweites zentrales Thema ist, dass es nie eine einzige eindeutige Familienrolle für Frauen oder Männer gegeben hat. Vielmehr variierten Mutterschaft und Vaterschaft entlang der Linien von Rasse, Volkszugehörigkeit, Schicht und Religion – sowie über diese hinweg. Ich meine, dass die Vielfalt, die heute die Rollen von Vätern und Müttern charakterisiert, den Mangel an Einheitlichkeit widerspiegelt, den man in der Geschichte findet.

Drittens werden wir die an Bedeutung zunehmende Rolle des Staates und von professionellen Diensten untersuchen, die zur Veränderung der Mutter- und Vaterrollen beitragen. Während des 20. Jahrhunderts haben die Regierung und eine Vielzahl öffentlicher Institutionen Verantwortung übernommen für Aufgaben, die früher weitgehend Vätern überlassen wurden. Trotz wiederholter Bemühungen des Staates, die Vaterrolle zur stützen, ist der langfristige Trend eine Schwächung der Familienrollen von Männern. Zur gleichen Zeit haben Ärzte, Psychologen, Experten für Kindererziehung und andere Autoritäten die Normen geändert, welche die Mutterrolle geprägt und geleitet haben. Während ihre Bemühungen darauf abzielten, das Selbstvertrauen von Müttern zu stärken, hatte das ironischerweise auch die Folge, dass sich Mütter nicht mehr sicher sind, wie man Kinder richtig erzieht.

Als Viertes und Letztes werden wir sehen, dass die Rollen und der Status von Männern und Frauen in ihrem Heim untrennbar mit ihrer Beziehung zu Arbeit und Produktion verknüpft sind. In der Geschichte war die Autorität von Männern in ihrer Familie verankert in ihrer Verfügungsgewalt über den Besitz, ihrer Kontrolle über das Handwerk oder ihrer Rolle als Haupternährer der Familie. In den letzten Jahren, als eine zunehmende Anzahl von Frauen erwerbstätig wurde, ist das Geldverdienen – die zentrale Komponente der Vateridentität für ein Jahrhundert und ein bedeutender Faktor, der die für familiale Verpflichtungen zur Verfügung stehende Zeit bestimmt – zu einer von Frauen und Männern geteilten Verantwortung geworden. Diese Entwicklung stellt viele ältere Vorstellungen über angemessene familiale Rollen von Männern infrage.

Meine darüber hinausgehende Argumentation ist, dass die Geschichte von Mutterschaft und Vaterschaft mit der Transition von der „körperschaftlichen Familienökonomie" – einer Produktionsform, für die die Familienfarm oder ein Handwerkerhaushalt der Kolonialzeit typisch war – über die „Familieneinkommensökonomie" – in der der Ehemann bzw. Vater der einzige oder wichtigste Geldverdiener in der Familie war – zur zeitgenössischen „Einzeleinkommensökonomie" verknüpft ist, in der von jedem Erwachsenen erwartet wird, dass er ein eigenes Einkommen verdient. Wie wir sehen werden, wurde jede dieser „Familienökonomien" von ihren eigenen unverwechselbaren ideologischen und demografischen Charakteristika, Formen der Arbeitsteilung sowie emotionalen und Machtbeziehungen begleitet. Heute ist jedoch auffallend, dass die Konzeptionen von Vaterschaft und Mutterschaft problematischer und politisch umstrittener sind als zu irgendeiner Zeit in der Vergangenheit.

Vaterschaft und Mutterschaft in der Kolonialzeit

Die jüngste Forschung präsentiert uns zwei widersprüchliche Bilder von der Familie in der Kolonialzeit. Auf der einen Seite wurde die Kolonialzeit als eine Periode bemerkenswerter Gleichheit zwischen den Geschlechtern beschrieben. Da es keine scharfe Trennung zwischen Heim und Arbeitsplatz oder zwischen produktiven und reproduktiven Aktivitäten gab, wurde argumentiert, dass Mütter sich eines höheren Status und einer viel weiteren Bandbreite von Rollen erfreuten, als dies in der Folge der Fall sein würde. Die Väter interagierten – laut dieser Sichtweise – viel häufiger und aktiver mit ihren Familienmitgliedern, als sie dies in der späteren Geschichte Nordamerikas tun würden (Demos 1986). Neben diesem Bild der Flexibilität existiert jedoch das entgegengesetzte Bild vom Patriarchat in der Kolonialzeit – von Ehemännern und Vätern, die ihre Frauen und Kinder dominierten (Amussen 1988; Morgan 1965; Norton 1996; Schochet 1975; Wilson 1999).

An beiden dieser Sichtweisen ist etwas Wahres. Die amerikanischen Kolonien übernahmen eine Konzeption von der Familie als einer patriarchalischen Einheit, in der von allen Haushaltsmitgliedern erwartet wurde, unter der Leitung des Ehemannes und Vaters zu arbeiten. Die väterliche und männliche Autorität war Teil der „großen Kette des Seins", die jedes Wesen in eine Abfolge von Autorität und Unterordnung einband, die ihren Anfang bei Gott nahm. Die protestantische Reformation erhöhte die väterliche Autorität innerhalb des Haushaltes. Die Grundsätze des frühen Protestantismus besagten, dass Hierarchie und väterliche Autorität wesentlich für ein erfolgreiches Funktionieren von Familien seien (Norton 1996; Ozment 1983).

Weit davon entfernt, ein abstrakter Satz von Ideen zu sein, wurde während der Kolonialzeit das Patriarchat auf vielfältige Weise symbolisiert. Ein zentrales Symbol väterlicher Dominanz bestand darin, dass der Mann in einem Sessel saß, während die anderen Familienmitglieder auf Bänken oder Stühlen saßen. Der Sessel war sozusagen sein Thron. In ihren Briefen fragten Männer selten ihre Ehefrauen um Rat. Im Allgemeinen sprachen sie ihre Frauen in ihrer Korrespondenz mit herabsetzenden Begriffen wie „Liebes Kind" an, während ihre Frauen sie mit „Herr" anredeten und ihre Briefe mit „Ihre treue und gehorsame Frau" unterzeichneten. Trotzdem muss betont werden, dass die Ideologie des Patriarchats mit einem überraschenden Grad an Flexibilität im tatsächlichen Verhalten koexistierte (Greven 1977; 1991; Koehler 1980; Morgan 1965; Norton 1996).

Obgleich Religion und Gesetz eine hierarchische Ordnung der Familienbeziehungen vorschrieben, betrachteten die Protestanten des 17. Jahrhunderts die Kameradschaft und Intimität der Ehe als eines der Elemente, die dem Leben Sinn geben. Die Kolonialgesetze verlangten von Ehemännern, mit ihren Frauen zusammenzuleben, sie finanziell zu unterhalten, alle Schulden zu übernehmen, die ihre Frauen vor der Ehe gemacht hatten, und Geldstrafen für ein kriminelles Verhalten ihrer Frauen zu zahlen. Außerdem begrenzten der gesellschaftliche Druck und das Gesetz die Autorität von Männern in ihren Familien. Das puritanische Connecticut und Massachusets verabschiedeten einige der ersten Gesetze in der Geschichte gegen das Verprügeln der Ehefrau, gegen Ehebruch und Unzucht. Diese Kolonien kannten auch das Recht der Ehescheidung und Wiederheirat in Fällen des Verlassenwerdens, des Ehebruchs und extremer körperlicher Grausamkeit. Ferner verboten sie „jede unnatürliche Strenge" gegenüber Kindern (Mintz 1992; Norton 1996; Ozment 1983).

Im Vergleich zur Familie von heute erfüllte der Haushalt im 17. Jahrhundert eine größere Bandbreite an Funktionen. Auch hatte er durchlässigere und flexiblere Grenzen. Er erfüllte eine Vielzahl produktiver, bildender, religiöser und karitativer Funktionen, die in der Folge an andere Institutionen abgetreten wurden. In erster und vorderster Linie war er eine Einheit der ökonomischen Produktion, deren Größe und Zusammensetzung entsprechend des Arbeitskräftebedarfs variierten (Mintz/Kellogg 1988). Im Haushalt war die Arbeitsteilung viel weniger spezialisiert oder festgeschrieben, als dies später der Fall sein würde. Dies traf besonders auf Frauen zu. Die Historikerin Laurel Thatcher Ulrich (1982) hat Mutterschaft im 17. Jahrhundert treffend als extensiv denn als intensiv beschrieben. Haushalte waren arbeitsreiche und oft überfüllte Orte, wo die Verantwortung für Kindererziehung mit anderen Anforderungen an die Zeit der Frau ausbalanciert werden musste. Mütter waren nicht nur verantwortlich für die Ernährung, Bekleidung, Überwachung und Bildung ihrer eigenen Kinder, sondern auch für die Anleitung, Disziplinierung und Ausbildung der Lehrlinge und Dienstboten.

Ferner mussten sie ihrem Ehemann bei der Arbeit helfen. Eine Hausfrau sollte eine geschickte Spinnerin, Näherin und Strickerin sein, Lebensmittel verarbeiten, brauen und kochen, den Garten produktiv bestellen, Haushaltsutensilien selbst herstellen und mit anderen erfolgreich handeln können. Anstatt ihre Liebe und Aufmerksamkeit einer kleinen Zahl von Kindern zu widmen, mussten sich Mütter um eine große Anzahl von Verwandten und Nicht-Verwandten kümmern, einschließlich von Untermietern, Dienstboten und Lehrlingen. Im Neuengland des 17. und 18. Jahrhunderts gebar eine Frau in der Regel sieben bis zehn Kinder (a.a.O.).

Während des 17. Jahrhunderts erlebten viele Kinder mehr als eine Mutterfigur. In England und Frankreich wurden viele Kinder aus der mittleren und oberen Schicht an Ammen fortgegeben, die sie mehrere Monate lang stillten. Dieses Ammenwesen war im kolonialen Amerika weniger üblich, aber nicht unbekannt. Ältere Töchter und Dienstboten halfen oft den Müttern, jüngere Kinder zu betreuen. Schon im Alter von sechs oder sieben Jahren wurden viele Kinder aus dem Haus gegeben, um als Dienstboten oder Lehrlinge zu arbeiten oder ein Internat zu besuchen. Die kurze Lebenserwartung bedeutete, dass es viele Stiefmütter, Stiefväter und Waisen gab. Die Sprache belegte die Häufigkeit mehrerer Mutterfiguren: Eine Hebamme wurde manchmal als „good mother", ältere Schwestern wurden als „little mothers" und Negersklavinnen, die weiße Kinder stillten, als „mammies" bezeichnet. Manche Männer und Frauen, die keine eigenen Kinder hatten, beteiligten sich an der Erziehung junger Menschen. Die gesellschaftlichen Bräuche förderten verschiedene Formen der Verteilung von Kindern – von dem Verdingen und der Lehre bis hin zur Inpflegegabe und informellen Adoption (May 1995).

In mancherlei Hinsicht spielten Väter eine aktivere Rolle im häuslichen Leben, als dies zwei Jahrhunderte später der Fall sein würde. Sie waren hauptsächlich dafür verantwortlich, ihren Kindern das Lesen und Schreiben beizubringen, das Beten anzuleiten und die Jugend in Landwirtschaft oder Handwerk auszubilden. Die Väter übernahmen auch die meiste Korrespondenz mit Angehörigen. Leitfäden für den Haushalt oder Erziehungsratgeber wurden an Männer gerichtet, nicht an ihre Ehefrauen. Vom Gesetz her wurden Väter als primäre Elternteile gesehen. Väter, nicht Mütter, erhielten das Sorgerecht nach einer Scheidung oder Trennung. In Neuengland der Kolonialzeit wurde von einem Vater verlangt, seiner Familie vorzubeten sowie seinen Kindern und Dienstboten den Katechismus zu lehren. Er hatte das Recht, ausfallend werdende oder aufsässige Ehefrauen, störende Kinder und widerspenstige Dienstboten zurechtzuweisen und zu bestrafen. Ferner übte er laut Gesetz die Kontrolle über die Dienstleistungen und Arbeit seiner Kinder sowie über den Besitz und die Einnahmen seiner Ehefrau aus. Darüber hinaus war er dafür verantwortlich, für seine Kinder einen Beruf auszusuchen, musste der Eheschließung seiner Kinder zustimmen und konnte nach freiem Ermessen den Familienbesitz verteilen (Mintz/Kellogg 1988).

Jedoch wäre es ein Fehler, die Beteiligung von Männern am Familienleben während der Kolonialzeit zu übertreiben oder zu romantisieren. Obgleich Männer

Bindungen an sehr kleine Kinder haben und ihnen gegenüber liebevoll sein mochten, gibt es keine Belege dafür, dass sie sich an der alltäglichen Versorgung von Säuglingen und Kleinkindern beteiligten. Wechseln der Windeln, Baden, Kochen und andere tagtägliche Aufgaben der Kinderbetreuung wurden den Ehefrauen, älteren Töchtern oder Dienstboten überlassen (a.a.O.).

Themen und Variationen

Es gab im kolonialen Amerika bedeutende regionale Unterschiede hinsichtlich der Familienrollen von Männern und Frauen. Im puritanischen Neuengland begann die patriarchalische Konzeption des Familienlebens, sich schon nach 1670 aufzulösen, während in den Chesapeake Kolonien von Maryland und Virginia eine patriarchalischere Struktur von Beziehungen erst richtig in dem späten 17. und dem 18. Jahrhundert entstand (Moran 1991).

Viele Puritaner der ersten und zweiten Generation strebten danach, Familienpatriarch zu werden. Indem sie ihr „Herumirren in der Wildnis" mit der 40-jährigen Wanderung der alten Hebräer durch die Wüste verglichen, versuchte die erste Generation, eine hierarchische Form des Familienlebens wiederzubeleben, die sich in England schon auflöste. Diese Männer tendierten dazu, die Familie in dynastischen und korporativen Begriffen zu konzeptualisieren. Sie wollten ihre Kinder in der Nähe behalten und ihr Patrimonium von einer Generation zur nächsten weitergeben (Ditz 1986; Greven 1970; Shammas/Salmon/Dahlin 1987).

Diese Betonung der familialen Kontinuität wurde in der Namensgebung, den ökonomischen Strategien und den Testamenten deutlich. Im Vergleich zu anderen Englisch sprechenden Menschen nannten sie häufiger die erstgeborenen Söhne nach sich selbst. Da sie die Familie als ein korporatives Wirtschaftsunternehmen betrachteten, übten sie strenge Kontrolle über ihre Kinder aus, insbesondere die Söhne. Sie überwachten Ausbildungsverhältnisse genau, belehrten ihre Kinder explizit (auch wenn diese bereits das Erwachsenenalter erreicht hatten), kontrollierten sexuelle Kontakte und übernahmen eine aktive Rolle hinsichtlich Partnersuche und Eheschließung ihrer Kinder (Ditz 1986; Fischer 1989; Greven 1970; Norton 1996; Shammas/Salmon/Dahlin 1987).

Demografische Umstände, die wirklich einzigartig waren, machten diese patriarchalische Rolle möglich. Wegen ihrer kalten Winter und geringen Bevölkerungsdichte war das Neuengland des 17. Jahrhunderts zur damaligen Zeit vielleicht die gesündeste Region der Welt. Nach einer Periode hoher Sterblichkeit nahm die Lebenserwartung schnell bis zu einem Wert zu, der mit dem heutigen vergleichbar ist. Die lange Lebensdauer ermöglichte die Entstehung klar abgegrenzter Altersstrukturen (Mintz/Kellogg 1988).

Andere demografische Umstände trugen ebenfalls zur patriarchalischen Konzeption der Rollen von Männern bei: Ehemänner waren signifikant älter als ihre Frauen – im Durchschnitt vier oder fünf Jahre – und versuchten, noch älter auszusehen, indem sie weiße Perücken und kunstvoll gearbeitete Westen trugen. Da nahezu alle Frauen verheiratet waren (zwischen 95 und 98%), war es für eine Frau eine nahezu universelle Erfahrung, die Unterordnung gegenüber ihrem Vater gegen die Unterordnung gegenüber ihrem Ehemann zu tauschen (ohne die Unterbrechung durch eine Periode relativer Freiheit, die Vorkriegsamerikaner „girlhood" nannten, als junge Frauen kurzzeitig außerhäuslich erwerbstätig waren) (Ulrich 1982).

Nur wenige Institutionen konkurrierten mit der Autorität eines Vaters. Obwohl Gesetze die Gründung von Schulen vorsahen, wurden die meisten Kinder informell gebildet. Während Kinder im Alter von sieben bis zwölf Jahren häufig für eine befristete Zeit als Lehrlinge oder Dienstboten außer Haus gegeben wurden, lebten die meisten Jugendlichen daheim unter dem wachsamen Auge ihres Vaters. Die vorhandenen Belege lassen vermuten, dass Väter wirklich eine aktive Rolle bei Entscheidungen spielten, die Berufswahl, Partnersuche und Eheschließung betrafen. Um in Kontrolle zu bleiben, weigerten sich Väter gewöhnlich, ihren Landbesitz vor ihrem Tod an ihre Söhne zu übertragen. So blieben ihre Nachkommen jahrelang abhängig. Die Söhne erreichten erst im mittleren Erwachsenenalter die für diese Lebensphase ansonsten typische Autonomie (Ditz 1986; Greven 1970; Shammas/Salmon/Dahlin 1987).

Es ist jedoch bemerkenswert, wie schnell diese patriarchalische Konzeption an Bedeutung verlor. Schon in der zweiten und dritten Generation unterminierten die hohen Geburtenraten und die zunehmende geografische Mobilität die patriarchalische Ordnung. Die Väter hatten nicht mehr genügend Landbesitz, um ihre Söhne daheim zu halten. Der mangelnde Anreiz, zu Hause zu bleiben, die zunehmenden Möglichkeiten bei der Berufswahl und neue Einkommensquellen in Häfen und Städten ließen viele junge Männer aus ihrem Elternhaus ausziehen, was die patriarchalische Autorität schwächte. Eine abgegrenzte Subkultur für Jugendliche – frei von der Kontrolle durch Erwachsene – entstand langsam, als junge Männer Milizen, Freiwilligenverbänden und religiösen Gruppen beitraten. Die externen Kontrollen, die von Kirchen, Gerichten und Eltern dem sexuellen Verhalten von jungen Menschen auferlegt worden waren, ließen in ihrer Effektivität nach – eine Entwicklung, die sich in einer starken Zunahme nicht ehelicher Geburten und vorehelicher Schwangerschaften zeigte. Väter verloren auch immer mehr die Macht, den Zeitpunkt der Eheschließung ihrer Kinder zu bestimmen (Mintz/Kellogg 1988).

Klassenspezifische, regionale, ethnische und religiöse Unterschiede charakterisierten die Familienrollen und Beziehungen von Männern und Frauen während der Kolonialzeit. Die Familien, die von Quäkern in Pennsylvania, New Jersey und Delaware gegründet wurden, waren viel weniger autoritär und patriarchalisch als jene in Neuengland. Bei weitem nicht so besorgt wie Puritaner um die „Lasterhaftigkeit von Säuglingen" oder die „Erbsünde", versuchten Quäker, die kindliche „Unschuld" zu erhalten, indem sie ihre Kinder in einer warmen und liebevollen Umgebung aufzogen. Im Gegensatz zu den Puritanern von Neuengland betonten sie auch die frühe Autonomie ihrer Kinder. Sie versahen ihre Töchter frühzeitig mit einer Aussteuer und ihre Söhne mit genügend Landbesitz, um ihnen eine

Grundlage für ein unabhängiges Leben zu geben. Die Familien von Quäkern legten auch viel mehr Wert als puritanische auf die mütterliche Erziehung (Fischer 1989; Levy 1988).

In den Chesapeake-Kolonien von Maryland und Virginia – in starkem Kontrast zu Neuengland – verlief hingegen der Trend in Richtung auf zunehmende väterliche Autorität. Ein Hauptgrund für diesen Umschwung war demografisch: Je weiter südlich, umso unausgeglichener war das Verhältnis zwischen den Geschlechtern und umso höher war die Sterblichkeit. In Neuengland war das Verhältnis relativ gleich, mit drei Männern auf zwei Frauen in der ersten Generation. In den New Netherlands kamen jedoch zwei Männer und in Chesapeake sechs Männer auf eine Frau. Während die Bevölkerung in Neuengland schon um 1630 herum selbst erhaltend war, erreichten dies New Jersey und Pennsylvania nicht vor 1660 bis 1680 und Virginia erst nach 1700 (Kulikoff 1986; Rutman/Rutman 1984).

Während des 17. Jahrhunderts machten die hohe Sterblichkeit und das unausgeglichene Verhältnis zwischen den Geschlechtern es unmöglich, dieselbe Art einer stabilen patriarchalischen Familie zu gründen, wie dies in Neuengland geschah. In der Region des Chesapeake endete die Hälfte aller Ehen innerhalb von sieben oder acht Jahren mit einem Todesfall, und die Hälfte aller Kinder verlor ihren Vater vor der Eheschließung. Die Sterblichkeit war so groß, dass sogar oft schon die Zweitehe des verwitweten Elternteils durch den Tod aufgelöst wurde, bevor ein Kind das Erwachsenenalter erreichte. Unter diesen Umständen waren die meisten Familien in Chesapeake hoch komplexe Einheiten, die aus einer komplizierten Verbindung von Stiefeltern, Stiefkindern, Mündeln, Halbbrüdern und -schwestern bestand. Die hohe Sterblichkeit führte zu einer Gesellschaft, die dem erweiterten verwandtschaftlichen Netzwerk relativ mehr Bedeutung beimaß als der Kleinfamilie. Noch bis zur Amerikanischen Revolution konnten nur wenige Männer in den südlichen Kolonien zuversichtlich sein, dass sie ihren Besitz direkt an ihre Söhne übertragen können. Und selbst im 20. Jahrhundert ist es bei Familien im Süden üblicher als im Norden Amerikas, die Nachnamen als Vornamen zu verwenden, was die noch anhaltende Bedeutung der Identität als erweiterte Familie unterstreicht (Kulikoff 1986; Rutman/Rutman 1984; Wyatt-Brown 1982).

Zwischen 1690 und 1760 – als die Sterblichkeit zurückging, das Verhältnis zwischen den Geschlechtern ausgeglichener wurde und Ehen länger dauerten – entstanden langsam stabilere patriarchalische Familienbeziehungen in den Chesapeake-Kolonien. Jedoch war die Art des Patriarchats ganz anders als in Neuengland. Nach außen hin waren die Beziehungen zwischen Vätern und Kindern sogar noch hierarchischer als in Neuengland; so sprachen im Süden viele Söhne ihre Väter in Briefen als „Herr" oder „Sehr geehrter Herr" an. Und natürlich versuchten viele Plantagenbesitzer, ihre Söhne zu Gentlemen heranzubilden sowie die Entscheidungen ihrer Nachkommen bezüglich Ausbildung und Eheschließung zu beeinflussen. Viele Beziehungen von Plantagenbesitzern und ihren Kindern waren aber auch durch Verwöhnung, wenig Disziplin und frühe Unabhängigkeit gekennzeichnet. Wahrscheinlich ist dieser verwöhnende Patriarchalismus der Chesapeake-Region ironischerweise ein Nebenprodukt der Sklaverei, da die Energien der sozialen Kontrolle von den Kindern weg auf die Sklaven gelenkt wurden (Greven 1977; Moran 1991).

Auch die Ehebeziehungen schienen eine sonderbare Mixtur von Patriarchat und Unabhängigkeit der Ehefrau gewesen zu sein. Der Altersunterschied zwischen Ehemännern und Ehefrauen war in den Kolonien des Südens viel größer als anderswo. Vor 1700 heiratete ein Mann in der Regel um sein 25. Lebensjahr herum, während die meisten Frauen bei der Eheschließung 17 Jahre alt waren. Das Alter der Frauen bei Erstheirat nahm während des 18. Jahrhunderts zu, blieb aber sehr viel niedriger als in den nördlichen Kolonien. Obgleich der Altersunterschied eine enge Kameradschaft zwischen Ehepartnern erschwerte, sah das Gesetz größere allgemeine Rechte und Besitzrechte für Frauen vor, als dies in Neuengland der Fall war. Die puritanischen Gesetzgeber betrachteten die Eheeinheit unter Leitung des Mannes als Vorbedingung für gesellschaftliche Stabilität und schafften Regelungen aus dem englischen Gewohnheitsrecht ab, die – davon ausgehend, dass Ehemänner und Ehefrauen unterschiedliche Interessen haben – das eigene Gut von Frauen, die Rechte von Witwen und voreheliche Verträge schützten sowie Gerichtsverfahren gegen den Ehemann zuließen. Im Gegensatz hierzu erhielten Frauen in Maryland, South Carolina und Virginia, wo die Sterblichkeit höher war und häufiger Witwen mit Kleinkindern zurückblieben, einen größeren Schutz ihres persönlichen Eigentums und Bodenbesitzes. Unter diesen Umständen ist es nicht verwunderlich, dass im Süden die Ehebeziehungen wohl konflikthafter waren. Bei einem berühmten Vorfall in Virginia störte Sarah Harrison 1687 ihre Hochzeit mit Dr. James Blair, dem zukünftigen Gründer des William and Mary College, als sie sich weigerte zu versprechen, ihrem Ehemann zu gehorchen (Fischer 1989).

Trotz all dieser regionalen Unterschiede bei den Familienrollen scheint es eindeutig so zu sein, dass die Amerikaner der Kolonialzeit ideologisch und ökonomisch der Vater-Sohn-Beziehung eine größere Bedeutung zuwiesen als der Ehe- oder Mutter-Kind-Beziehung. In allen Regionen waren Väter damit befasst, das familiale Patrimonium zu erhalten, zu vergrößern und weiterzugeben. Sie setzten nicht nur viel Zeit und Energie ein, um Ausbildungsverhältnisse zu vereinbaren und sexuelles Verhalten zu überwachen, sondern widmeten auch viel mehr Aufmerksamkeit der Partnersuche und dem Erbe als Eltern späterer Generationen (Wood 1992).

Veränderungen im 18. Jahrhundert

Während des späten 18. Jahrhunderts transformierte eine Reihe von demografischen, ökonomischen und kulturellen Kräften die Bedeutung und soziale Erfahrung von Mutterschaft und Vaterschaft. Sowohl die Ideologie als auch die Realität der patriarchalischen Autorität nahmen sichtbar ab. Die Väter erlebten, dass sie weniger fähig waren, die Berufswahl ihrer Söhne zu beeinflussen, zu bestimmen, wann und wen ihre Kinder heiraten würden, oder das Sexualverhalten ihrer Nachkommen zu kontrollieren. Söhne zogen weiter fort von ihren Elternhäusern, weniger Töchter heirateten entsprechend der Geschwisterfolge, und der Prozentsatz nicht ehelicher Geburten und vorehelicher Schwangerschaften nahm deutlich zu (Mintz/Kellogg 1988).

Eine Kraft, die zu diesem Wandel führte, war ideologischer Natur. In der Mitte und gegen Ende des 18. Jahrhunderts wurde der Patriarchalismus immer wieder von so populären Schriftstellern wie Samuel Richardson, Oliver Goldsmith, Henry Fielding und Laurence Sterne angegriffen, die die Vorstellung ablehnten, ein Vater solle einem Kind den Beruf oder den Ehepartner vorschreiben. Die amerikanische und die französische Revolution untergruben ebenfalls die Betonung der väterlichen Autorität. Anstatt die politische Ordnung in hierarchischen Begriffen – mit einem König, der über viele patriarchalische Haushalte regiert – zu fassen, wurde die politische Gemeinschaft zunehmend als aus Bürgern mit gleichen Rechten bestehend verstanden (Fliegelman 1982).

Ferner trug der wirtschaftliche Wandel zur starken Abnahme der väterlichen Autorität bei. Mitte des 18. Jahrhunderts hatte die Kontrolle über den Grundbesitz – eine vorrangige Quelle für die Macht der Männer in der Familie – an Bedeutung verloren. Die durch das rasche Bevölkerungswachstum bedingte Aufsplitterung des Landbesitzes in so kleine Einheiten, dass diese nicht mehr ökonomisch bewirtschaftet werden konnten, schwächte die Kontrolle des Vaters über seine Erben. Landbesitz als Quelle des Reichtums wurde zunehmend durch „tragbarere" Formen des Kapitals ersetzt. Neue Arbeitsplätze außerhalb der Landwirtschaft ermöglichten es vielen Kindern, weiter weg von ihren Eltern zu leben (Mintz/Kellogg 1988; Ryan 1981).

In Westeuropa, England und den Vereinigten Staaten wurde immer mehr die Auffassung vertreten, dass die Erziehung und moralische Anleitung von Kindern den Müttern anvertraut werden sollten. In den gerade entstandenen Vereinigten Staaten verstärkte sich die Überzeugung, dass Frauen – die frei von den korrumpierenden Einflüssen der Wirtschaft und Politik seien – eine besondere Fähigkeit hätten, in Kindern solche Charakterzüge auszubilden, auf die eine freie Gesellschaft angewiesen ist. Diese Idee, die als „republikanische Mutterschaft" bekannt wurde, führte zu verbesserten Bildungsmöglichkeiten für Frauen und einem Bestehen darauf, dass die Rechte von Frauen anerkannt werden. Bis Mitte des 19. Jahrhunderts wurde die Sozialisation von Kindern immer mehr zu einer bewussten, rationalen und von der Mutter dominierten Angelegenheit. Im Bürgertum war Kindererziehung zunehmend mit einem Einflößen von Schuldgefühlen verbunden (Degler 1980; Kerber 1980; Norton 1980; Ryan 1981).

Mutterschaft und Vaterschaft im 19. Jahrhundert

Es ist ein Allgemeinplatz in historischen Erläuterungen, dass die industrielle Revolution die Mütter zum Mittelpunkt des häuslichen Lebens machte und die Männer in die emotionale und psychologische Peripherie der Familie abdrängte, da ihr wesentlicher Beitrag zur Familie nur noch finanzieller Natur war. Ist diese Sichtweise zutreffend? Oder ist sie nur ein Beispiel für ein nostalgisches Sehnen nach einem mythischen goldenen Zeitalter?

Sicherlich war eine Anzahl zeitgenössischer Beobachter überzeugt, dass der gesellschaftliche Wandel die Art des Familienengagements von Frauen und Männern stark veränderte. Im Jahre 1851 erklärte Horace Bushnell, ein presbyterianischer Geistlicher, dass er während seiner Lebensspanne eine „totale Revolution des häuslichen Lebens" beobachtet habe (zit. nach Thernstrom 1984). Er beklagte das Zerbrechen der „organischen" Ökonomie des Haushalts und vor allem den abnehmenden Einfluss der Männer auf das Leben ihrer Kinder. Die berühmteste Aussage über die Schwäche der väterlichen Autorität wurde von dem französischen Besucher Alexis de Tocqueville gemacht. Er beobachtete, dass die gefühlsmäßigen Bindungen zwischen Vätern und Söhnen in den Vereinigten Staaten stärker als in Europa waren, diese emotionalen Bande aber die frühe Unabhängigkeit und Mobilität der Nachkommen voraussetzte (Mintz/Kellogg 1988).

Aber selbst wenn in vielen Fällen die Entwicklung hin zu einer mehr durch Handel und Industrie geprägten Wirtschaft die väterliche Autorität schwächte und das Engagement von Männern in der Familie reduzierte, war dies nicht eine automatische oder unausweichliche Konsequenz des gesellschaftlichen Wandels. Man kann die Rollen von Männern im 19. Jahrhundert nicht unabhängig von zwei fundamentalen Entwicklungen verstehen: der evangelikalen religiösen Erweckungsbewegung, die die moralische Atmosphäre in Amerika vor dem Bürgerkrieg prägte, und der entstehenden Trennung von Familie und Arbeit (Frank 1992; Mintz/Kellogg 1988).

Während der Jahrzehnte vor dem Bürgerkrieg überrollte eine Reihe religiöser Erweckungen die amerikanische Gesellschaft, die als „Second Great Awakening" bekannt wurden. Die Prediger betonten erneut die Häuslichkeit und vor allem die Rolle der Männer als moralische Aufsicht in ihren Familien. Sie stellten die Familie als Hort moralischer Werte und als Schule des Charakters dar. Ferner vertraten sie eine neue Definition von Männlichkeit: Der Vater sollte ein wahrhaft christlicher Familienmann sein, der als religiöser Führer seiner Familie wirkt, seine Kinder erzieht, ihr impulsives Verhalten zügelt und liebevolles Interesse am Leben seiner Frau und Kinder zeigt. Er sollte die täglichen Familiengebete leiten, den Berufsweg seiner Söhne bestimmen, Entscheidungen hinsichtlich der Schulbildung fällen und Disziplin durchsetzen. Da viele Aktivitäten, die mit einem intensiven Familienleben konkurrieren könnten – wie Tanzen, Trinken oder Theater –, aus religiösen Gründen verboten waren und da es nur relativ wenig Tafelrunden oder sportliche Aktivitäten als Angebote für erwachsene Männer gab, fanden viele evangelikale Väter die beste Gesellschaft in ihren Familien (Davidoff/Hall 1987; Mintz 1983).

Während des 19. Jahrhunderts tendierten Männer dazu, sich entweder in Begriffen dieser in der Religion verwurzelten Konzeption von Häuslichkeit oder im Gegensatz dazu zu definieren. Selbst im frühen 19. Jahrhundert war das familiale Engagement für Männer eine Frage der Wahl. Und während viele Männer die evangelikale Vorstellung von der Rolle eines Vaters zu ihrer eigenen machten, lehnten viele andere sie ab. Eine Vielzahl von Belegen zeigt, dass die Häufigkeit sowohl eines Verlassens der Familie als auch der Ehescheidung im frühen 19. Jahrhundert stark anstieg (Stearns 1991).

Die physische Trennung von Haushalt und Arbeitsplatz trug ebenfalls zu einer neuen Konzeption von Familie und der familialen Rollen von Männern bei. Entsprechend der sich herausbildenden Ideologie des Bürgertums war die Familie eine „Oase" oder ein „Hafen" – jenseits der Zwänge der Arbeitswelt –, und der Ehemann und Vater war der Beschützer und Ernährer seiner Familie. Während des frühen 19. Jahrhunderts wurden die Familienrollen entsprechend der Idee geschlechtlicher Unterschiede reorganisiert, wobei Männer und Frauen zunehmend „verschiedene Sphären" beanspruchten. Vor dem 19. Jahrhundert waren Frauen aktive Teilnehmerinnen an Handel, Landwirtschaft und vielen kaufmännischen Aktivitäten gewesen, hatten ihren Ehemännern assistiert, die Buchführung übernommen, Lehrlinge und Arbeiter überwacht und viele Gegenstände zum Verkauf hergestellt. Nicht nur Handwerker, sondern auch Rechtsanwälte und Ärzte hatten in ihrem Wohnhaus gearbeitet, und so hatten Frauen oft einen direkten Anteil an den beruflichen Angelegenheiten ihrer Ehemänner gehabt (Mintz/Kellogg 1988; Ryan 1981). In den ersten Jahrzehnten des 19. Jahrhunderts entstanden jedoch immer mehr Arbeitsplätze außerhalb des Haushalts. Eine zunehmende Zahl von Männern verließ jeden Tag ihr Heim, um zur Arbeit zu gehen, während ihre Frauen zu Hause blieben. Das Mittagsmahl, zu dem die ganze Familie zusammenkam, wurde nun durch das Abendessen ersetzt. Lehrlinge, die zuvor bei ihren Meistern gewohnt hatten, mussten die Bürgerhäuser verlassen und lebten zunehmend in besonderen Stadtteilen für die Arbeiterklasse. Selbst in Bauernfamilien kam es zu einer deutlicheren geschlechtsspezifischen Arbeitsteilung, wobei besondere Strukturen für „produktive" Tätigkeiten außerhalb des Bauernhauses geschaffen und „produktive" Arbeitsleistungen der Ehefrau durch solche bezahlter Landarbeiter ersetzt wurden (Mintz/Kellogg 1988).

Eine neue, stark geschlechtsbezogene Begriffswahl entstand, um Familienbeziehungen zu beschreiben. So wurde der Ehemann als „Ernährer", aber seine Ehefrau, Kinder und Dienstboten als „Abhängige" bezeichnet. In der Tat wurde es zu einer zentralen Komponente des bürgerlichen Status, dass ein Mann auf die produktive Arbeitsleistung seiner Frau verzichten konnte. Diese Veränderung wurde durch einen anderen Begriff unterstrichen: Anstatt eine Ehefrau „Mistress" zu nennen – ein Wort, das die Verantwortung einer Frau für Dienstboten, Lehrlinge und Arbeiter beschrieb –, wurde sie nun „Mrs." gerufen, in der Regel vom Namen ihres Ehemannes gefolgt. Auf eine ganz neue Art und Weise wurde die Identität einer Frau von derjenigen ihres Ehemannes absorbiert (Davidoff/Hall 1987).

Allmählich entstand eine viel rigidere Abgrenzung von männlichen und weiblichen Sphären. Befreit von vielen beschwerlichen Aufgaben häuslicher Produktion begannen im Bürgertum viele Frauen, sich selbstbewusst als Erziehende und Vollzeit-Mutter zu definieren, während der Vater als Beschützer, Ernährer und Repräsentant öffentlicher Autorität gesehen wurde. Im Gegensatz zur Mutter, deren

Familienposition in Kindererziehung und Hausarbeit verwurzelt war, beruhte die Autorität des Vaters innerhalb seines Heimes letztlich auf materiellen Bedingungen außerhalb des Hauses: Immobilien, Besitz und Verbindungen zu nicht familialen Netzwerken (Davidoff/Hall 1987; Mintz/Kellogg 1988).

Viele Männer waren unfähig, mit dem Druck der entstehenden Marktwirtschaft zurechtzukommen. In der sich verändernden Wirtschaft – in der es noch an modernen Konkursgesetzen und einer Haftungsbegrenzung, an Lebensversicherungen und sicheren Investmentformen mangelte – war die ökonomische Position eines Mannes weniger gesichert als in der Vergangenheit. Neue Technologien, zunehmende Konkurrenz, konjunkturelle Schwankungen und weitere Einflussfaktoren für Erfolg oder Misserfolg nahmen immer mehr zu. Während der Wirtschaftswandel die Chancen für Erfolg und Beförderung vermehrte, erhöhte er auch die Wahrscheinlichkeit eines Versagens. So ist es nicht überraschend, dass sich der Alkoholkonsum pro Kopf in den ersten Jahrzehnten des 19. Jahrhunderts verdoppelte oder verdreifachte, da hier Männer einen Weg fanden, den zunehmenden beruflichen und sozialen Stress zu bewältigen (Rorabaugh 1979).

Schon eine oberflächliche Untersuchung der Biografien bedeutender Politiker, Intellektueller, Reformer und religiöser Führer des frühen 19. Jahrhunderts enthüllt jammervolle Geschichten versagender, misshandelnder oder abwesender Väter und Ehemänner. Die Väter von Ralph Waldo Emerson, Nathaniel Hawthorne und Andrew Jackson starben frühzeitig, als ihre Söhne noch klein waren. Der Vater von Herman Melville wurde psychisch krank, bevor er starb, als sein Sohn sechs Jahre alt war. Der Vater von William Lloyd Garrison war ein Alkoholiker, während der von Thomas Wentworth Higginson bankrott machte. Sam Houston verließ seine Frau und zog nach Texas. Die Väter von Abraham Lincoln und Joseph Smith gehörten zu den vielen Versagern, die auf der Suche nach finanziellem Erfolg oft den Wohnort wechselten (Reynolds 1995).

Während der zweiten Hälfte des 19. Jahrhunderts werden Belege für ein aktives Engagement von Männern in ihren Familien schwächer. Vor dem Bürgerkrieg arbeiteten die meisten Männer aus der Bürgertum als selbstständige Geschäftsinhaber oder unabhängige Professionelle bzw. strebten dies an. Obwohl sie zeitweise als bezahlte Angestellte arbeiten mochten, sahen sie sich im Allgemeinen als freie Unternehmer, die sowohl in ihrem öffentlichen als auch in ihrem Privatleben eine paternalistische Ethik übernahmen (Mintz 1983). Gegen Ende des 19. Jahrhunderts hatte jedoch das familiale Engagement von Männern abgenommen. Viele Faktoren trugen zu diesem Wandel bei: Die männliche Identität bezog sich immer mehr auf den Beruf bzw. die Karriere. Informelle und formelle Systeme des Lehrlingswesens verloren an Bedeutung und wurden durch moderne Formen der Bildungsabschlüsse ersetzt. Die Trennung von Familie und Arbeitswelt weitete sich aus – eine Kluft, die sich in der räumlichen Neuordnung der Städte zeigte, wobei bürgerliche Familien weiter entfernt von den Geschäftsvierteln ihren Wohnsitz nahmen, aber auch in der Zunahme gleichgeschlechtlicher Clubs und Bruderschaften. Freizeitangebote nur für Männer wurden immer häufiger zur Alternative der Häuslichkeit (Carnes 1989; Griswold 1993).

Familienmuster in der Arbeiterklasse

Die städtische Arbeiterklasse entwickelte ganz andere Familienformen als das Bürgertum. Zu einer Zeit, als sich dort die Vorstellung durchsetzte, der Ehemann solle der einzige Geldverdiener sein, konnten nur wenige Arbeiterfamilien diesem kulturellen Ideal entsprechen. Eine ältere Vorstellung der kooperativen Familienökonomie bestand fort. Von älteren Kindern wurde erwartet, dass sie die Eheschließung aufschieben, zu Hause bleiben und zum Familieneinkommen beitragen. Junge Männer und Frauen konnten häufig nicht vor ihren frühen Dreißigern einen eigenen Haushalt gründen. Trotz der Tatsache, dass nur wenige Männer mit Hilfe ihres eigenen Lohns eine Arbeiterfamilie unterhalten konnten, wurde die väterliche Autorität durch die Art der Erwerbstätigkeit verstärkt. In Fabriken und anderen Arbeitsstätten stellten die Vorarbeiter bis circa 1920 selbst neue Mitarbeiter ein. Dabei erlaubten sie Vätern und Verwandten, junge Angehörige vorzuschlagen, oder setzten einfach ihre eigenen Verwandten als Mitarbeiter ein (Hareven 1982; Mintz/Kellogg 1988; Tentler 1979).

Es ist wichtig, das Familienleben in der Arbeiterklasse nicht zu romantisch zu sehen. Obgleich die Bindungen an Familienmitglieder und entferntere Verwandte zumeist stark waren, resultierte der Familienzusammenhalt zu einem großen Teil aus der marginalen ökonomischen Existenz vieler Arbeiterfamilien. Die Häufigkeit vorzeitiger Todesfälle, der unregelmäßigen Beschäftigung, der zu Behinderungen führenden Unfälle und der Löhne auf Höhe des Existenzminimums oder darunter – in Verbindung mit den Unzulänglichkeiten des Wohlfahrtswesens – zwang Individuen, sich auf die Familie und das verwandtschaftliche Netzwerk zwecks Unterstützung und Unterhalt zu verlassen. Die durch die Arbeit und die materielle Marginalität erzeugten Belastungen forderten in der Arbeiterklasse des 19. Jahrhunderts ihren Tribut: Viele Ehefrauen bereiteten ihren Männern eine bessere Mahlzeit zu als dem Rest der Familie und zwangen die Kinder, auf der Straße zu spielen, damit sie nicht den Schlaf des Vaters störten. Die Art zur Verfügung stehender Arbeit verlangte einen hohen Grad an geografischer Mobilität. So waren viele Väter für lange Zeiträume von daheim abwesend. In der Tat wanderten viele Väter – die manchmal als „birds of passage" bezeichnet wurden – in die USA ein, um dort längere Zeit zu arbeiten, bevor sie zu ihren Familien zurückkehrten (Mintz/Kellogg 1988; Piore 1979).

Es dauerte bis Mitte des ersten Jahrzehnts des 20. Jahrhunderts, bis die kooperative Familienökonomie durch eine „Familieneinkommen"-Ökonomie ersetzt wurde. Nun konnte ein Mann aus der Arbeiterklasse seine Familie allein von seinem Lohn unterhalten. Die zunehmenden Reallöhne, insbesondere nach Beginn des Ersten Weltkrieges im Jahr 1914, reduzierte die Zahl erwerbstätiger Kinder aus der Arbeiterklasse. Zu diesen neuen Familienverhältnissen trugen die ersten Arbeitsgesetze bei, die Beförderung, Kündigung und Wiedereinstellung regelten. Der „New Deal" festigte die Vater-zentrierte Familienökonomie, indem Kinderarbeit verboten und der Arbeiterlohn erhöht wurde sowie Beschäftigungsprogramme für männliche Arbeiter geschaffen wurden (Mintz/Kellogg 1988).

Die Rekonstruktion von Vaterschaft und Mutterschaft durch Staat und Wissenschaft

Seit den 70er Jahren des 19. Jahrhunderts führten die immer größer werdenden Befürchtungen der Öffentlichkeit hinsichtlich der Familie zu zwei bedeutenden Reaktionen: einerseits zu einer Zunahme des Engagements der Regierung sowie der Interventionen in die Familie und andererseits zur Entstehung besonderer Berufsgruppen, die Ratschläge bezüglich der Kindererziehung und des richtigen Verhaltens als Mutter bzw. Vater gaben. Im späten 19. Jahrhundert führte die Besorgnis über Ehescheidung, Schwangerschaftsabbruch, Verhütung und den Zustrom von Einwanderern zu einflussreichen Reformbewegungen, die den „Erhalt der Familie" und den „Kinderschutz" anstrebten. Diese Bewegungen verurteilten Frauen, die sich nicht angemessen um ihre Kinder kümmerten, und faule, ausschweifende Väter aus der Arbeiterklasse, die ihre Frauen verließen oder verprügelten und ihre Kinder wirtschaftlich ausbeuteten oder misshandelten. In Reaktion darauf machten 11 Staaten das Verlassen und die fehlende Unterstützung einer mittellosen Familie durch den Vater zu einem Kapitalverbrechen, und drei Staaten führten den Schandpfahl ein, wo Männer für das Verprügeln ihrer Ehefrauen mit Auspeitschen bestraft wurden (Apple/Gordon 1997; Gordon 1988; Griswold 1993; Pleck 1987).

Um die wirtschaftliche Ausbeutung von Kindern zu bekämpfen, setzten sich Reformer für die gesetzliche Schulpflicht ein, für die Einschränkung der Kinderarbeit, für Waisenhäuser und Waisenzüge („orphan trains"), mit denen misshandelte und vernachlässigte Kinder (von denen viele ein oder zwei lebende Elternteile hatten) in den Mittleren Westen zu Bauernfamilien gebracht wurden. Zur gleichen Zeit gab es konzertierte Kampagnen, um die Scheidungsquote zu verringern, die laut einem Bericht von 1880 die welthöchste war. So wurden weniger Gründe für eine Ehescheidung zugelassen, die Wartezeiten verlängert und Familiengerichte gegründet. Es gab auch miteinander abgestimmte Aktionen zur Abschaffung besonderer Freizeitangebote nur für Männer. Diese Kampagnen erreichten den endgültigen Sieg mit der Zerstörung der Rotlichtbezirke während des ersten Jahrzehnts des 20. Jahrhunderts und der Schließung der Saloons nach Verabschiedung der Prohibition im Jahr 1918 (Cohen 1990; Peiss 1986; Rosenzweig 1983).

Um die Jahrhundertwende herum erfuhr die Art und Weise, wie Familienprobleme gesellschaftlich und kulturell verstanden wurden, eine radikale Umdefinition. Neben erhöhten Bemühungen, das Familieneinkommen durch den Lohn des Mannes sicherzustellen – sodass seine Frau und seine Kinder zum Familienunterhalt nicht mehr beitragen mussten –, wandte man sich zunehmend gerade eingewanderten Vätern zu, die die Werte der Alten Welt zu symbolisieren schienen und das Bestreben unterbanden, ihre Kinder zu amerikanisieren. Um die Assimilation zu fördern, nutzte man selbstbewusst Schulen, Übergangsheime und freundschaftliche Beziehungen, um Frauen der ersten Generation und ihren Kindern zu helfen, sich von traditionellen kulturellen Werten zu befreien – die oft durch bärtige, nicht angepasste, eine fremde Sprache sprechende erwachsene Männer symbolisiert wurden (Griswold 1993).

Während der 20er Jahre des 20. Jahrhunderts ließ das öffentliche Interesse an der Arbeiterklasse und gerade eingewanderten Männern nach und richtete sich nunmehr auf die „neue" Mittelschicht angestellter Arbeitnehmer. Zwischen 1880 und 1920 gab es eine fundamentale Veränderung hinsichtlich der Art und Weise, wie im städtischen Bürgertum Männer ihren Lebensunterhalt verdienten: nicht mehr so oft wie früher als Geschäftsinhaber, Professionelle oder Handwerker, sondern zunehmend als Lohnempfänger mit bei weitem weniger Chancen, wirtschaftliche Autonomie und Unabhängigkeit zu erreichen. Während frühere Quellen männlicher Identität – selbstständige Arbeit, von Männern dominierte Politik und Leitung der Gemeinde – scheinbar immer mehr verschwanden, argumentierte eine Vielzahl von Pädagogen, Psychologen, Soziologen und Werbefachleuten, dass Männer in der sich wandelnden Gesellschaft die größte Befriedigung im Privatleben finden würden, vor allem in ihren Beziehungen zu Frau und Kindern (Griswold 1993).

Wie die Vaterschaft wurde auch die Mutterschaft einer stärkeren öffentlichen Kontrolle unterstellt. Während des späten 19. Jahrhunderts forderten Ärzte, Wissenschaftler, Pädagogen, Philanthropen, Reformer und Frauengruppen (wie der National Congress of Mothers) die „Rekonstruktion der Mutterschaft" anhand „wissenschaftlicher" Erkenntnisse. Beeinflusst von der Evolutionstheorie von Charles Darwin führte die „child study"-Bewegung in England und den Vereinigten Staaten detaillierte Untersuchungen des Gewichts, der Größe und der Aktivitäten von Kindern durch, grenzte Phasen der kindlichen Entwicklung voneinander ab und forderte von Müttern, auf jede Entwicklungsstufe angemessen zu reagieren. In der Folge gründeten die kommunalen Gesundheitsämter spezielle Abteilungen für Hygiene des Kindesalters, um einen Beitrag zur Reduzierung der Säuglings- und Müttersterblichkeit zu leisten, Rat hinsichtlich Ernährung und Gesundheitsvorsorge anzubieten und Informationen über die kindliche Entwicklung zu verbreiten. Im Jahr 1912 gründete die Bundesregierung das Children's Bureau, das Berichte über die Gesundheit und das Wohl von Kindern verfassen und Mütter über die Prinzipien einer „wissenschaftlichen Mutterschaft" unterrichten sollte (Apple/Gordon 1997; Rothman 1978).

Im frühen 20. Jahrhundert empfahlen Experten für Kindererziehung einen Grad an mütterlicher Distanziertheit, den wir heute sonderbar finden würden. Sie rieten Müttern, für ihre Kinder strikte Zeitpläne aufzustellen und sie nicht hochzunehmen oder zu liebkosen. In den 20er Jahren warnte der Verhaltenspsychologe John Watson vor „den Gefahren einer zu großen Mutterliebe", und ein Handbuch des Children's Bureau drückte die Sorge aus, dass die Mutterliebe Frauen davon abhalten könnte, „die intelligenteste Vorgehensweise bei vielen Problemen der Kindheit" auszuwählen. Ein Grund für diese Betonung der Distanziertheit war, dass die Familienexperten größeren Wert auf die Bande zwischen den Ehegatten als auf die Mutter-Kind-Bindung legten, um so die Ehestabilität zu bekämpfen (Mintz/Kellogg 1988).

Während der 30er Jahre des 20. Jahrhunderts rückte dann die Mutter-Kind-Achse in das Zentrum der Familienbeziehungen, als Kinder immer mehr die Mutter als Quelle emotionaler „Nahrung" in der Familie erlebten. Viele Beobachter waren überzeugt, dass die Weltwirtschaftskrise auf einschneidende Weise das familiale Engagement von Männern verminderte. Ohne einen Lohn, der ihre Autorität betonte, verloren immer mehr Männer ihre Selbstachtung, waren wie gelähmt und gaben es auf, nach Arbeit zu suchen. Andere hingegen wandten sich dem Alkohol zu, wurden selbstzerstörerisch oder gewalttätig in ihren Familien. Wieder andere verließen das Haus und kehrten nie zurück. Eine Untersuchung von 1940 ergab, dass mehr als 1,5 Mio. verheirateter Frauen von ihren Ehemännern verlassen worden waren. Davon überzeugt, dass dem Erhalt der Rolle des Mannes als Familienernährer eine besondere nationale Priorität zukam, konzentrierten sich die staatlichen Arbeitsbeschaffungsmaßnahmen weitgehend darauf, männlichen Arbeitsuchenden eine Beschäftigung zu geben. Das Ziel der Regierungspolitik war, das Ideal des männlichen Ernährers wieder einzusetzen (Griswold 1993).

Mutterschaft und Vaterschaft seit der Weltwirtschaftskrise

Während des Zweiten Weltkrieges und der Nachkriegszeit wurden Mutterschaft und Vaterschaft zunehmend „problematisiert". Immer mehr Personen glaubten, dass ein unangemessenes mütterliches oder väterliches Verhalten wahrhaft verhängnisvolle Konsequenzen für das emotionale und psychische Wohlbefinden von Kindern haben könnte. Ein besonderer Grund zur Sorge war während des Zweiten Weltkrieges die Abwesenheit von Vätern. Es wurde behauptet, dass dies zu einer anomalen Geschlechtsrollen- und psychischen Entwicklung führen würde, einschließlich Unselbstständigkeit, Passivität, Ess- und Schlafstörungen sowie sozialer Fehlanpassung. Von Kindern, die ohne Vater aufwuchsen, wurde angenommen, dass sie als Mädchen besonders anfällig für sexuelle Promiskuität und als Jungen für Delinquenz seien. Ein besonderer Grund zur Sorge war, dass die Vaterabwesenheit zu Überbesorgtheit bei den Müttern führe – was die Söhne zu verwöhnten „Waschlappen" machen würde (Mintz/Kellogg 1988; Griswold 1993).

Nach dem Zweiten Weltkrieg wurde die Mutter-Kind-Bindung stärker betont. Die Bindungstheorie von John Bowlby regte Psychologen an, die Bedeutung der mütterlichen Bindung, Empathie und Einstellung für das Kind herauszustellen. Der Rat von solchen Gurus der Kindererziehung wie Benjamin Spock, Selma Fraiberg, T. Berry Brazelton und Penelope Leach verstärkte den Glauben, dass Mütter fast gänzlich für die emotionale, psychische und soziale Entwicklung ihrer Kinder verantwortlich seien (Mintz/Kellogg 1988).

Die Betonung der Mutter-Kind-Beziehung führte jedoch zu Bedenken, dass Buben – die beinahe ausschließlich von Frauen erzogen werden – immer femininer würden. In vielen Gesellschaftsanalysen der Nachkriegszeit wurde argumentiert, dass Väter eine entscheidend wichtige Rolle in der Persönlichkeitsentwicklung ihrer Kinder spielen – nicht als Versorgende oder Betreuende, sondern als Geschlechtsrollenvorbilder und Disziplinierende. Fachleute für Familienfragen drückten die Befürchtung aus, dass strenge, distanzierte, übermächtige Väter bei ihren Kindern autoritäre Charaktere und schwache, unfähige Väter Schizophrenie oder Homosexualität hervorrufen, während abwesende oder unbeteiligte Väter Söhne bekämen, die kriminell werden oder eine überkompensierende Hypermännlichkeit zeigen würden (Griswold 1993).

Erziehungsexperten forderten Väter auf, die Kameraden ihrer Söhne zu werden, sie in ihre sportlichen Aktivitäten und Hobbys einzubeziehen, sie sexuell aufzuklären und ihnen als Vorbilder für männliche Reife zu dienen. Obgleich Fachleute für Familienfragen von Vätern verlangten, ihre Kinder anzuleiten, sich mit ihnen anzufreunden und mit ihnen Sport zu treiben, erwarteten sie von ihnen nicht, Windeln zu wechseln oder eine aktive Rolle hinsichtlich Kinderbetreuung oder Hausarbeit zu übernehmen. Sie argumentierten, dass dies Jungen und Mädchen erschweren würde, eine eindeutig abgegrenzte Geschlechtsidentität zu entwickeln. Die Experten richteten ihre Ratschläge nahezu ausschließlich an Mütter; und Organisationen wie die Parent-Teachers Association, die Männer hätten motivieren können, die kindliche Entwicklung stärker zu beeinflussen, hatten fast nur Frauen als Mitglieder. Sportliche und außerhäusliche Aktivitäten wurden als das vorrangige Bindeglied zwischen Männern und ihren Kindern definiert (Griswold 1993; Mintz/Kellogg 1988).

Seit 1960 konzentrierten sich Kultur und Politik verstärkt auf die Familienrollen von Frauen und Männern. Der so genannte Moynihan Report „Die Negerfamilie: ein Fall für nationale Aktion" lenkte die Aufmerksamkeit auf die abwesenden schwarzen Väter – ein Schreckgespenst, das bis heute durch Diskussionen über Armut spukt. Der rasche Anstieg der Scheidungsrate während der späten 60er und der 70er Jahre des 20. Jahrhunderts erhöhte noch mehr die Angst hinsichtlich der Folgen der abnehmenden materiellen, psychischen und emotionalen Beiträge von Männern zu ihren Familien. Zugleich entstand eine Bewegung für mehr Väterrechte, die sich insbesondere für bessere, gesetzlich geregelte Sorge- und Umgangsrechte einsetzte. Währenddessen wurden allein erziehende und vor allem minderjährige Mütter für die steigende Kriminalität, die zurückgehenden Schulleistungen und die unveränderbare Armut verantwortlich gemacht. In einem bisher nicht da gewesenen Ausmaß wurden die Rollen der Frauen als Mütter und die Rollen der Männer als Väter und Ehegatten politisiert (U.S. Department of Labor 1965; Wilson 1987).

Schlussfolgerungen

Selbst heute gibt es eine Tendenz, Mutterschaft und Vaterschaft so zu betrachten, als wären sie platonische Ideale – und nicht sich wandelnde, an die Kultur gebundene und durch die historische Epoche geprägte Konstrukte. So ist es normal, jede

Abweichung von idealisierten Konzeptionen der Mutterschaft und Vaterschaft als Beispiele eines moralischen Niedergangs zu sehen. Unsere historische Analyse ist als ein nützlicher Beitrag zu der öffentlichen Debatte zu verstehen, der verdeutlicht, dass die Ideale von Mutterschaft und Vaterschaft variieren, sich verändern und in besonderen demografischen, ökonomischen und ideologischen Kontexten verwurzelt bzw. von diesen abhängig sind.

Eine historische Perspektive hilft uns daran zu denken, dass die gegenwärtigen Diskurse von Experten über Mutterschaft und Vaterschaft nicht notwendigerweise zeitlose Wahrheiten enthüllen, sondern vielmehr zeitgenössische gesellschaftliche und kulturelle Verhältnisse widerspiegeln. Mehrere unterschiedliche Gesichtspunkte liegen der heutigen akademischen Diskussion über Vaterschaft und Mutterschaft zugrunde: Eine Perspektive, die den Beitrag von Vätern zur kindlichen Entwicklung für relativ unbedeutend hält, meint, dass der väterliche Einfluss auf Kinder weitgehend von der Mutter moderiert wird. Obgleich ein Vater das Verhalten einer Mutter verstärken oder untergraben kann, werden die väterlichen Einwirkungen vom Handeln der Mutter in den Schatten gestellt. Eine zweite Perspektive betont die wechselseitige Ergänzung väterlicher und mütterlicher Einflüsse. Laut diesem Gesichtspunkt beeinflussen sowohl Männer als auch Frauen ihre Kinder, aber die Art dieser Einwirkung ist unterschiedlich, da Männer im Vergleich zu Müttern eher physisch mit Kindern interagieren und ihre Liebe eher konditional ist. Die dritte Perspektive betont die Austauschbarkeit mütterlicher und väterlicher Rollen: Väter können wie Mütter fürsorglich sein.

Anstatt diese Sichtweisen als widersprüchlich und in Biologie oder Psychologie verwurzelt zu sehen, erinnert uns die historische Perspektive daran, dass die Elternrollen formbar und vielfältig gewesen sind. Auch unsere gegenwärtigen Definitionen von Mutterschaft und Vaterschaft sind umstritten sowie historisch und kulturell verankert – und deshalb anfällig für Veränderungen. Viele der Annahmen, die wir heute bezüglich Mutterschaft und Vaterschaft machen, sind in Wirklichkeit historische Artefakte, die in älteren Systemen kultureller Glaubenssätze verwurzelt sind. Die Vorstellungen, dass Bemuttern in der Natur der Frauen liegt, dass Frauen die wichtigsten Einflussfaktoren in der psychologischen Entwicklung von Kindern sind oder dass Kindererziehung stark geschlechtsbestimmt ist und Mütter und Väter ihren Kindern Unterschiedliches bieten – jede dieser Ideen entstand zu einem bestimmten historischen Zeitpunkt. Eine langfristige Perspektive sollte uns misstrauisch machen anzunehmen, dass mütterliches oder väterliches Verhalten in einer unveränderbaren menschlichen Natur verankert seien.

Literatur

Amussen, S.D.: An ordered society. Gender and class in early modern England. Oxford: Basil Blackwell 1988

Apple, R.D./Gordon, J.: Mothers & motherhood: Readings in American history. Columbus: Ohio State University Press 1997

Carnes, M.C.: Sacred ritual and manhood in Victorian America. New Haven: Yale University Press 1989

Cohen, L.: Making a New Deal: Industrial workers in Chicago, 1919-1939. Cambridge: Cambridge University Press 1990

Davidoff, L./Hall, C.: Family fortunes: Men and women of the English middle class. Chicago: University of Chicago Press 1987

Degler, C.N.: At odds: Women and the family in America from the revolution to the present. New York: Oxford University Press 1980

Demos, J.: The changing faces of fatherhood. In: Demos, J. (Hrsg.): Past, present, and personal: The family and the life course in American history. New York: Oxford University Press 1986, S. 41-67

Ditz, T.L.: Property and kinship: Inheritance in early Connecticut, 1750-1820. Princeton: Princeton University Press 1986

Fischer, D.H.: Albion's Seed. Four British folkways in America. New York: Oxford University Press 1989

Fliegelman, J.: Prodigals and Pilgrims: The American Revolution against patriarchal authority, 1750-1800. Cambridge: Cambridge University Press 1982

Frank, S.M.: Rendering aid and comfort: Images of fatherhood in the letters of Civil War soldiers from Massachusetts and Michigan. Journal of Social History 1992, 26, S. 5-31

Gordon, L.: Heroes of their own lives: The politics and history of family violence, Boston, 1880-1960. New York: Viking 1988

Greven, P.J.: Four generations: Population, land, and family in colonial Andover, Massachusetts. Ithaca: Cornell University Press 1970

Greven, P.J.: The Protestant temperament: Patterns of child-rearing, religious experience, and the self in early America. New York: Knopf 1977

Greven, P.J.: Spare the child: The religious roots of punishment and the psychological impact of physical abuse. New York: Knopf 1991

Griswold, R.L.: Fatherhood in America: A history. New York: Basic Books 1993

Hacking, I.: The social construction of what? Cambridge: Harvard University Press 1999

Hareven, T.K.: Family time and industrial time: The relationship between the family and work in a New England industrial community. Cambridge: Cambridge University Press 1982

Kerber, L.K.: Women of the republic: Intellect and ideology in revolutionary America. Chapel Hill: University of North Carolina Press 1980

Koehler, L.: A search for power: The „weaker" sex in Seventeenth-century New England. Urbana: University of Illinois Press 1980

Kulikoff, A.: Tobacco and slaves: The development of southern cultures in the Chesapeake, 1680-1800. Chapel Hill: University of North Carolina Press 1986

Levy, B.: Quakers and the American family: British settlement in the Delaware Valley. New York: Oxford University Press 1988

May, E.T.: Barren in the Promised Land: Childless Americans and the pursuit of happiness. New York: Basic Books 1995

Mintz, S.: A prison of expectations: The family in Victorian culture. New York: New York University Press 1983

Mintz, S.: Children, families, and the state: American family law in historical perspective. Denver University Law Review 1992, 69, S. 635-662

Mintz, S./Kellogg, S.: Domestic revolutions: A social history of American family life. New York: Free Press 1988

Moran, G.F.: Adolescence in colonial America. In: Lerner, R./Petersen, A.C./Brooks-Gunn, J. (Hrsg.): Encyclopedia of adolescence. New York: Garland 1991, S. 164-167

Morgan, E.S.: The Puritan family. New York: Harper & Row, Neuaufl. 1965

Norton, M.B.: Liberty's daughters: The revolutionary experience of American women, 1750-1800. Boston: Little, Brown 1980

Norton, M.B.: Founding mothers and fathers: Gendered power and the forming of American society. New York: Knopf 1996

Ozment, S.E.: When fathers ruled. Family life in Reformation Europe. Cambridge: Harvard University Press 1983

Peiss, K.: Cheap amusements: Working women and leisure in turn-of-the-century New York. Philadelphia: Temple University Press 1986

Piore, M.J.: Birds of passage: Migrant labor, industrial societies. Cambridge: Cambridge University Press 1979

Pleck, E.H.: Domestic tyranny: The making of social policy against family violence from colonial times to the present. New York: Oxford University Press 1987

Reynolds, D.: Walt Whitman's America. New York: Knopf 1995

Rorabaugh, W.J.: The alcoholic republic: An American tradition. New York: Oxford University Press 1979

Rosenzweig, R.: Eight hours for what we will: Workers and leisure in an industrial city, 1870-1920. Cambridge: Cambridge University Press 1983

Rothman, S.M.: Woman's proper place: A history of changing ideals and practices, 1870 to the present. New York: Basic Books 1978

Rutman, D.B./Rutman, A.H.: A place in time: Middlesex County, Virginia, 1650-1750. New York: Norton 1984

Ryan, M.P.: Cradle of the middle class: The family in Oneida County, New York, 1790-1865. Cambridge: Cambridge University Press 1981

Schochet, G.J.: Patriarchalism in political thought: The authoritarian family and political speculation and attitudes especially in Seventeenth-century England. New York: Basic Books 1975

Shammas, C./Salmon, M./Dahlin, M. (Hrsg.): Inheritance in America: From colonial times to the present. New Brunswick: Rutgers University Press 1987

Stearns, P.N.: Fatherhood in historical perspective: The role of social change. In: Bozett, F.W./Hanson, S.M.H. (Hrsg.): Fatherhood and families in cultural context. New York: Springer 1991, S. 28-52

Tentler, L.W.: Wage-earning women: Industrial work and family life in the United States, 1900-1930. New York: Oxford University Press 1979

Thernstrom, S.: A history of the American people. San Diego: Harcourt Brace Jovanovich 1984

Thurer, S.L.: Myths of motherhood: How culture reinvents the good mother. Boston: Houghton Mifflin 1994

Ulrich, L.T.: Good wives: Image and reality in the lives of women in northern New England, 1650-1750. New York: Knopf 1982

U.S. Department of Labor, Office of Policy Planning and Research: The Negro family: The case for national action. Washington: U.S. Government Printing Office 1965

Wilson, L.: Ye heart of a man: The domestic life of men in colonial New England. New Haven: Yale University Press 1999

Wilson, W.J.: The truly disadvantaged: The inner city, the underclass, and public policy. Chicago: University of Chicago Press 1987

Wood, G.S.: The radicalism of the American revolution. New York: Knopf 1992

Wyatt-Brown, B.: Southern honor: Ethics and behavior in the Old South. New York: Oxford University Press 1982

Mutterschaft

Martin R. Textor

Mutterwerdung – Mutterschaft

„Mutterschaft" ist ein Thema, mit dem sich Wissenschaftler/innen seit langem auseinander setzen. So haben Völkerkundler/innen und Historiker/innen festgestellt, dass Mutterschaft kulturell bedingt, historisch variabel und in verschiedenen gesellschaftlichen Gruppen unterschiedlich ausgeprägt ist. Beispielsweise berichtet Hays (1998): „Die ethnologische Untersuchung einer Stichprobe von 186 gegenwärtig bestehenden Kulturen ergab, dass Mütter nur in 20 Prozent der Fälle die wichtigste Bezugsperson der Kinder sind (Weisner/Gallimore 1977). In den meisten Gesellschaften werden die kleineren Kinder von mehreren Frauen oder von Frauen und älteren Kindern betreut" (S. 41). Neben dem Stellenwert, der Müttern in der Betreuung und Erziehung ihrer Kinder zukommt, unterscheiden sich gegenwärtig Kulturen u.a. auch darin, welche Einstellungen Mütter zu Mutterschaft und Kindererziehung haben, wie sie die Mutter- und die Frauenrolle konzeptualisieren, wie sie Mutterschaft und Berufstätigkeit miteinander zu vereinbaren suchen und welchen sozialen Status sie haben (z.B. Ahnert et al. 1994; Bornstein et al. 1998; Herwartz-Emden 1995a, b; Quaiser-Pohl 1992).

Historische Studien belegen, wie unterschiedlich Mutterschaft in unserem Kulturraum während verschiedener Epochen gesehen und gelebt wurde (z.B. Ariés 1977; deMause 1992; Reif 1982; Textor 1993; Weber-Kellermann 1976). Im Mittelalter wurde die Frau dem Mann untergeordnet. Da die meisten Menschen Bauern waren und Subsistenzwirtschaft vorherrschte, stand bei Müttern die Arbeit auf dem Hof im Vordergrund – der Kindererziehung wurde wenig Zeit und Energie gewidmet. Da zumeist Großeltern, unverheiratete Verwandte und/oder Gesinde auf dem Hof lebten, gab es viele „Miterzieher". So blieb bis zu Beginn des 20. Jahrhunderts Mutterschaft in Bauernfamilien zweitrangig. Ähnliches galt für den Adel und großbürgerliche Familien bis Anfang des 19. Jahrhunderts: Hier übernahmen Ammen, später Gouvernanten und Hauslehrer viele Aufgaben, die heute der Mutterrolle zugeordnet werden. In der neu entstehenden Arbeiterklasse mussten Mütter ihren Teil zum Lebensunterhalt der Familie beitragen – bei Arbeitszeiten von 12 und mehr Stunden am Tag spielte Mutterschaft nur eine geringe Rolle in ihrem Leben. Die Kinder wurden von älteren Geschwistern oder anderen Personen betreut; oft wurden sie vernachlässigt. Viele Kinder mussten bereits mit sieben oder acht Jahren in Bergwerken und Fabriken arbeiten.

Eine Sondersituation entstand im 19. Jahrhundert in dem immer größer und einflussreicher werdenden Bürgertum. Hier wurden (Ehe-)Frauen von jeglicher Form der Berufstätigkeit fern gehalten – ihr Arbeitsfeld war das „traute Heim", als Privatsphäre von der Außenwelt abgegrenzt. Als „Lebensaufgaben" von Frauen wurden Mutterschaft und Haushaltsführung definiert – wobei letzteres sich oft auf die „Führung" beschränkte, da für die manuellen Tätigkeiten Hauspersonal bereit stand. Nachdem man im 17./18. Jahrhundert die Kindheit, den „Wert" von Kindern und deren Erziehungsbedürftigkeit „entdeckt" hatte, wurde nun Mutterschaft als „innerste Wesenserfüllung der Frau" (Herwartz-Emden 1995a) verstanden, als Essenz ihrer Natur und zentrale Verantwortung ihrer Person: Mütter sollten Kindern emotionale Zuwendung und Liebe entgegenbringen, sie als einzigartige Persönlichkeiten achten, ihre Bedürfnisse berücksichtigen, ihre Entwicklung in allen Bereichen fördern und abweichenden Verhaltensweisen mit psychologischen Maßnahmen anstatt mit körperlicher Züchtigung begegnen. Ende des 19. Jahrhunderts begann zugleich eine „Verwissenschaftlichung" (Hays 1998) der Mutterschaft: Kindererziehung erfolge nicht aus einer „natürlichen Begabung" oder aus angeborenen „mütterlichen Fähigkeiten" heraus, sondern müsse mit Hilfe von Fachliteratur und Ratgebern gelernt werden. Herwartz-Emden (1995b) ergänzt: „Dass Mütter eine unersetzliche Rolle im Leben ihrer Kinder spielen, ist somit eine moderne und relativ neue Ansicht sowie ein Ausdruck der Individualisierung von Kindheit. Mütter wurden nicht nur allein verantwortlich für die Erziehung und Aufzucht der Kinder gemacht, sondern zusätzlich fand eine Psychologisierung der Mutter-Kind-Beziehung durch die beteiligten Wissenschaften statt" (S. 56). Diese „Ideologie der intensiven Bemutterung" (Hays 1998) setzte sich in der ersten Hälfte des 20. Jahrhunderts durch und ist trotz der seit den 70er Jahren wieder zunehmenden Erwerbstätigkeit von Müttern immer noch vorherrschend (vgl. Glenn 1994, McMahon 1995).

Psychologie und Psychoanalyse haben sich in der Vergangenheit kaum mit Mutterschaft im engeren Sinn befasst. Vielmehr fokussierten sie auf die Mutter-Kind-Beziehung, und hier besonders auf Situation und Entwicklung des (Klein-)Kindes. Hinsichtlich der Psychoanalyse meint Ruddick (1994) etwas überspitzt: „Nicht nur ist die Stimme einer Mutter so gut wie abwesend in psychoanalytischen Texten; noch schlimmer ist, dass das von Psychoanalytikern enthüllte Kind oft ein Fremder für seine Mutter ist" (S. 32). Laut der Psychoanalyse erreichen Frauen mit der Mutterschaft eine neue und zugleich essenzielle Phase in ihrer psychosexuellen Entwicklung. Haben sie einen „normalen" Grad an Reife erreicht, entwickeln sie nahezu reibungslos eine Identität als Mutter und übernehmen dank instinkthafter Fähigkeiten fast problemlos die mit der Mutterschaft verbundenen pflegerischen und erzieherischen Aufgaben. Werden sie nach der Geburt ihres Kindes depressiv, erleben sie Mutterschaft als unbefriedigend oder haben sie Schwierigkeiten, den Bedürfnissen ihres Kindes zu entsprechen, so wird dieses von der Psychoanalyse als Fehlentwicklung und Anzeichen individueller Psychopathologie gesehen – wobei die Ursachen in ihren frühkindlichen Erfahrungen gesucht werden und nicht z.B. in den mit der Mutterwerdung verbundenen hohen Anforderungen, der für den Umgang mit Säuglingen fehlenden Kompetenz, der unbefriedigenden familialen Situation junger Mütter oder den gesellschaftlichen Rahmenbedingungen (McMahon 1995; Woollett/Phoenix 1991). Auch für die kindliche Entwicklung beeinträchtigende Erziehungsstile wie Überbehütung, Dominanz, Zurückweisung (z.B. aus unbewusster Feindseligkeit) oder Vernachlässigung werden in erster Linie die Mütter verantwortlich gemacht (Hays 1998). Wiegand (1998) ergänzt: „Als ganze erwachsene Person, die mit der Mutterschaft einen bestimmten Abschnitt in ihrem Lebenslauf verarbeiten muss, in dem innere und äußere Existenz sich enorm verändern, wird die Mutter nicht gesehen. Die Art und Weise, wie sich mütterliche Fähigkeiten in einem prozesshaften Verlauf konstituieren und welche Bedeutung dies für die Persönlichkeit der Mutter in vielen Bereichen hat, wird ebenso nicht berücksichtigt" (S. 44). Ihr Verständnis von Mutterschaft, das Erleben der Mutterwerdung, ihre Wahrnehmungen, Ängste, Gefühle und Identitätskonflikte werden weitgehend ausgeklammert. Ferner kritisiert Wiegand (1998) Folgendes: „Insbesondere die Vorstellung der frühen Mutter-Kind-Beziehung als Dyade oder Symbiose erscheint ... reduktionistisch. Mit Auflösung der mütterlichen Ich-Grenze gegenüber dem Säugling und mit mütterlichen Verschmelzungsgefühlen kann die psychische Situation der Mutter in der frühen Phase nicht einmal annähernd erklärt werden" (S. 109).

Ähnliches gilt für die Bindungstheorie (Bowlby 1986): Auch hier wird die Mutter-Kind-Beziehung vor allem aus der Sicht des Kindes und unter Betonung *seiner* Bedürfnisse betrachtet – Perspektive, Wünsche und Probleme der Mutter spielen hingegen kaum eine Rolle (Bretherton/Biringen/Ridgeway 1991). Die Mutter wird dafür verantwortlich gemacht, dass eine sichere Bindung des Säuglings bzw. Kindes zu ihr entsteht – die dazu benötigten Fähigkeiten wie Feinfühligkeit, Liebe und Empathie seien bei Frauen von Natur aus gegeben. Ist dies nicht der Fall, wird von Psychopathologie aufseiten der Mutter ausgegangen. Auch hier wird also die Vielfältigkeit der Reaktionen und Erfahrungen von (jungen) Müttern negiert, werden sie alleine für negative Entwicklungen bei Kindern verantwortlich gemacht (Woollett/Phoenix 1991).

In der Entwicklungspsychologie wird Mutterschaft ebenfalls nahezu ausschließlich aus der Perspektive des Kindes gesehen: Es wird untersucht, was das Kind von der Mutter benötigt, um sich „normal" oder „positiv" zu entwickeln, und durch welche Erziehungsstile und -praktiken der Mutter die kindliche Entwicklung beeinträchtigt wird. Mütter werden als die wichtigsten Personen im Leben von (Klein-)Kindern gesehen, die den weitaus größten Einfluss auf sie ausüben. Von ihnen wird Kindzentriertheit, Sensibilität und die Schaffung einer entwicklungsfördernden, stimulierenden Umwelt erwartet. Es ist auffällig, dass diese Vorstellungen dem kurz zuvor beschriebenen, im Bürgertum des 19. Jahrhunderts entstandenen Mutterideal entsprechen. Hier ist von einer Wechselwirkung auszugehen: Das gesellschaftlich dominante Leitbild prägte die Arbeit der Psycholog/innen; deren von Zeitschriften und in Ratgebern rezipierten Forschungsergebnisse beeinflussten das bürgerliche Konzept von Mutterschaft. Außerdem wurden überwiegend Mutter-Kind-Beziehungen in (weißen) Mittelschichtsfamilien untersucht; Differenzierungen nach Schicht, ethnischer Zugehörigkeit und Alter der Mutter, Zahl der Kinder, Familienstatus, Ausmaß der erzieherischen Mitwirkung des Vaters, Soziotop u.Ä. erfolgten erst in einigen neueren Studien (Phoenix/Woollett 1991; Woollett/Phoenix 1991). Die Bedürfnisse, Erfahrungen, Einstellungen und Sichtweisen von Müttern, ihre Identitätsentwicklung, ihre Gefühle gegenüber den Kindern, die Vereinbarkeit mütterlicher Aufgaben mit anderen Tätigkeiten (im Haushalt, im Beruf) und sozialen Beziehungen (zum Partner, im Freundeskreis), die Diskrepanz zwischen Mutterideal und Wirklichkeit, der pädagogische Einfluss des Vaters oder die erzieherischen Einwirkungen von Medien, Kindergarten, Schule und Gleichaltrigen wurden zumeist nur am Rande berücksichtigt (a.a.O.). Woollett und Phoenix (1991) sprechen sogar etwas überspitzt von der „Unsichtbarkeit der Mutter" (oder von Müttern als „schattenhaften Figuren") in vielen (entwicklungs-)psychologischen Studien, die somit nicht der Realität entsprechen würden, wie sie von vielen Müttern erlebt wird.

In der (Familien-)Soziologie und Sozialpsychologie wird Mutterschaft hingegen deutlicher wahrgenommen. Zumeist wird die Mutterrolle – die gesellschaftlichen Erwartungen an sie (Ideal) und ihre Ausübung (Realität) – untersucht, wobei es auch um Mutterschaft als soziale Konstruktion, um Leitbilder, Rollenwandel, Rollenkonflikte, die soziale Position von Müttern, die Funktion von Mutterschaft für die Gesellschaft u.Ä. geht. Ferner werden Sozialisationsprozesse erforscht, also der Erwerb der Geschlechts- und Mutterrolle sowie die Internalisierung von Werten und Normen. Da sich Soziolog/innen und Sozialpsycholog/innen vor allem mit gesellschaftlichen Strukturen, Systemen und Prozessen befassen, wird auch untersucht, wie diese Mutterschaft prägen und welche Unterschiede bei deren Ausgestaltung in verschiedenen Schichten, ethnischen Gruppen, Familienformen und Lebenslagen auftreten. Manche Wissenschaftler/innen beschäftigen sich ferner mit der Kosten-Nutzen-Analyse von Entscheidungen, die Frauen bezüglich Ehe, Mutterschaft oder der Vereinbarkeit von Familie und Beruf treffen. Vereinzelt wird auch auf der Grundlage des Symbolischen Interaktionismus untersucht, wie sich die Mutteridentität entwickelt und in welcher Beziehung sie zu anderen Identitäten (als Frau, als Ehefrau, als Berufstätige usw.) steht (Herwartz-Emden 1995b; McMahon 1995; Woollett/Phoenix 1991). Kritisiert wird, dass in Soziologie und Sozialpsychologie das Erleben von Müttern sowie andere relevante psychische Zustände bzw. Prozesse vernachlässigt werden.

Feministische Wissenschaftlerinnen haben sich als Ziel gesetzt, die erwähnten Idealisierungen und anderen Mängel in der Mutterforschung seitens Psychologie, Psychoanalyse und Soziologie zu korrigieren. In den 60er und 70er Jahren des 20. Jahrhunderts stellten sie vor allem die negativen Aspekte von Mutterschaft heraus: die Abhängigkeit nicht erwerbstätiger Mütter von ihren Partnern und die damit verbundene Machtlosigkeit, die gesellschaftliche Benachteiligung, Unterdrückung und Abwertung von Familienfrauen, ihre soziale Isolation, ihr Ausschluss vom Arbeitsleben, die Kontrolle der Kindererziehung durch Institutionen und der Beitrag von Müttern zur Reproduktion der gesellschaftlichen Ungleichheit von Mann und Frau. Vor allem das bürgerliche Mutterideal wurde attackiert: Mutterschaft sei nicht die Essenz von Weiblichkeit; die Bedürfnisse und Interessen der Mütter dürften nicht denjenigen ihrer Kinder untergeordnet werden. Crouch und Manderson (1993) ergänzen: „Freiheit, Gleichheit und persönliche Autonomie wurden oft als Ziele dargestellt, denen das Gebären und Erziehen von Kindern diametral entgegengesetzt seien; ..." (S. 4). Als Weg zur Selbstverwirklichung wurde vor allem die Erwerbstätigkeit gesehen; die Bedeutung der Geschlechtsunterschiede wurde minimiert (Crouch/Manderson 1993; Glenn 1994; McMahon 1995; Richardson 1993; Woodward 1997).

Seit den 80er und 90er Jahren sehen Frauenforscherinnen die Mutterschaft wieder positiver: „Die Herausforderung, die sich der feministischen Analyse stellt, wurde nun die Wertschätzung der sozialen Kapazität von Frauen zur Sorge und/oder ihrer biologischen Fähigkeit zum Gebären und gleichzeitig der Widerstand dagegen, dass diese Kapazitäten als definitiv, ‚essenziell' oder als das Beste, was eine Frau ausmacht, bezeichnet werden" (McMahon 1995, S. 9f.) Mutterschaft wird nun als wichtiger Bereich im Leben einer Frau und als Teil ihrer Identität gesehen; sie kann sich auf ihre psychische Entwicklung positiv auswirken. Die Kindererziehung gilt aber nur zum Teil als ihre Verantwortung; wichtige Rollen sollten auch der Vater, Kindertageseinrichtungen, Tagesmütter und andere Personen spielen. Es wird betont, dass Mütter Familie und Beruf erfolgreich miteinander vereinbaren könnten, wobei das hier entwickelte neue Mutterideal („berufstätige Supermutter") in der letzten Zeit wieder in Frage gestellt wird. Frauen werden nun auch als stark genug gesehen, sich der „patriarchalischen Ideologie" (McMahon 1995) zu widersetzen, soziale Veränderungen zu initiieren und eine „weibliche" Kultur zu schaffen (vgl. Bassin/Honey/Kaplan 1994; Glenn 1994).

Der Prozess der Mutterwerdung

Die vorausgegangene kurze Literaturübersicht hat verdeutlicht, dass Wissenschaftler/innen je nach Fachdisziplin Mutterschaft von unterschiedlichen Standpunkten aus untersuchen und aufgrund der verschiedenen Perspektiven zu andersartigen, fachspezifischen Erkenntnissen kommen – das heißt, sie nehmen nur bestimmte Aspekte von Mutterschaft wahr. Entsprechend der von mir immer wieder betonten Notwendigkeit *integrativer* Theorien (z.B. Textor 1985, 1988a, b, 1995) kann man ein realitätsgerechtes Bild von Mutterschaft nur erlangen, wenn man diese verschiedenen Aspekte zu einem Ganzen vereint. Im Folgenden soll nun der Prozess der Mutterwerdung nicht *ein*perspektivisch z.B. als Erwerb einer neuen Rolle, als Entwicklung einer symbiotischen Beziehung, als Entstehung einer Bindung, als Transition oder als kritisches Lebensereignis untersucht werden, sondern *multi*perspektivisch: Von ganz unterschiedlichen Standpunkten aus gewonnene Erkenntnis und Forschungsergebnisse sollen miteinander integriert werden. Ich habe den Prozess der Mutterwerdung für diese Betrachtung nicht nur ausgewählt, weil sich besonders viele Wissenschaftsdisziplinen damit befasst haben, sondern auch, weil hier ein zentraler, einzigartiger Wendepunkt im weiblichen

Lebenslauf vorliegt, ein radikaler Umbruch in der Biographie von Frauen: „Wie in der Adoleszenz geht es um einen intensiven biologischen, psychischen und sozialen Veränderungsprozess, der allerdings zeitlich stark verdichtet abläuft" (Wiegand 1998, S. 180).

Mutterschaft ist für verheiratete bzw. in einer Partnerschaft lebende Frauen nicht mehr so unvermeidlich wie vor einigen Jahrzehnten: Dank der Verhütungsmittel können sie selbst bestimmen, ob sie schwanger werden wollen oder nicht. So ist es nicht verwunderlich, dass viele Frauen vor der Geburt ihres ersten Kindes neben den Alternativen „Hausfrau und Mutter" sowie „erwerbstätige Mutter" auch die Wahlmöglichkeit „Kinderlosigkeit" in Betracht gezogen haben (McMahon 1995). Viele Frauen schieben Mutterschaft auch immer weiter hinaus, wofür es ganz unterschiedliche Gründe gibt – beispielsweise Vorrang beruflicher Interessen, zu geringe Tragfähigkeit der (früheren) Paarbeziehung, temporäre Sterilität bzw. Infertilität usw. (Engstler/Lüscher 1991). Sie bekommen oft erst nach dem 35. Lebensjahr ihr erstes Kind.

Nahezu alle Frauen, die sich ein Kind wünschen, (und unerwünscht Schwangere nach Diagnose der Schwangerschaft) versuchen sich vorzustellen, wie Mutterschaft wohl sein wird. Weaver und Ussher (1997) berichten aus ihrer Studie über 13 Londoner Mütter: „Diese Vorstellungen basierten manchmal auf Informationen von Freunden oder ihren eigenen Müttern, oder vereinzelt auf ihren Erfahrungen mit Kindern anderer Leute. Es konnte auch belegt werden, dass die Frauen durch ein idealisiertes gesellschaftliches Bild der Mutterschaft aus dem Themenkreis ‚Mythos der Mutterschaft' beeinflusst wurden ..." (S. 57). Viele Informationen über Mutterschaft und Kindererziehung werden ferner (Frauen-)Zeitschriften und Tageszeitungen entnommen. Auf diese Weise erwerben viele Frauen ein Vokabular und einen Kenntnisstand, die es ihnen ermöglichen, relevante Fragen kompetent zu diskutieren (Crouch/Manderson 1993). Auch entwickeln sie bestimmte Erwartungen an Mutterschaft – die später oft enttäuscht werden (s.u.).

Die Entscheidung für ein Kind erfolgt aber letztlich nur in einem Teil der Fälle gänzlich aus freiem Willen. Abgesehen von der immer noch häufigen unerwünschten (ausgetragenen) Schwangerschaft (s.u.) berichten viele Frauen von sozialem Druck, insbesondere durch die eigenen Mütter (Richardson 1993) oder den Partner. Beispielsweise war bei einem Viertel der 599 schwangeren Frauen, die an einer Wiener Frauenklinik befragt wurden, der Mann die treibende Kraft gewesen (Wimmer-Puchinger 1992). Ein gewisser Druck geht auch vom internalisierten Geschlechtsrollenleitbild (Mutterschaft als Essenz von Weiblichkeit) und von Vorstellungen aus, dass Kinder dem Leben Sinn geben, die Paarbeziehung stabilisieren, Freude und Abwechslung bringen, einen Menschen jünger machen oder einem im Alter zur Seite stehen. Dies lässt Mutterschaft nahezu unvermeidbar erscheinen. Für Frauen aus unteren sozialen Schichten gibt es schließlich wenig sinnvolle, zu Selbstverwirklichung und einem positiven Selbstbild führende Alternativen: „Sie sehen Mutterschaft als etwas, was ihnen einen Status und ein Gefühl von Macht und Kontrolle verschafft, was sie in der Regel nicht durch bezahlte Arbeit erlangen würden" (Richardson 1993, S. 73).

Deutlich wird, dass der Weg zur Mutterschaft für jede Frau ein individueller und einzigartiger ist, aber auch vom sozialen Umfeld und von der Gesellschaft geprägt wird. So stellte McMahon (1995) bei ihrer Studie über 59 Mütter aus dem Großraum Toronto fest: „Manche der Frauen wollten schon immer Kinder haben, andere hatten einst gewünscht, kinderlos zu bleiben, und weitere hatten wenig Gelegenheit, die eine oder andere Option zu reflektieren, bevor sie schwanger wurden. Einige wurden von einem idealisierten Bild über das ‚Haben eines Babys' angezogen; andere fanden die Mutterrolle nicht attraktiv, aber schwierig zu vermeiden. Für einige waren Kinder das Produkt der Dynamik ihrer Beziehung zu einem Partner; manche verhandelten strategisch über den von ihnen gewünschten Übergang zur Mutterschaft; und andere lehnten permanente Kinderlosigkeit ab, ohne aber Mutterschaft mit offenen Armen zu umfangen. Wieder andere beschrieben ihren Weg zur Mutterschaft als die unbeabsichtigte oder unvorgesehene Konsequenz ihrer Beziehungen zu Männern oder der Risiken, die sie bezüglich der Verhütung eingegangen waren. Die Teilnehmerinnen an dieser Untersuchung übernahmen nicht leicht oder reibungslos die Rolle der Mutter; für viele war der Weg versuchsweise, unvorhersehbar, unfamiliär und mit Problemen gepflastert. Obwohl die verschiedenen Routen schließlich bei all diesen Frauen zu dem Ergebnis führten, dass sie ein Kind bekamen, waren die Prozesse und Bedeutungen der Handlungen von der Erfahrung her unterschiedlich für die beteiligten Frauen" (S. 265).

Empfängnis und Schwangerschaft

Der Kinderwunsch kann heute nicht mehr wie noch bis vor einigen Jahren nur durch Geschlechtsverkehr, Adoption oder Stiefelternschaft erfüllt werden, sondern auch durch künstliche Befruchtung, In-vitro-Fertilisation, eine Leihmutter (sofern rechtlich zulässig) u.Ä. (Woodward 1997). Bassin, Honey und Kaplan (1994) betonen, dass dies auch Konsequenzen für die Definition und das Erleben von Mutterschaft hat. Bezugnehmend auf die „Reproduktionstechnologien" fragen sie etwas überspitzt, was überhaupt die Mutter sei: „Ist sie das Ei, das den genetischen Code enthielt, die Gebärmutter, die erhielt und nährte, oder die Person, die mütterliche Tätigkeiten ausübt?" (S. 19).

Wie bereits erwähnt, sind trotz der heute vorhandenen Möglichkeiten zur Empfängnisverhütung noch immer viele Schwangerschaften unerwünscht, weil entweder von diesen Mitteln kein Gebrauch gemacht wurde oder wenig verlässliche Verfahren praktiziert wurden (Richardson 1993). Beispielsweise ergab eine Befragung von 182 schwangeren Frauen aus dem Kanton Zürich, dass in 25 % der Fälle die Schwangerschaft eher nicht oder gar nicht geplant worden war (Huwiler 1995). Und bei einer Untersuchung über 599 schwangere Frauen an einer Wiener Frauenklinik wurde festgestellt: „Für 18 % trat die Schwangerschaft völlig ungeplant ein, und ein Drittel der Befragten bezeichnete sie als ungeplant, wobei jedoch die Möglichkeit einer Schwangerschaft hin und wieder mitbedacht wurde"

(Wimmer-Puchinger 1992, S. 50). So überrascht nicht, dass laut der letztgenannten Studie 23 % der Schwangeren mit dem Gedanken an eine mögliche Abtreibung gespielt hatten. Zum Befragungszeitpunkt freuten sich aber die weitaus meisten Frauen über die Schwangerschaft – 84 % laut der Studie von Huwiler (1995) und 89 % laut Wimmer-Puchinger (1992).

In diese Freude mischen sich aber auch belastende Gedanken: Nach der Befragung von Wimmer-Puchinger (1992) beschäftigten sich Schwangere (sehr) stark damit, ob das Kind gesund ist (89 %), ob sie eine „gute Mutter" sein werden (44 %), wie sich ihr Partner als Vater verhalten wird (36 %), dass das Kind eine zusätzliche große Verantwortung bedeutet (34 %), dass es nun Wohnungsprobleme gibt (27 %), ob das Kind Beziehungen zu Familienmitgliedern ändern wird (22 %), wie das Kind einen täglich in Anspruch nehmen wird (19 %), ob genügend Zeit für einen selbst und den Partner bleibt (19 %), wie sich die Schwangerschaft auf zukünftige berufliche Möglichkeiten auswirkt (18 %), dass es finanzielle Schwierigkeiten geben kann (17 %), dass die Hausarbeit belastender wird (14 %) und dass die eigene Freiheit eingeschränkt wird (11 %). Wenn man dies mit den Erfahrungen junger Mütter (s.u.) vergleicht, wird deutlich, wie unzureichend zukünftige Belastungen während der Schwangerschaft antizipiert werden. Hier scheint auch wenig zu nutzen, dass die von Huwiler (1995) befragten 182 schwangeren Frauen insgesamt 322 Kurse zur Säuglingspflege u.Ä. besucht und 88 % sich ausführlich durch Bücher informiert hatten: Hier dürften pflegerische Aspekte oder die idealisierende Beschreibung von Mutterschaft im Vordergrund gestanden haben (vgl. Marshall 1991; Richardson 1993; Woodward 1997).

Die Schwangerschaft ist eine zentrale Phase im Übergang zur Mutterschaft: „Die Entbindung ist der Höhepunkt dieser Periode, wobei die Stunden der Wehen und das Ereignis des Gebärens sowohl kulturell als auch physisch im Mittelpunkt stehen. Die Schwangerschaft führt allmählich auf diese Krise hin; ihr Verlauf wird nicht nur aus biologischen Gründen oder für medizinische Zwecke in Trimester unterteilt, sondern auch um der schwangeren Frau zu ermöglichen, sich in einer sinnvoll kalibrierten Phase auf Geburt und Mutterschaft vorzubereiten. Vielfältige Markierungspunkte können dann in diesen Zeitplan passend platziert werden: die Transition in Umstandskleider; der allmähliche Erwerb von Bekleidung und Ausstattung für den Säugling; der Besuch geburtsvorbereitender Kurse; die zunehmende Zahl der Arztbesuche; die Anmeldung in einer Frauenklinik; ein Rundgang durch die Entbindungsstation usw." (Crouch/Manderson 1993, S. 28).

Im Verlauf dieses Prozesses entwickelt sich zum einen eine Beziehung zum ungeborenen Kind (Crouch/Manderson 1993; Mercer 1995; Wimmer-Puchinger 1992). Oft beginnt diese Entwicklung mit dem Betrachten der ersten Bilder vom Fötus bei Ultraschalluntersuchungen oder mit der Wahrnehmung der ersten Bewegungen im Mutterleib. Das Kind wird immer weniger als Teil von einem selbst und immer mehr als separates Individuum empfunden. Auch werden erste Vermutungen hinsichtlich seines Wesens (z.B. Temperament) angestellt. Die Frau erlebt sich nun weniger als „Ich bin schwanger" und mehr als „Ich bekomme ein

Baby". Die emotionale Bindung an den Fötus nimmt zu; die Geburt des Kindes wird sehnsüchtig erwartet.

Zum anderen beginnt die Schwangere, langsam eine neue soziale und personale Identität auszubilden (a.a.O.; Huwiler 1995; Ruddick 1994): „Am einschneidendsten ist zunächst, dass die Frau eine neue Identität als Schwangere (Übergangsidentität) und als Mutter finden muss, d.h. ein Übergang von der Identität als eigenverantwortliche, erwachsene Person zu einer Identität als Mutter" (Wimmer-Puchinger 1992, S. 72). Sie setzt sich mit der Mutterrolle und den damit verbundenen gesellschaftlichen Erwartungen, mit Idealbildern und realen „Müttermodellen" (z.B. dem Vorbild der eigenen Mutter) auseinander. Ferner bedenkt die Schwangere in ihrer Fantasie, wie Mutterschaft in ihrem Fall sein wird oder sein sollte. Auch muss sie ein neues Körperbild entwickeln, also die mit der Schwangerschaft zusammenhängenden körperlichen und psychischen Veränderungen (s.u.) verarbeiten. Mercer (1995) betont: „Das kognitive Restrukturieren, das nötig ist, um die sich wandelnden Selbst-, Ideal- und Körperbilder ... miteinander zu vereinbaren, ist für Identitätstransitionen einzigartig. Die intime Entwicklung des Rollenpartners, die Unwiderruflichkeit der Rolle und die Veränderungen des Körperbildes tragen weiter zur Komplexität des Prozesses der Entwicklung der Mutteridentität bei ..." (S. 61). Es ist nicht verwunderlich, dass hier auch Trauerarbeit notwendig ist, wenn der Verlust früherer Identitätsanteile (insbesondere der Identität als Berufstätige sowie als unabhängige Frau) und Lebensstile verkraftet werden soll. So treten häufig Emotionen wie Ambivalenz, Angst, Unsicherheit oder das Gefühl auf, wenig Kontrolle über die gerade ablaufenden Veränderungen zu haben.

Im Verlauf der Schwangerschaft gibt es in der Regel Phasen größerer und geringerer Belastung, von Konfliktanfälligkeit und Beruhigung. Insbesondere im ersten Trimester leiden viele Frauen unter Übelkeit und Erbrechen – z.B. laut der Untersuchung von Wimmer-Puchinger (1992) zwei Drittel der Schwangeren, mehrmals täglich sogar 23 % (im ersten Trimenon). Hinzu kommen Schlafstörungen, Müdigkeit, Nervosität, Hitzewallungen, Schwindel, Unglücklichsein u.Ä. (Huwiler 1995; Wimmer-Puchinger 1992). Manche Frauen erleben Schwangerschaft als Invasion ihres Körpers (Ruddick 1994). Im zweiten Trimester erfahren viele Schwangere eine Stabilisierung ihres Zustandes und fühlen sich zumeist wohl. Das dritte Trimenon ist hingegen wieder anstrengender (Huwiler 1995; Mercer 1995; Wimmer-Puchinger 1992): Die meisten Schwangeren empfinden stärkere körperliche Belastungen, sind schwerfällig und unbeweglich, haben Schmerzen im Rücken oder in den Beinen. Viele klagen über Stimmungslabilität und Reizbarkeit. Schlafstörungen nehmen wieder zu; oft kommt es zu Alpträumen. Aufgrund der körperlichen Veränderungen (negatives Körperbild: mangelnde Attraktivität) ziehen sich viele Schwangere aus ihrem sozialen Umfeld zurück und bleiben daheim (Mutterschutz); manche müssen wegen Abortgefahr auch längere Zeit im Liegen verbringen. Viele Schwangere fühlen sich verletzlich und sind ängstlich. Häufig fürchten sie sich vor der Entbindung.

40

Neben diesen Belastungen berichten die meisten Schwangeren auch von Positivem – z.B. laut der Studie von Huwiler (1995) von intensiven Gefühlen zum Fötus oder zum Partner, von neuem Lebenssinn, vom Wohlfühlen im eigenen Körper oder von Entlastung bzw. Verwöhnung durch Dritte. Freude und Belastung werden unabhängig voneinander erlebt: „Weder verminderten größere Belastungen die Freude an den positiven Ereignissen während der Schwangerschaft, noch verbesserte eine psychisch und physisch problemlose Schwangerschaft das emotionale Erleben der Vorkommnisse, die damit verbunden waren" (a.a.O., S. 108).

Zweite und dritte Schwangerschaften werden zumeist ähnlich wie die erste erlebt. Allerdings stellte Wimmer-Puchinger (1992) auch fest: „Frauen, die negativ auf ihre vergangene Schwangerschaft und Geburt zurückblicken, leiden im ersten Trimenon 4-mal so häufig unter täglichem Erbrechen und Übelkeit als Frauen mit positivem Schwangerschaftserleben" (S. 97); sie geben dreimal so oft Schwangerschaftsbeschwerden an und sind außerdem viel ängstlicher. Ähnliches würde auch für das zweite und dritte Trimester gelten. Bei zweiten und weiteren Schwangerschaften belastet viele Mütter, wie früher geborene Kinder auf das neue Geschwisterchen reagieren werden, wie sich ihre Beziehung zu ihnen verändern wird, ob sie alle Kinder gleich lieb haben können, inwieweit sie die zusätzlichen Belastungen bewältigen können u.Ä. (a.a.O.; Mercer 1995).

Aufgrund des zunehmenden Durchschnittsalters bei der Geburt des ersten Kindes – 1996 in den alten Bundesländern bei 28,4 Jahren und in den neuen ein Jahr darunter liegend (Engstler 1999) – wurde auch der Frage nachgegangen, ob bisher kinderlose Frauen im Alter von 35 Jahren und darüber ihre Schwangerschaft anders erleben als jüngere. So berichten z.B. Windridge und Berryman (1996), dass bei ihrer Untersuchung nur ganz wenige Unterschiede auftraten: Die älteren Frauen waren weniger unzufrieden mit ihrem Körperbild und berichteten von weniger oder seltener auftretenden Symptomen in der späten Schwangerschaft, machten häufiger von vorgeburtlicher Diagnostik Gebrauch und beschäftigten sich mehr mit der Möglichkeit eines Schwangerschaftsabbruchs, falls bei ärztlichen Untersuchungen Abnormalitäten am Fötus festgestellt werden sollten.

Der vorausgegangene Satz hat nochmals verdeutlicht, dass Schwangerschaft (und Geburt) stark durch die Medizin geprägt wird – feministische Wissenschaftlerinnen sprechen sogar von einer „Kolonisierung des weiblichen Körpers" durch Ärzte (Crouch/Manderson 1993). Sie kritisieren, dass schwangere Frauen zu „Objekten" ärztlicher Untersuchungen werden, wobei den Arzt der Zustand des Fötus bei weitem mehr interessieren würde als das physische und psychische Befinden der werdenden Mütter. Diese bekämen den Eindruck vermittelt, als ob Schwangerschaft ein unnatürlicher Zustand sei, eine Art „Krankheit" oder „Störung". Auch die Geburt wäre zu einem von Ärzten zu überwachenden Vorgang gemacht worden, der nun als „unnatürlich" empfunden werde. Die Kritik vonseiten feministischer Wissenschaftlerinnen hat dazu beigetragen, dass in den beiden letzten Jahrzehnten den Schwangeren, ihrem Erleben, ihren Gefühlen und Präferenzen, wieder mehr Aufmerksamkeit gewidmet wird, dass Entbindungsstationen umgestaltet wurden, dass eine „natürliche Geburt" oder „Hausgeburt" als Alternativen ermöglicht werden und dass die Partner bei der Entbindung anwesend sein können.

Während der Schwangerschaft verändert sich oft die Beziehung zum (Ehe-) Partner. Beispielsweise verbesserte sich deren Qualität laut der Studie von Wimmer-Puchinger (1992) in knapp einem Fünftel der Fälle; sie verschlechterte sich bei 3 bis 5% der Befragten. „13% der Frauen ... finden, dass ihre Partner zuwenig auf ihre Gefühle und Bedürfnisse Rücksicht nehmen. Ebenso befürchten 12% der befragten Frauen, dass ihre Partner die körperlichen Veränderungen, die mit der Schwangerschaft einhergehen, unschön bzw. nicht positiv finden könnten" (S. 50). Generell nimmt die sexuelle Aktivität während der Schwangerschaft immer mehr ab, wozu das von 40% der Schwangeren berichtete schwächere sexuelle Interesse beiträgt, aber auch z.B. körperliches Unbehagen und Angst, das Kind zu verletzen. Hier wirkt sich aus, dass in Ratgebern und Zeitschriften, bei geburtsvorbereitenden Kursen oder ärztlichen Routineuntersuchungen nur äußerst selten auf den Geschlechtsverkehr eingegangen wird. Diese Tabuisierung trägt zur Entsexualisierung der Schwangerschaft bei, obwohl ein Anstieg der Ausschüttungen von Androgenen und ein starker Wunsch nach Körperkontakt, Umarmung und Zärtlichkeit bei Schwangeren festzustellen sind (a.a.O.).

Häufig ändert sich auch die Beziehung der Schwangeren zu ihren eigenen Eltern, insbesondere der Mutter (Mercer 1995). Mutter und Tochter behandeln einander eher als Gleichgestellte, intensivieren ihre Beziehung und bewältigen alte Konflikte. „Wissenschaftliche Erkenntnisse belegen die Bedeutung der Mutter-Tochter-Beziehung für den allgemeinen Gesundheitsstatus der schwangeren Tochter während der vorgeburtlichen Phase, für die Ausbildung ihrer Einstellungen zur Mutterschaft sowie für ihre Anpassung an die Mutterrolle und ihre Fähigkeit, ihren Säugling angemessen zu versorgen" (Mercer 1995, S. 82f.). Natürlich ändern sich auch andere soziale Beziehungen, suchen Schwangere z.B. vermehrt den Kontakt zu anderen Schwangeren und jungen Müttern.

Geburt und das erste Jahr danach

Mit der Entbindung wird die Frau physisch und sozial zur Mutter; mit der Geburt erfolgt die Trennung vom Kind, das bisher Teil des eigenen Körpers war. Behavioral und psychisch hat die Frau aber noch einen langen Weg vor sich, bis sie die Mutterrolle angemessen ausübt, eine ausgeprägte Mutteridentität entwickelt und auch emotional eine Grenze zwischen sich und dem Kind gezogen hat (Mercer 1995; Ruddick 1994). Erschwerend kommt hinzu, dass es keine gesellschaftlichen Rituale gibt, die das Ereignis der Geburt markieren (Woodward 1997). Jedoch ist die Entbindung seit zwei, drei Jahrzehnten nicht mehr alleinige Angelegenheit der Frau: Sie wird nun als Teil der Paar- oder Familiengeschichte definiert (Crouch/Manderson 1993). Dementsprechend ist der (Ehe-)Partner in der Regel bei der Geburt anwesend – z.B. in 92% der Fälle bei der Untersuchung von Huwiler (1995).

Viele Frauen beschäftigen sich gegen Ende der Schwangerschaft intensiv mit der Frage, wie die Entbindung verlaufen soll – auf möglichst „natürliche" Weise (z.B. ohne Medikamente), unter bewusster Kontrolle der Frau usw. (Crouch/ Manderson 1993). Insbesondere für sie ist belastend, wenn anstatt einer Spontangeburt eine Zangen- oder Kaiserschnittentbindung erfolgt. Dann erleben sie oft Gefühle des Versagens oder der Schuld gegenüber dem Kind (Huwiler 1995). Ansonsten ist die Geburt eine anstrengende und schmerzhafte Angelegenheit: „54% der Frauen erlebten die Geburt körperlich schwieriger, 23% empfanden sie einfacher als erwartet. Das gefühlsmäßige Erleben war umgekehrt: 50% hatten sich die Geburt weniger schön vorgestellt; für 19% blieb sie gefühlsmäßig unter den Erwartungen" (a.a.O., S. 115). Trotz dieser positiven Emotionen erlebten 28% der Frauen eine schwere und genauso viele eine schwache bis mittelschwere Wochenbettdepression. Laut Mercer (1995) ist die Antipathie der Frau gegenüber sich selbst, dem Erlebnis und dem Kind umso größer, je stärker der (ungelinderte) Schmerz bei der Entbindung war. Je weniger Kontrolle sie über diesen Prozess ausüben konnte (z.B. bei einer Zangen- oder Kaiserschnittentbindung), umso deprimierter und ängstlicher ist sie, umso geringer ist ihre Selbstachtung. Und je schwerer Wehen und Geburt verliefen, umso negativer ist ihre Reaktion auf den Säugling (selteneres Lächeln, weniger Interaktionsversuche, weniger Kompetenz im Umgang mit dem Neugeborenen).

In den ersten Wochen und Monaten nach der Entbindung stehen die Versorgung des Babys und der Aufbau einer Beziehung zu ihm im Mittelpunkt des Lebens der Mutter. Da nur wenige Erstgebärende viel oder etwas Erfahrung mit Säuglingen haben – z.B. nach der Studie von Huwiler (1995) nur 5 bzw. 30% der Befragten –, erleben die meisten den Alltag mit einem Baby zunächst als (sehr) anstrengend (rund 60% der jungen Mütter) und den Umgang mit ihm als (viel) schwieriger als erwartet (42% der Befragten). Wiegand (1998) gibt folgende Erklärung: „Die Angst, etwas verkehrt zu machen, und Selbstzweifel führen dazu, dass die Mütter sich bis zur eigenen Erschöpfung und weit darüber hinaus um die Kinder bemühen ..." (S. 141). Sie halten sich ständig in der Nähe des Säuglings auf, beobachten ihn und versuchen, alle seine Bedürfnisse zu befriedigen.

Zunächst müssen die jungen Mütter lernen, die Signale des Säuglings zu verstehen, also Sensibilität, Empathie und Intuition entwickeln. Besonders schwer fällt es ihnen oftmals, auf die primärprozesshafte Reaktions- und Erlebnisstufe eines Babys zu regredieren. Laub (1992) ergänzt: „Die moderne Mutter hat innerpsychisch einen weiteren Weg zu ihrem Kind zurückzulegen als die Mütter unklarer Urzeiten" (S. 4). Ferner müssen die Frauen lernen, angemessen auf die Signale ihres Kindes zu reagieren, also „mütterliche" Fähigkeiten entwickeln (Mercer 1995; Richardson 1993; Wiegand 1998). Entgegen der gesellschaftlichen und der eigenen Erwartung, dass Mütter von Anfang an die Bedürfnisse ihres Kindes verständen, müssen sie zumeist erleben, dass dies nicht der Fall ist (Realitätsschock). So sind sie verunsichert und wissen nicht, was sie tun oder lassen sollen. Viele befolgen zunächst die Hinweise in Ratgebern oder orientieren sich an ihnen bekannten Rollenmodellen. Sie überprüfen deren Ratschläge oder „vorbildhaften"

Verhaltensweisen an der Realität mit ihrem Kind und experimentieren mit verschiedenen Reaktionen auf dessen Signale. Auf diese Weise entwickeln sie allmählich ein Repertoire an „mütterlichen" Fertigkeiten und werden immer kompetenter, sicherer, gewandter und damit zufriedener. So überrascht nicht, dass bei der Studie von Huwiler (1995) vier Monate nach der Geburt nur noch 16 % und ein Jahr danach nur noch knapp 5 % der Mütter berichten, dass der Umgang mit dem Kind schwieriger als erwartet sei.

Zum Realitätsschock nach der Geburt eines Kindes gehört auch, dass in den meisten Fällen nicht die erwartete sofortige „Bindung" an den Säugling erlebt wird (Crouch/Manderson 1993). Viele Frauen erleben dies als belastend und entwickeln Schuldgefühle, insbesondere wenn sie glauben, dass sie aufgrund einer Kaiserschnittentbindung oder der großen Erschöpfung nach langen Wehen die „entscheidenden Augenblicke" nach der Geburt verpasst haben. Wiegand (1998) stellt fest: „Kaum eine Mutter, die ich interviewt habe, schildert die erste Phase der Mutterschaft als Erleben der besonderen Verbundenheit oder besonders intensiven Glücks mit dem Kind. Im Gegenteil, die meisten Mütter erleben die erste Zeit als schwierig und mit höchst ambivalenten extremen Gefühlen verbunden" (S. 139). Von einer spontan entstehenden Symbiose zwischen Mutter und Kind könne man keinesfalls sprechen (vgl. Ruddick 1994). Somit empfindet nur ein Teil der Frauen direkt nach der Entbindung Liebe und Zuneigung zum Säugling.

In vielen Fällen entwickeln sich also eine enge Beziehung zum Säugling und eine emotionale Bindung erst im Verlauf der ersten Tage und Monate (Crouch/Manderson 1993; Mercer 1995; Wiegand 1998). Mutter und Kind müssen einander erst kennen lernen und näher kommen, was durch Berühren, Halten, Schmusen, Kuscheln und verschiedene Sinneserfahrungen geschieht. Dieser Prozess kann durch ihre Persönlichkeitscharakteristika, ihr Temperament, ihre Wahrnehmungen, ihre Anpassungsfähigkeit und andere Eigenschaften erleichtert oder erschwert werden. Beispielsweise wird der Bindungsprozess verlangsamt, wenn das Baby als „schwierig" oder seine Betreuung als frustrierend erlebt wird. Manche Mütter berichten erst von positiven Emotionen für ihr Kind, wenn dieses auf sie reagiert, also sie z.B. anlächelt. Sie fühlen sich mit ihm innerlich verbunden, wenn sie sich mit ihm identifizieren, eigene Charakteristika oder solche von Angehörigen an ihm entdecken und es als neues Familienmitglied akzeptiert haben. Schon bald beginnen aber Mutter und Kind, sich voneinander langsam abzugrenzen. Sie nehmen einander immer mehr als separate Individuen mit eigenem Willen wahr.

Zu den Problemen, die mit der Anpassung an das Baby und dem Erlernen „mütterlicher" Fähigkeiten verbunden sind, kommen oft weitere. Dazu gehören kindbezogene Belastungen: Manche Säuglinge sind anspruchsvoll und verlangen Dauerpräsenz, andere weinen oft und grundlos, einige schlafen nur schwer ein und wachen oft auf, andere wollen viel Körperkontakt und häufig getragen werden. Dazu können z.B. Probleme mit dem Stillen oder Krankheiten des Kindes kommen (Huwiler 1995). Green und Kafetsios (1997) stellten bei ihrer Studie über 1.285 Frauen aus Cambridge und Umgebung fest, dass die meisten sowohl positive als auch negative Wörter benutzten, um ihre Säuglinge zu beschreiben.

Aus den Verhaltensweisen des Babys resultieren besondere Belastungen für die Mütter wie Schlafmangel, Müdigkeit, Erschöpfung, Stress, Reizbarkeit, Frustration usw. (Huwiler 1995; Laub 1992; Richardson 1993; Wiegand 1998). Sind sie besonders stark ausgeprägt, kann dies das Verhalten gegenüber dem Säugling und die Bindungsentwicklung beeinträchtigen (Goldstein/Diener/Mangelsdorf 1996). Erst nach circa sechs Wochen verbessert sich der Zustand der jungen Mütter wieder; aber es dauert rund neun Monate, bis sie ihr früheres Maß an physischer und psychischer Energie erreicht haben (Mercer 1995). Die jungen Mütter müssen ihren gesamten Lebensrhythmus ändern und immer wieder Handlungen unterbrechen, um die Bedürfnisse des Säuglings zu befriedigen. Es bleibt kaum noch Freizeit oder Zeit zur Pflege persönlicher Belange, was sich oft auch in einer schlichteren Kleidung oder Frisur zeigt. Weaver und Ussher (1997) schreiben, dass Frauen in diesem Zusammenhang oft von Selbstaufopferung sprechen: „Dieses Thema war mit Abstand das häufigste und durchgängigste in dieser Studie: Es spiegelt das gesellschaftliche Bild von der Mutter als selbstlose Madonna wider, die bereit ist, ihre eigenen Bedürfnisse ihrem Kind zu opfern" (S. 58).

Hinzu kommt, dass die jungen Mütter in den ersten Wochen nach der Entbindung an ihre Wohnung gebunden sind und kaum Zeit für Einkäufe oder andere Erledigungen haben. Weaver und Ussher (1997) stellten bei ihrer Befragung von 13 Londoner Müttern fest: „Ein Grund, warum das Leben so beengend für diese Frauen wurde, lag darin, dass sie nun den Säugling mit sich nehmen mussten, wo immer sie hingingen – außer sie hatten Babysitter, die aber entweder als zu teuer oder auch nur als zu schwer zu finden beschrieben wurden. Den Säugling mitzunehmen bedeutete eine gigantische Planungsarbeit" (S. 59f.). Die Frauen erleben einen großen Verlust an Autonomie und Selbstständigkeit (Huwiler 1995; Laub 1992; Weaver/Ussher 1997). Besonders belastend ist die aus der Bindung an die Wohnung resultierende soziale Isolation. Zumeist fallen die Kontakte am Arbeitsplatz weg; Treffen mit Freunden in Restaurants oder Kneipen, Theater- und Kinobesuche, viele Hobbys und sportliche Aktivitäten entfallen. Manche Freundschaften lösen sich auf, was subjektiv als leidvoll erfahren wird (Herlyn et al. 1993; Richardson 1993; Weaver/Ussher 1997; Wiegand 1998).

Viele Mütter trauern um den Verlust ihres früheren Lebensstils. Dies trifft besonders auf Frauen zu, die bisher (voll) erwerbstätig waren. Sie verlieren nicht nur die mit der Berufsausübung verbundene Anerkennung und Eigenständigkeit, müssen nicht nur Karriere- und Fortbildungswünsche aufgeben, sondern werden auch von ihren (Ehe-)Partnern finanziell – und wegen der Isolation zunehmend emotional – abhängig. Die jungen Mütter werden auf die Hausfrauenrolle zurückgeworfen, die gesellschaftlich wenig Wert hat und für deren Ausübung sie in der Regel nur wenig Anerkennung erfahren (Laub 1992; Mercer 1995). All dies trifft deutsche Frauen stärker als solche in Österreich, Südkorea, Südjemen und den USA, wie eine Vergleichsstudie mit 675 Eltern zeigte (Quaiser-Pohl 1992): „Auch hier nahm Deutschland im internationalen Vergleich eine Extremstellung ein: Während die deutschen Frauen vor der Geburt des ersten Kindes häufiger als in anderen Ländern berufstätig waren, war der Anteil berufstätiger deutscher Mütter extrem gering" (S. 30). Jedoch gibt es auch Frauen, die nach der Geburt eines Kindes selbstverständlich und ohne Einbruchsempfinden den Beruf aufgeben (insbesondere wenn dieser eher negativ erlebt wurde) sowie mit der Hausfrauen- rolle und traditionellen Arbeitsteilung zufrieden sind (Herlyn et al. 1993).

Durch den Wegfall ihres Einkommens erleben junge Mütter oft auch finanzielle Probleme – mitbedingt durch die neu auftretenden hohen Lebenshaltungskosten für den Säugling, die inzwischen im Durchschnitt mehr als 500 DM betragen. Außerdem mussten 1996 in den alten Bundesländern mehr als ein Fünftel aller Verheirateten mit Kindern und in den neuen Ländern mehr als ein Drittel mit einem Haushaltsnettoeinkommen von weniger als 3.000 DM zurechtkommen (Engstler 1999).

Bei all den Anpassungsproblemen sowie psychischen, sozialen und materiellen Belastungen ist es nicht verwunderlich, dass bis zu 80% aller jungen Mütter in den ersten Wochen und Monaten nach der Entbindung deprimiert sind (Mercer 1995). Nach der Untersuchung von Green und Kafetsios (1997) über 1.285 engli- sche Frauen waren sechs Wochen nach der Geburt laut der Edinburgh Postnatal Depression Scale (EPDS) 13% klinisch depressiv. Feministische Wissenschaftle- rinnen haben immer wieder kritisiert, dass diese Depressionen als ein rein medizi- nisches Phänomen betrachtet und behandelt würden (Marshall 1991; Richardson 1993; Woollett/Phoenix 1991). Auf diese Weise werde negiert, dass viele äußere Umstände (Realitätsschock, Isolation, Veränderung des Lebensstils, mangelnde soziale Unterstützung, Abhängigkeit usw.) die Depressionen mitbedingen.

Der Fokus auf all den negativen psychischen und sozialen Veränderungen in den ersten Wochen und Monaten nach der Entbindung dürfte dazu geführt haben, dass Positives weitgehend übersehen wurde (Green/Kafetsios 1997). Weaver und Ussher (1997) verweisen auch darauf, dass sich die negativen Seiten der Mutter- schaft leichter beschreiben ließen, da es sich zumeist um praktische Probleme und Umstellungen handeln würde. Das Positive ist laut ihren Interviews mit 13 Lon- doner Müttern auf einige wenige Punkte beschränkt, die aber von größter Bedeu- tung seien: „Die Höhepunkte der Mutterschaft sind laut diesen Frauen die Freude, ihr Kind wachsen und sich entwickeln zu sehen, ihre tiefe emotionale Wärme und die Anteilnahme am Kind … Die anfängliche Liebe und die wachsende Beziehung sind die Bereiche, durch die sich die Frauen für alle zuvor beschriebenen proble- matischen Veränderungen entschädigt fühlen" (S. 60f.). Sie hatten den Eindruck, dass sie immer mehr Liebe von ihrem Kind zurückbekämen. Die Interviewer bei Huwilers (1995) repräsentativeren Untersuchung nahmen bei 91% der Frauen viel Freude am Kind wahr: „Unsere Einschätzungen stützten sich auf verschiedene Fragen zu den schönen und belohnenden Erlebnissen, die mit der Elternschaft verbunden sind. Ich bin nicht in der Lage, einen angemessenen Eindruck zu geben von den tief empfundenen, bewegenden Schilderungen der Mütter über ihr Zu- sammensein mit ihren kleinen Töchtern und Söhnen" (S. 124). Green und Kafet- sios (1997) berichten, dass sechs Wochen nach der Entbindung 79% der Frauen den höchsten Wert auf einer sechsstufigen Skala ankreuzten bezüglich des empfundenen Stolzes, eine Mutter zu sein, und 72% bei der Vorgabe, überhaupt nicht enttäuscht von der Mutterschaft zu sein. Die meisten Befragten meinten, dass sie gute Mütter wären.

Hinzu kommt, dass sich die meisten Untersuchungen auf die ersten Wochen nach der Entbindung beschränken. So wird übersehen, dass viele negative Phänomene (z.B. Realitätsschock, Verunsicherung, Stress, Identitätskrise, Deprimiertheit) vorübergehender Natur sind. So waren beispielsweise nach der Untersuchung von Huwiler (1995) vier Monate nach der Geburt bereits 93,4% der jungen Mütter sehr oder weitgehend glücklich über die Veränderungen in ihrem Leben, die durch ihr Kind entstanden sind. Mehrere Monate nach der Entbindung sind die meisten Frauen zu einer der Wirklichkeit entsprechenden Definition der Mutterrolle gelangt und haben diese in ihr Selbstkonzept integriert (Mercer 1995; Weaver/Ussher 1997; Wiegand 1998). Sie kommen nun ohne größere Probleme mit ihrem Kind zurecht – je besser sie es verstehen und je kompetenter sie mit ihm umgehen, umso besser fühlen sie sich und umso positiver ist ihr Selbstbild. Sie haben nun die mit der Mutterschaft verbundenen Konsequenzen (z.B. neuer Lebensstil, weniger Selbstbestimmung, mehr Abhängigkeit) akzeptiert. Auch gelingt es ihnen immer besser, negative Folgen zu kompensieren: So brechen sie beispielsweise aus ihrer Isolation aus, indem sie Verwandtschaftsbeziehungen intensivieren, Kontakte zu anderen jungen Müttern knüpfen oder sich Eltern-Kind-Gruppen anschließen.

Ob der Prozess der Mutterwerdung eher positiv oder eher negativ erfahren wird, hängt auch von der Paarbeziehung ab. Eine Studie über 675 Eltern in Deutschland, Österreich, Südkorea, Südjemen und den USA (Quaiser-Pohl 1992) ergab, dass deutsche Paare – vor allem vor der Geburt des ersten Kindes – die „modernsten" Rolleneinstellungen besaßen. Auch ihr Rollenverhalten war besonders egalitär: Beide Partner waren in der Regel erwerbstätig, teilten die Hausarbeit untereinander auf und erlebten sich als gleichberechtigt (vgl. Crouch/Manderson 1993). Dementsprechend erwarten Schwangere, dass sich ihr Partner intensiv um den Säugling bzw. das Kleinkind kümmern wird. So ergab Huwilers (1995) Befragung von 182 schwangeren Schweizerinnen: „90% aller Frauen mit Partnern nahmen an, dass sie mit deren Beteiligung an der Säuglingspflege und -betreuung mehrheitlich oder sehr zufrieden sein würden. Fast alle Frauen vermuteten, dass ihre Partner mehrmals wöchentlich mit dem Kind spielen würden, drei Viertel erwarteten die gleiche Beteiligung beim Wickeln, und über 60% glaubten, dass die Väter mehrmals pro Woche das Kind baden und mit ihm spazieren gehen würden" (S. 112). Jedoch stellt sich nach der Geburt des ersten Kindes heraus, dass die Mitarbeit des Mannes bei der Hausarbeit und Säuglingspflege immer geringer wird. Quaiser-Pohl (1992) berichtet aus der vorgenannten internationalen Vergleichsstudie: „Auch direkt nach der Geburt des ersten Kindes beteiligten sich deutsche Väter noch in besonderer Weise bei der Betreuung des Säuglings. Ziemlich schnell jedoch ließ ihr Engagement nach, und es kam zu dem genannten Traditionalisierungseffekt, der wegen des sehr egalitären Ausgangsniveaus besonders massiv ausfiel" (S. 28). Die jungen Mütter müssen immer mehr in die „klassische" Hausfrauenrolle hineinwachsen und akzeptieren, dass ihre hohen Erwartungen an eine gerechte innerfamiliale Arbeitsteilung nicht erfüllt werden und der Beruf des Mannes den Vorrang vor ihren Tätigkeiten hat (Laub 1992; Mercer 1995). Während parallel dazu die Einstellungen der Väter wieder traditioneller werden, bleiben die Rollenauffassungen der Mütter egalitär (auch nach der Geburt eines weiteren Kindes). Für die Frauen klaffen somit Erwartungen und Realität immer weiter auseinander, was zur Belastung der Partnerschaft führt. Dementsprechend zeigte die internationale Vergleichsstudie, dass bei deutschen Eltern die Verschlechterung der Paarbeziehung nach Geburt des ersten Kindes am stärksten ausgeprägt war (Quaiser-Pohl 1992). Manche Frauen finden sich schließlich mit der geringen Mitarbeit des Mannes im Haushalt und bei der Kinderbetreuung ab und loben ihn sogar noch für sein „Engagement" (Weaver/Ussher 1997).

Die hohen körperlichen, psychischen und sozialen Belastungen in den ersten Monaten nach der Geburt eines Kindes lösen bei jungen Müttern auch ein starkes Bedürfnis nach emotionalem Rückhalt aus (Laub 1992). Die Befragung von Huwiler (1995) ergab, dass sich vier Monate nach der Geburt 86% der Frauen als gefühlsmäßig gut unterstützt durch den Partner bezeichneten; bei 10% war die Unterstützung mittelmäßig und bei 4% gering. Bei der Untersuchung von Green und Kafetsios (1997) bewerteten 30% der Befragten die emotionale Unterstützung durch den Partner auf einer fünfstufigen Skala mit „5" und 31% mit „4"; allerdings wählten auch 21% die niedrigen Werte „1" und „2". Goldstein, Diener und Mangelsdorf (1996) stellten bei ihrer Studie über 70 Frauen fest, dass die Zufriedenheit mit der gefühlsmäßigen Unterstützung durch den Partner drei Monate nach der Entbindung signifikant geringer war als im dritten Trimester. Manche jungen Mütter beklagen auch, dass sie weniger Zeit für Gespräche oder soziale Aktivitäten mit ihrem Partner haben, dass ihr sexuelles Verlangen vermindert ist oder dass sexuelle Funktionsstörungen auftreten (Weaver/Ussher 1997; Wimmer-Puchinger 1992). Ein Jahr nach der Entbindung waren laut Huwiler (1995) jedoch immer noch 84% der Mütter mit der Ehe bzw. Partnerschaft mehrheitlich oder sehr zufrieden; 10% waren teilweise und 6% eher oder völlig unzufrieden.

Abschließend soll noch beschrieben werden, welche Faktoren den Prozess der Mutterwerdung beeinflussen. Huwiler (1995) legt ein von ihm empirisch geprüftes Pfadmodell für das allgemeine Wohlbefinden und die Zufriedenheit mit der Mutterrolle vor. Letztere lasse sich zu 58% durch folgende Variablen erklären: (1) Gesundheit und Verhalten des Kindes als Stressfaktoren, (2) Wohlergehen des Kindes, (3) psychische Gesundheit und Belastbarkeit der Mutter, (4) Familieneinkommen und (5) Einschätzung der finanziellen Situation, wobei nur die drei erstgenannten Variablen von großer Bedeutung sind. Überraschenderweise wirken sich die praktische und die emotionale Unterstützung durch den Partner kaum auf die Zufriedenheit mit der Mutterrolle aus. „Das legt die Interpretation nahe, dass die Arbeitsteilung zwischen Mann und Frau so weit etabliert ist, dass die Mutter für die Bewältigung innerfamiliärer und kindbezogener Aktivitäten wenig auf emotionale Unterstützung durch den Mann angewiesen ist" (a.a.O., S. 173). An anderer Stelle heißt es: „Die Mutter-Kind-Beziehung bildet in gewissem Maße eine eigene Sphäre. Sie stellt einen Bereich dar, der aus der Optik der Mütter durch den Partner, Verwandte und Bekannte nur teilweise tangiert wird. Das Ausmaß an tatkräftiger Unterstützung, welche die Mütter erlebten, wirkte sich nicht auf ihre Rollenzufriedenheit aus, und auch die emotionale Unterstützung aus ihrem Umfeld zeigte einen geringeren Einfluss, als man hätte erwarten können" (S. 208). Hingegen trug nach dem Pfadmodell die emotionale Unterstützung durch den Partner zusammen mit der Zufriedenheit mit der Mutterrolle in entscheidender Weise zum allgemeinen Wohlbefinden der Frauen bei.

Nach anderen Untersuchungen (zusammengefasst bei Mercer 1995) wirkt sich auf den Prozess der Mutterwerdung noch positiv aus, wenn die Frauen z.B. eine glückliche Kindheit erlebt haben, ein gutes Verhältnis zur eigenen Mutter haben, in einer guten Ehebeziehung leben, physisch und psychisch gesund sind, eine positive Einstellung während der Schwangerschaft zeigen, einen Säuglingspflegekurs besucht oder vor der Entbindung Erfahrungen mit Säuglingen gesammelt haben, klare Rollenerwartungen haben sowie empathisch, expressiv und sozial kompetent sind. Ferner wirke sich positiv aus, wenn das Kind gesund ist und keine Probleme beim Füttern macht, wenn Mutter und Kind hinsichtlich von Merkmalen wie Temperament u.Ä. übereinstimmen, wenn es der Mutter Freude macht, mit dem Säugling zu interagieren, und wenn sie diesen nicht als schwierig erlebt (vgl. Goldstein/Diener/Mangelsdorf 1996; Green/Kafetsios 1997; Huwiler 1995).

Mutterschaft bei Kleinkindern

Im Kleinkindalter muss die Mutter ihre Beziehung zum Kind entsprechend seiner neuen (Autonomie-)Bedürfnisse und Entwicklungsfortschritte immer wieder verändern. Es kommt zu einer verstärkten Individuation und Selbstabgrenzung des Kindes (Machtkämpfe), was von manchen Müttern als recht schmerzhaft erlebt wird (Bassin/Honey/Kaplan 1994; Bretherton/Biringen/Ridgeway 1991; Wiegand 1998). Viele Mütter sind aufgrund mangelnder Erfahrung und widersprüchlicher Ratschläge verunsichert, wie sie ihre Kinder erziehen sollen (Bornstein et al. 1998). Zurückgreifend auf Erziehungsratgeber und Elternzeitschriften orientieren sie sich laut Hays (1998) an der in unserem Kulturkreis vorherrschenden „Ideologie der intensiven Kindererziehung": Sie betrachten das Kleinkind als ein reines, unschuldiges Wesen, das geliebt, bemuttert, emotional unterstützt und in allen Entwicklungsbereichen (gezielt) gefördert werden muss (vgl. Bretherton/Biringen/ Ridgeway 1991). Zugleich versuchen sie, ihren Kindern große Freiräume zum Erforschen der Umwelt zu geben und ihr Spielen vielfältiger zu gestalten (Richardson 1993). Die Mütter übernehmen allmählich mehr Rollen gegenüber dem Kleinkind, werden z.B. zu Spielpartnerinnen, Lehrerinnen, Vermittlerinnen sozialer Normen und Strafende, wenn das Kind Regeln verletzt (Grossmann 1995). Je älter das Kind wird, umso eher betrachten sie negative Verhaltensweisen als beabsichtigt und reagieren dann härter auf sie (Dix/Ruble/Zambarano 1989; Mills/Rubin 1992). Und als Lohn für all ihre Bemühungen reichen ihnen „die Freude zu teilen, die Liebe, die sie empfinden, und die Verheißung, dass sie die Liebe von ihren Kindern zurückbekommen" (Hays 1998, S. 173).

Studien über Mütter aus verschiedenen Kulturkreisen in Deutschland und internationale Vergleichsstudien zeigen, dass sich Haltungen gegenüber dem (Klein-) Kind, Erziehungseinstellungen, Attribuierungen und Erziehungsverhalten von Müttern in einem Land bzw. zwischen verschiedenen Ländern stark unterscheiden. Beispielsweise favorisieren Aussiedlerinnen aus Russland und in Deutschland lebende Türkinnen einen kontrollierend-autoritären Erziehungsstil, während westdeutsche Mütter diesen eindeutig ablehnen und einen permissiven bevorzugen. Letztere planen auch mehr die tägliche Erziehungspraxis (Herwartz-Emden 1995a).

Eine deutsch-russische Vergleichsstudie (Ahnert et al. 1994) ergab, dass russische Mütter stärker kindzentriert sind und mehr Einfluss auf die Entwicklung des Kleinkindes nehmen, das als formbar angesehen wird. Beobachtungen des mütterlichen Interaktionsverhaltens zeigten, „dass russische Mütter mehr Informationen und Hinweise geben sowie mehr Vorschläge (Einleitungen) für gemeinsames Interagieren machen, als dies deutsche Mütter tun. Insbesondere aber setzen sie mehr ‚Ausgestaltungen' ein, um die Interaktionsangebote des Kindes durch zusätzliche Impulse zu bereichern oder begonnene Interaktionen zu verlängern. Russische Mütter bestätigen ihre Kinder auch öfter und führen dies zumeist durch Mimik und sprachliche Information deutlich emotional betont aus" (S. 105). Die deutschen Mütter waren gelassener im Umgang mit ihrem Kleinkind und erwarteten für nahezu jede der künftig vom Kind zu erwerbenden Fertigkeit einen späteren Entwicklungszeitpunkt. Ihre Erziehungskonzepte waren eher rational-pragmatisch ausgerichtet, die der russischen Frauen eher moralisch-emotional.

Eine Vergleichsstudie über 214 Mütter 20 Monate alter Kinder aus Argentinien, Belgien, Frankreich, Israel, Italien, Japan und den USA (Bornstein et al. 1998) ergab, dass bezüglich der Selbstbewertungen und Attribuierungen mehr Unterschiede als Gemeinsamkeiten bestanden. Beispielsweise hielten sich Israelis und US-Amerikanerinnen in der Kindererziehung für sehr kompetent; argentinische, belgische und französische Mütter bewerteten sich nicht ganz so positiv, aber besser als italienische und japanische Frauen. Belgische und US-amerikanische Mütter waren mit der Kindererziehung sehr zufrieden; weniger hohe Werte gaben argentinische, französische, israelische und italienische Mütter an; die Japanerinnen waren am wenigsten zufrieden. Dafür waren sie zusammen mit den italienischen und US-amerikanischen Frauen bereit, in die Kindererziehung besonders viel Zeit und Energie zu investieren – mehr als die belgischen, argentinischen und israelischen Mütter und viel mehr als die Französinnen. Ein Erziehungserfolg wurde von italienischen und – in geringem Maße – von französischen und israelischen Frauen eher den eigenen Fähigkeiten zugeschrieben, von den japanischen Frauen eher dem Verhalten des Kindes. Die Auswertung von rund 40 Untersuchungen ergab viele weitere Unterschiede zwischen Müttern aus den genannten Ländern (a.a.O.).

Bis zur Aufnahme des Kindes in den Kindergarten sind in Deutschland die weitaus meisten Frauen auf die Hausfrauenrolle festgelegt. In dieser Zeit verfestigt sich die traditionelle Arbeitsteilung zwischen den Ehepartnern: Bei einem Kind unter sechs Jahren in der Familie wendet der Mann im Durchschnitt 58 Minuten pro Tag für die Kinderbetreuung und 1 Stunde 19 Minuten für Hausarbeit auf – gegenüber 2 Stunden 35 Minuten (Kinderbetreuung) und 4 Stunden 4 Minuten (Hausarbeit) seitens der Frau. Bei zwei und mehr Kindern, von denen das Jüngste unter sechs Jahren alt ist, sind es 54 Minuten für die Kinderbetreuung und 1 Stunde 30 Minuten für Hausarbeit beim Mann versus 2 Stunden 37 Minuten bzw. 4 Stunden 50 Minuten bei der Frau (Engstler 1999). Auch die emotionale Unterstützung durch den Mann nimmt in der Regel nach der Geburt eines zweiten oder dritten Kindes nicht zu (Laub 1992). Die Belastung der Mutter steigt; sie ist besonders hoch, wenn das letztgeborene Kind gerade dem Säuglingsalter entwachsen ist (Weaver/Ussher 1997).

Der Eintritt des (jüngsten) Kindes in den Kindergarten ist für viele Mütter der Zeitpunkt, zu dem sie wieder erwerbstätig werden. Das ist viel später als vor der Geburt gewünscht – und viel später als in den USA, wo mehr Frauen kurz nach der Entbindung wieder berufstätig werden (Quaiser-Pohl 1992). Aus der Notwendigkeit, Beruf und Familie miteinander zu vereinbaren, resultieren neue Belastungen für die Frauen. Insbesondere nicht erwerbstätige Mütter nutzen den durch die Fremdbetreuung ihrer Kinder gewonnenen Freiraum, um an alte Gewohnheiten und Vorlieben anzuknüpfen, sich neuen Hobbys zu widmen oder den Freundeskreis auszuweiten. Der Lebensstil der Mütter ähnelt nun wieder mehr der Zeit vor der Geburt ihrer Kinder; dementsprechend erleben sie auch eine Wiederbelebung früherer Aspekte ihres Selbst. Erst jetzt ist für Wiegand (1998) der Prozess der Mutterwerdung abgeschlossen, da nun Mutterrolle und Mutteridentität mit anderen Rollen und Identitäten in Einklang gebracht worden sind.

Ausblick

Analog zur Entwicklung des Kindes zum Schulkind, Jugendlichen, jungen Erwachsenen usw. verändern sich auch Mutterrolle, Mutteridentität, Erziehungseinstellungen, Verhaltenserwartungen, Erziehungsstil u.Ä. (Dix/Ruble/Zambarano 1989; Mercer 1995). Immer mehr Frauen werden wieder berufstätig – und die anderen oft immer unzufriedener mit ihrem Hausfrauendasein und der traditionellen Mutterrolle (Herlyn et al. 1993; Herlyn/Vogel 1994). Selbst wenn Frauen irgendwann nach ihrem 40. Lebensjahr ihre „Kinder" nicht mehr versorgen und erziehen müssen, weil diese erwachsen geworden sind und einen eigenen Haushalt gegründet haben, bleiben sie Mütter, obwohl sie kaum noch „mütterliche" Aufgaben erfüllen. Mutterschaft ist somit nie konstant, sondern fortwährend im Wandel.

In diesem Kapitel sollte verdeutlicht werden, dass Mutterschaft kulturell bedingt und historisch variabel ist. Es handelt sich um ein sehr komplexes Phänomen mit einer Unmenge von Ausprägungen in der jeweiligen Gesellschaft bzw. in verschiedenen Ländern. Eine Annäherung an Mutterschaft ist somit nur möglich, wenn ein interdisziplinärer Zugang gewählt wird bzw. Erkenntnisse aus verschiedenen Wissenschaften zu einer integrativen Zusammenschau vereint werden. Das wurde am Beispiel der Mutterwerdung verdeutlicht, wobei zugleich aufgezeigt werden sollte, dass der Übergang zur Mutterschaft ein einschneidendes Ereignis im Leben einer Frau ist – von viel größerer Bedeutung als z.B. die erste Sexualbeziehung, der Eintritt in die Arbeitswelt oder die Eheschließung.

Literatur

Ahnert, L./Krätzig, S./Meischner, T./Schmidt, A.: Sozialisationskonzepte für Kleinkinder: Wirkungen tradierter Erziehungsvorstellungen und staatssozialistischer Erziehungsdoktrinen im intra- und interkulturellen Ost-West-Vergleich. In: Trommsdorff, G. (Hrsg.): Psychologische Aspekte des sozio-politischen Wandels in Ostdeutschland. Berlin: de Gruyter 1994, S. 94-110

Ariés, P.: Geschichte der Kindheit. München: Hanser, 4. Aufl. 1977

Bassin, D./Honey, M./Kaplan, M.M.: Introduction. In: Bassin, D./Honey, M./Kaplan, M.M. (Hrsg.): Representations of motherhood. New Haven: Yale University Press 1994, S. 1-25

Bornstein, M.H./Haynes, O.M. et al.: A cross-national study of self-cvaluations and attributions in parenting: Argentina, Belgium, France, Israel, Italy, Japan, and the United States. Developmental Psychology 1998, 34, S. 662-676

Bowlby, J.: Bindung: eine Analyse der Mutter-Kind-Beziehung. Frankfurt/Main: Fischer, 3. Aufl. 1986

Bretherton, I./Biringen, Z./Ridgeway, D.: The parental side of attachment. In: Pillemer, K./McCartney, K. (Hrsg.): Parent-child relations throughout life. Hillsdale: Lawrence Erlbaum 1991, S. 1-24

Crouch, M./Manderson, L.: New motherhood. Cultural and personal transitions in the 1980s. Yverdon: Gordon and Breach 1993

deMause, L.: Hört ihr die Kinder weinen? Eine psychogenetische Geschichte der Kindheit. Frankfurt/Main: Suhrkamp, 7. Aufl. 1992

Dix, T./Ruble, D.N./Zambarano, R.J.: Mothers' implicit theories of discipline: Child effects, parent effects, and the attribution process. Child Development 1989, 60, S. 1373-1391

Engstler, H.: Die Familie im Spiegel der amtlichen Statistik. Lebensformen, Familienstrukturen, wirtschaftliche Situation der Familien und familiendemographische Entwicklung in Deutschland. Bonn: Bundesministerium für Familie, Senioren, Frauen und Jugend 1999

Engstler, H./Lüscher, K.: Späte erste Mutterschaft. Ein neues biographisches Muster der Familiengründung? Zeitschrift für Bevölkerungswissenschaft 1991, 17, S. 433-460

Glenn, E.N.: Social constructions of mothering: A thematic overview. In: Glenn, E.N./Chang, G./Forcey, L.R. (Hrsg.): Mothering: Ideology, experience, and agency. New York: Routledge 1994, S. 1-29

Goldstein, L.H./Diener, M.L./Mangelsdorf, S.C.: Maternal characteristics and social support across the transition to motherhood: Associations with maternal behavior. Journal of Family Psychology 1996, 10, S. 60-71

Green, J.M./Kafetsios, K.: Positive experiences of early motherhood: Predictive variables from a longitudinal study. Journal of Reproductive and Infant Psychology 1997, 15, S. 141-157

Grossmann, K.: Kontinuität und Konsequenzen der frühen Bindungsqualität während des Vorschulalters. In: Spangler, G./Zimmermann, P. (Hrsg.): Die Bindungstheorie. Grundlagen, Forschung und Anwendung. Stuttgart: Klett-Cotta 1995, S. 191-202

Hays, S.: Die Identität der Mütter. Zwischen Selbstlosigkeit und Eigennutz. Stuttgart: Klett-Cotta 1998

Herlyn, I./Vogel, U.: Familienfrauen am Ende ihrer aktiven Mutterphase. Zeitschrift für Familienforschung 1994, 6, S. 6-15

Herlyn, I./Vogel, U./Kistner, A./Langer, H./Mangels-Voegt, B./Wolde, A.: Begrenzte Freiheit – Familienfrauen nach ihrer aktiven Mutterschaft. Eine Untersuchung von Individualisierungschancen in biographischer Perspektive. Bielefeld: Kleine 1993

Herwartz-Emden, L.: Mutterschaft und weibliches Selbstkonzept. Eine interkulturell vergleichende Untersuchung. Weinheim: Juventa 1995a

Herwartz-Emden, L.: Geschlechterverhältnisse und Mutterschaft in einfachen und modernen Gesellschaften. Neue Sammlung 1995b, 35, S. 47-64

Huwiler, K.: Herausforderung Mutterschaft. Eine Studie über das Zusammenspiel von mütterlichem Erleben, sozialen Beziehungen und öffentlichen Unterstützungsangeboten im ersten Jahr nach der Geburt. Bern: Huber 1995

Laub, T.: Aspekte des Mutter-Seins. System Familie 1992, 5, S. 3-9

Marshall, H.: The social construction of motherhood: An analysis of childcare and parenting manuals. In: Phoenix, A./Woollett, A./Lloyd, E. (Hrsg.): Motherhood: Meanings, practices and ideologies. London: Sage 1991, S. 66-85

McMahon, M.: Engendering motherhood: Identity and self-transformation in women's lives. New York: Guilford 1995

Mercer, R.T.: Becoming a mother. Research on maternal identity from Rubin to the present. New York: Springer 1995

Mills, R.S.L./Rubin, K.H.: A longitudinal study of maternal beliefs about children's social behaviors. Merrill-Palmer Quarterly 1992, 38, S. 494-512

Phoenix, A./Woollett, A.: Motherhood: Social construction, politics and psychology. In: Phoenix, A./Woollett, A./Lloyd, E. (Hrsg.): Motherhood: Meanings, practices and ideologies. London: Sage 1991, S. 13-27

Quaiser-Pohl, C.: Kinderwunsch zu hoch gehängt? Wenn Kinder nur Belastung sind. Die Frau in unserer Zeit 1999, 28 (3), S. 26-31

Reif, H. (Hrsg.): Die Familie in der Geschichte. Göttingen: Vandenhoeck & Ruprecht 1982

Richardson, D.: Women, motherhood and childrearing. New York: St. Martin's Press 1993

Ruddick, S.: Thinking mothers / conceiving birth. In: Bassin, D./Honey, M./Kaplan, M.M. (Hrsg.): Representations of motherhood. New Haven: Yale University Press 1994, S. 29-45

Textor, M.R.: Integrative Familientherapie. Eine systematische Darstellung der Konzepte, Hypothesen und Techniken amerikanischer Therapeuten. Berlin: Springer 1985

Textor, M.R.: Eklektische und Integrative Psychotherapie. Fünf Bewegungen zur Überwindung der Vielzahl von Therapieansätzen. Psychologische Rundschau 1988a, 39, S. 201-211

Textor, M.R.: Erklärungsmodelle und Behandlungsansätze für Verhaltensstörungen und psychische Probleme. Die Notwendigkeit der Integration. Soziale Arbeit 1988b, 37, S. 129-134

Textor, M.R.: Familien: Soziologie, Psychologie. Eine Einführung für soziale Berufe. Freiburg: Lambertus, 2. Aufl. 1993

Textor, M.R.: Familientherapie: Zur Vereinbarkeit von Therapieansätzen. Psycho 1995, 21, S. 405-408

Weaver, J.J./Ussher, J.M.: How motherhood changes life – a discourse analytic study with mothers of young children. Journal of Reproductive and Infant Psychology 1997, 15, S. 51-68

Weber-Kellermann, I.: Die Familie. Geschichte, Geschichten und Bilder. Frankfurt: Insel 1976

53

Weisner, T./Gallimore, R.: My brother's keeper: Child and sibling caretaking. Current Anthropology 1977, 18, S. 169-189

Wiegand, G.: Selbstveränderung von Müttern aus subjektiver Sicht. Ein Beitrag zur psychoanalytischen Frauenforschung. Gießen: Psychosozial-Verlag 1998

Wimmer-Puchinger, B.: Schwangerschaft als Krise. Psychosoziale Bedingungen von Schwangerschaftskomplikationen. Berlin: Springer 1992

Windridge, K.C./Berryman, J.C.: Maternal adjustment and maternal attitudes during pregnancy and early motherhood in women of 35 and over. Journal of Reproductive and Infant Psychology 1996, 14, S. 45-55

Woodward, K.: Motherhood: Identities, meanings and myths. In: Woodward, K. (Hrsg.): Identity and difference. Culture, media and identities. Milton Keynes: Open University Press 1997, S. 239-297

Woollett, A./Phoenix, A.: Psychological views of mothering. In: Phoenix, A./Woollett, A./Lloyd, E. (Hrsg.): Motherhood: Meanings, practices and ideologies. London: Sage 1991, S. 28-46

Elisabeth Sander

Mutterschaft in Teilfamilien

Mütter in Teilfamilien, im Folgenden auch allein erziehende Mütter genannt, hat es in unserer Kultur zu allen Zeiten gegeben, wobei sich die Gründe für das Alleinerziehen allerdings von denen in der heutigen Situation unterscheiden. Bis weit ins 19. Jahrhundert handelte es sich bei weiblichen Alleinerziehenden entweder um ledige Mütter oder um Witwen. Erst mit dem erstmaligen starken Ansteigen der Scheidungsrate gegen Ende des 19. Jahrhunderts in den westlichen Industrieländern einschließlich der USA wurden geschiedene allein erziehende Mütter eine nennenswerte Größe. Ein erneutes deutliches Ansteigen der Scheidungsraten – ebenso wie ein Anstieg von Witwenfamilien – ist in eben diesen Ländern nach dem Ersten und Zweiten Weltkrieg zu beobachten. In den 50er Jahren kam es kurzfristig zu einer Stabilisierung der Scheidungsquoten. Seit den 60er Jahren steigen die Scheidungsquoten bis zur Gegenwart deutlich an (Statistisches Bundesamt 1997).

Trennung vom Ehepartner und Scheidung ist heute der häufigste Grund für die Entstehung einer Teilfamilie, die sich in Deutschland und in anderen entwickelten Industrienationen als verbreitete und wachsende Familienform neben der traditionellen Familie etabliert hat. 1997 gab es in Deutschland 1.835.000 Teilfamilien mit minderjährigen Kindern, das waren 20% aller Familien mit Kindern unter 18 Jahren. Bei den meisten Teilfamilien handelt es sich um Mutter-Kind-Familien. 1997 standen 305.000 allein erziehenden Vätern rund 1.529.000 allein erziehende Mütter gegenüber. In den Mutter-Kind-Familien waren von den Müttern 41% geschieden, 15% getrennt lebend, 8% verwitwet und 35% ledig.

Die Gründe für die steigende Zahl getrennt lebender und geschiedener Mütter sind vielfältig und vermutlich durch das Zusammenwirken einer Vielzahl von wirtschaftlichen, sozialen, juristischen und auch politischen Veränderungen in den letzten Jahrzehnten bedingt. Eine sicher wesentliche Rolle spielen die veränderten Erwartungen an Partnerschaften, die im Zuge des die Moderne kennzeichnenden Individualisierungstrends zu beobachten sind (Beck 1986). Unabhängig davon, ob ein Paar verheiratet ist oder nicht, werden heute an jede Partnerschaft sehr hohe emotionale Anforderungen gestellt. Das Streben nach individueller Selbstverwirklichung und größtmöglichem Glück gerät dabei in Konflikt mit dem Ideal der lebenslang dauernden Beziehung (oder Ehe). Da persönliche Entwicklungen nicht vorhersagbar und Gefühle über die Zeit nicht stabil sind, werden die hohen Erwartungen an die Partnerschaft leicht enttäuscht, was dazu führt, dass die partnerschaftlichen Beziehungen instabil und brüchig werden (Beck-Gernsheim 1990; Rottleuthner-Lutter 1989). Dieser veränderten Einstellung zu Ehe und Scheidung trägt auch die Gesetzgebung Rechnung. In den meisten westlichen Industrieländern ist Ehescheidung gegenüber früheren Jahrzehnten erleichtert und das Schuldprinzip dem Zerrüttungsprinzip gewichen. Im Gegensatz zu früheren Jahrzehnten können Frauen heute auch entscheiden, ob sie Mutter werden wollen oder nicht, und sie können ihren Lebensunterhalt selbst verdienen. Durch die veränderte Sozialgesetzgebung haben auch nicht berufstätige allein erziehende Mütter ein Auskommen. Dieses ist allerdings meist kärglich.

Finanziell am ungünstigsten gestellt ist die Gruppe lediger Mütter. Bei diesen handelt es sich zum Großteil um sehr junge Frauen ohne Berufsausbildung, die noch bei den Eltern leben (Heiliger 1991; Napp-Peters 1985; Nave-Herz/Krüger 1992; Neubauer 1988; Niepel 1994). Es gibt aber auch eine kleinere Gruppe lediger Mütter, die sich bewusst für diese Lebensform entschieden hat. Diese Mütter sind meist überdurchschnittlich gut ausgebildet und haben wenig oder keine finanziellen Probleme (Eiduson 1980; Linn 1991; Pakizeghi 1990; Rose 1992).

Die finanzielle Lage von Witwen ist dagegen relativ am günstigsten. Dies liegt daran, dass Witwen meist ältere Kinder zu versorgen haben – dann also auch bei Berufstätigkeit der Mutter keine Kosten für Kinderbetreuung anfallen – und dass sie meist in ihrer Wohnung verbleiben können.

Trennung oder Scheidung bedeutet dagegen für fast alle Frauen eine deutliche Verschlechterung der sozialen Lage. Das liegt zum einen daran, dass der Unterhalt, den die Frauen für sich und das/die Kind/er vom Expartner erhalten, geringer ist als das Einkommen, das die Familie vor der Trennung zur Verfügung hatte, zum anderen an der Zahlungssäumigkeit vieler Männer (Faber/Mädje/Neusüß 1992a, b; Schöningh/Aslanidis/Faubel-Diekmann 1991; Schriftenreihe des Bundesministeriums für Jugend, Familie und Gesundheit 1980). Teilfamilien mit weiblichem Haushaltsvorstand sind überproportional häufig arm oder von Armut bedroht (Bundesministerium für Familie, Senioren, Frauen und Jugend 1997). Die Verschlechterung der finanziellen Situation zwingt häufig zu einem Wohnungswechsel in eine kleinere Wohnung und eine schlechtere Wohngegend. Viele geschiedene Frauen ziehen in die Großstadt, weil sie dort eher einen Arbeitsplatz finden und weniger Vorurteilen ausgesetzt sind als in ländlichen Gebieten (vgl. Balloff 1993; Faber/Mädje/Neusüß 1992a; Nieslony 1989; Sander/Berger/Isselstein-Mohr 1983).

Ein besonderes Problem stellt für alle allein erziehenden Mütter die Vereinbarung von Beruf und Kinderbetreuung dar. Wegen fehlenden Ganztagsbetreuungseinrichtungen – dies gilt vor allem für Deutschland – können viele Mütter keine Berufstätigkeit aufnehmen, selbst wenn sie eine Arbeitsstelle gefunden haben. Dies führt dazu, dass etwa ein Drittel allein erziehender Mütter, vor allem ledige und geschiedene Frauen mit Klein- und jüngeren Schulkindern, in die Sozialhilfe abrutscht (Berger-Schmitt et al. 1991; Faber/Mädje/Neusüß 1992b; Garfinkel/

McLanahan 1986; Krüger 1998; Napp-Peters 1985; Nieslony 1989; Noack 1992; Walper 1991).

In den USA ist die Lage allein erziehender Mütter gegenwärtig besonders brisant, da durch das Entstehen konservativer Kreise allein erziehende Mütter verstärkt unter den Druck der öffentlichen Meinung geraten, was auch zu der Forderung führt, die öffentlichen Mittel für diese Personengruppe zu kürzen (vgl. Mason/Skolnick/Sugarman 1998; Sugarman 1998). Die erlebte Belastung steht allerdings nicht in einem direkt proportionalen Verhältnis zur finanziellen Lage. Abgesehen von extremer materieller Not erleben allein erziehende Mütter die gleiche objektiv ungünstige Situation unterschiedlich (vgl. Faber/Mädje/Neusüß 1992a, b; Sander 1989; Sander/Berger/Isselstein-Mohr 1983; Schiedeck/Schiedeck 1993; Schöningh/Aslandis/Faubel-Diekmann 1991). Ein wichtiger Faktor für die Situationsbewertung ist der subjektive Vergleich zur Situation in der Ehe (Tcheng-Laroche/Prince 1983; zur Situation geschiedener Eltern vgl. auch Sander 1999).

Die psychische Befindlichkeit allein erziehender Mütter

Alleinerziehen ist gewöhnlich durch die Konfrontation mit einer Lebenskrise begründet (Scheidung vom oder Tod des Partners, Verlassenwerden vom Vater des Kindes). Unter einer Lebenskrise versteht man drastische Veränderungen in der Lebenssituation einer Person, die das normalerweise zwischen Person und Umwelt bestehende Gleichgewicht empfindlich stören (Filipp 1981). Das Verhaltensrepertoire, mit dem man bislang sein Leben gemeistert hat, reicht nicht mehr aus; die neue Situation erfordert eine Anpassungsleistung, die enorme Kräfte verlangt.

Psychische Folgen von Lebenskrisen

Lebenskrisen führen häufig zum Erleben von Trauer und Kontrollverlust. Die Betroffenen meinen, ihr Leben nicht mehr unter Kontrolle zu haben und dem Schicksal hilflos ausgeliefert zu sein (Rotter 1979). Im Zusammenhang damit treten auch Angstzustände und depressive Verstimmungen auf. So wird in vielen Studien von einer Verschlechterung der allgemeinen Befindlichkeit nach einer Scheidung berichtet, von Gefühlen der Depression und der Unkontrollierbarkeit sowie von negativen Veränderungen des Selbstbildes (vgl. Noack 1992; Schmidt-Denter/Beelmann 1995).

Die bei Geschiedenen zu beobachtenden Trauerreaktionen sind mit denen Verwitweter vergleichbar. Ein wesentlicher Unterschied besteht darin, dass geschiedene Partner die Verantwortung für die Konsequenzen des Verlustes tragen. Neben dem Verlusterlebnis und Gefühlen der Einsamkeit müssen deshalb auch Gefühle des Zweifels, Schuld- und Hassgefühle und Gefühle des Versagens verarbeitet werden. Durch diese erhöhte Stresssituation kommt es zu einer Überproduktion der corticoiden Hormone, was wiederum zu einer Hemmung der Abwehrmechanismen bei Infektionen und Krankheiten führt (Frederick 1971). So ist es erklärlich, dass bei Geschiedenen die Krankheits-, Sterbe- und Selbstmordrate noch höher ist als bei Verwitweten (Bojanowsky 1986). Während unter einer klinischen Perspektive vor allem die pathogenen Folgen von Lebenskrisen untersucht werden (Dohrenwend/Dohrenwend 1974), wird heute in der Entwicklungspsychologie nicht davon ausgegangen, dass Lebenskrisen automatisch zu krankhaften Reaktionen führen. Eine Lebenskrise wird nicht als punktuelles Ereignis, sondern als prozesshaftes Geschehen interpretiert. Aus dieser Sichtweise wurde eine Reihe von Phasenmodellen des Bewältigungsprozesses nach Verwitwung (Kübler-Ross 1969) und Scheidung (z.B. Bohannan 1970; Kessler 1975; Paul 1980; Raschke 1987; Smart 1977; Wiseman 1975) beschrieben. All diesen Modellen ist gemeinsam, dass sie Krisen als zum Leben gehörend betrachten und davon ausgehen, dass jede Lebenskrise die Möglichkeit des Scheiterns, aber auch die Chance des Wachstums und der Persönlichkeitsreifung in sich birgt. Entsprechend beschreiben alle Modelle die anfänglichen Phasen als gekennzeichnet durch Desorganisation, Kontrollverlust, Gefühle der Verzweiflung u.Ä., wobei zu den letzten Stadien hin ein Verlauf in Richtung Stabilisierung und erneutem Gewinn der Kontrolle über das eigene Leben sowie die Zunahme positiver Gefühle postuliert wird. Es wird davon ausgegangen, dass die durch eine Lebenskrise betroffenen Personen aktiv versuchen, das durch die Krise gestörte Gleichgewicht, das normalerweise zwischen Person und Umwelt herrscht, wieder herzustellen und sich der neuen Situation anzupassen. Einzelne Autoren betonen, dass sich dieser Bewältigungsprozess über Jahre erstrecken und nicht nur vorläufige, sondern auch rückläufige Prozesse (Rückfälle in überwunden geglaubte Stadien) zeigen kann (z.B. Ricci 1982).

Die entwicklungspsychologische Forschung konzentrierte sich deshalb in den letzten Jahren auf die Frage, wie der Bewältigungsprozess nach den genannten Verlusterlebnissen beschaffen ist und welche Faktoren ihn beeinflussen. Da nach einem Verlusterlebnis wie Tod oder Scheidung/Trennung vom Partner die Situation unwiderruflich verändert ist, kann die Bewältigung nur durch eine Neudefinition der Gegebenheiten erfolgen. Die allein erziehende Mutter muss sich neu definieren

- im legalen Bereich (als Geschiedene, Verwitwete, Ledige),
- im ökonomischen (als Alleinerhalterin der Familie),
- im sozialen Kontext (also in den verwandtschaftlichen, freundschaftlichen und nachbarschaftlichen Beziehungen),
- im kognitiven und emotionalen Erlebnisbereich sowie
- im Bereich elterlicher Sorge.

Es stellt sich hier die Frage, ob man sich als Ledige, Witwe oder Geschiedene bzw. als allein erziehende Mutter positiv bewerten und gut fühlen kann (vgl. Pais/White 1979). Neudefinition bedeutet, eine Situation aus einer anderen Perspektive heraus zu beurteilen. Ein solcher kognitiver Bewertungsprozess beeinflusst auch die emotionale Bewältigung der Stresssituation (Lazarus 1966). Wenn eine allein erziehende Mutter z.B. die Notwendigkeit, wieder berufstätig sein zu müssen, auch als Gewinn in Bezug auf eine größere Selbstständigkeit oder das Alleinleben auch als Gewinn für einen größeren Gestaltungsfreiraum für das eigene Handeln werten kann, wird ihr diese Einstellung die Bewältigung erleichtern.

Die Neudefinition kann durch erworbene Einstellungen auch behindert werden. So besteht in Personen die Tendenz, Konsistenz zwischen neuen Erfahrungen und den erworbenen Einstellungen herzustellen (Festinger 1957). Wenn eine geschiedene Mutter z.B. die Einstellung erworben hat, dass eine Scheidung eigentlich unmoralisch ist, wird sie versuchen, das Missverhältnis (die kognitive Dissonanz) zwischen ihrer Einstellung und ihrem Verhalten zu vermindern, um ihre Selbstachtung aufrechterhalten zu können. Dies gelingt ihr z.B. durch die alleinige Schuldzuweisung an ihren Exmann. Da ihr dieses Erklärungsmuster (Attribution) nicht erlaubt, einigermaßen objektiv und ohne Zorn zurückzublicken, kann dies die Scheidungsbewältigung behindern.

Untersuchungen zum Wohlbefinden allein erziehender Mütter

Fasst man den Grad des subjektiven Wohlbefindens allein erziehender Mütter als Indiz für eine gelungene oder misslungene Situationsbewältigung auf, so stellt sich diesbezüglich die Forschungsbefundlage sehr heterogen dar. In einer Reihe von Studien zeigt sich ein eingeschränktes Wohlbefinden Alleinerziehender (Berger-Schmitt et al. 1991; Compass/Williams 1990; Cramer 1993; Dornbusch/Gray 1988; Fong/Amatea 1992; Gallope 1987; Garvin/Kalter/Hansell 1993; Gringlas/Weinraub 1995; Hall et al. 1991; Hetherington/Cox/Cox 1981; Kitson/Morgan 1990; McLanahan 1983, 1985; Probst et al. 1986; Schamess 1990a, b; Schaub/Schaub-Harmsen 1984; Stack 1990; Weiss 1987; Wider et al. 1995). In anderen Studien hingegen wird berichtet, dass die untersuchten allein erziehenden Mütter mit ihrem Leben zufrieden sind und die alltäglichen Anforderungen auch entsprechend meistern (Gutschmidt 1986; Hanson 1986; Napp-Peters 1985; Neubauer 1988; Permien 1988; Sev'er/Pirie 1991; Wagner-Winterhager 1988). Diese widersprüchlichen Ergebnisse dürften die Realität spiegeln: „Es gibt Alleinerziehende, denen es nicht nur aktuell gut geht, sondern denen es sogar besser geht als zu Zeiten vor ihrer Einelternschaft. Es gibt Alleinerziehende, die sich durchschnittlich wohl fühlen, und solche, die an ihrer Lebenssituation leiden" (Niepel 1994, S. 100). Eine solche Dreiteilung der psychischen Befindlichkeit allein erziehender Mütter bestätigen auch Untersuchungen aus dem deutschsprachigen Raum (Faber/Mädje/Neusüß 1992a, b; Sander/Berger/Isselstein-Mohr 1983; Sander 1993a; Schiedeck/Schiedeck 1993; Schöningh/Aslanidis/Faubel-Dieckmann 1991).

In Bezug auf Aussagen, die das Wohlbefinden Alleinerziehender betreffen, sind auch Untersuchungen relevant, die Mütter in Teilfamilien mit „glücklich" und „unglücklich" Verheirateten vergleichen. Schwarz und Gödde (1999) fanden z.B. in einer solchen Studie heraus, dass allein erziehende Mütter hinsichtlich Depressivität sowie emotionaler und praktischer Unterstützung nur dann im Nachteil sind, wenn man sie mit Müttern vergleicht, die ihre Partnerschaft als „gut" einschätzen. Im Vergleich zu Müttern, die über eine schlechte Kommunikation mit ihrem Partner berichten, trifft dies nicht zu. Damit bestätigen die Autorinnen Ergebnisse von Studien, die in Hinblick auf die Befindlichkeit gemeinsame Nachteile von unglücklich Zusammenlebenden und Personen, die sich vom Partner getrennt haben, finden (z.B. Walper/Schneewind/Gotzler 1994).

Faktoren, welche die Bewältigung der Teilfamiliensituation beeinflussen

Die geschilderte heterogene Befundlage in Bezug auf die psychische Befindlichkeit ist wohl dadurch zu erklären, dass die Bewältigung von Lebenskrisen vom Zusammenwirken individueller Persönlichkeitsmerkmale und Faktoren des sozioökologischen Umfeldes abhängt. So unterscheidet Bronfenbrenner (1976) in seinem bekannten Modell vier Ebenen des sozioökologischen Umfeldes, wobei er als unterste Ebene die individuelle Persönlichkeit mit den jeweils gegebenen Schwächen und Kompetenzen benennt. Darüber setzt er die Ebene der Familie, die zum einen durch die Qualität der sozialen Beziehungen, zum anderen durch die materiellen Ressourcen beschrieben werden kann. Diese familiale Ebene sieht er eingebettet in die Ebene der Institutionen und sozialen Netzwerke (Verwandte, Freunde, Nachbarn). Die gesellschaftlichen Rahmenbedingungen stellen schließlich die höchste Ebene dar. Bronfenbrenner postuliert, dass die Gegebenheiten der höher gelegenen Ebene die jeweils darunter liegende Ebene direkt und die noch weiter unten liegenden Ebenen indirekt beeinflussen. Er nimmt darüber hinaus an, dass auf jeder Ebene Stütz- und Belastungsfaktoren wirksam werden, wobei zwischen den objektiven Gegebenheiten und der subjektiven Bewertung, die für die Bewältigung entscheidend ist, zu unterscheiden ist.

Geht man davon aus, dass heute Teilfamilien keine Ausnahmeerscheinung mehr sind und dass die Einstellung gegenüber Alleinerziehenden liberaler geworden ist, kann man annehmen, dass die gesellschaftlichen Rahmenbedingungen für allein erziehende Mütter heute günstiger sind als noch vor wenigen Jahrzehnten (Kurdek 1981; Veevers 1991). Man muss aber davon ausgehen, dass zumindest in Teilen der Gesellschaft die Teilfamilie immer noch sozial stigmatisiert wird, was für die Betroffenen erheblich belastend wirken kann.

Die liberaler gewordene Einstellung zur Teilfamilie wirkt sich auch günstig auf die Ebene der Institutionen und Netzwerke aus. So unterstützen z.B. Sozial- und Jugendämter die Teilfamilie durch juristische und finanzielle Beratung; es wurde die Unterhaltsvorschusskasse eingeführt usw. Allerdings kann die Abhängigkeit von Institutionen, z.B. von den Zahlungen des Sozialamtes, als erhebliche Belastung erlebt werden.

Auch die Ablehnung durch Personen des sozialen Umfeldes, in der die Teilfamilie eingebettet ist, ist heute deutlich geringer als in früheren Jahrzehnten. Soziale Netzwerke sind ein wichtiger Stützfaktor für die allein erziehende Mutter, allerdings nur dann, wenn sie tatkräftige Hilfe, z.B. bei der Kinderbetreuung, oder emotionale Unterstützung leisten. Als wichtige Stütze sind ein wohlgesonnener Freundeskreis oder Selbsthilfegruppen Alleinerziehender zu nennen (Niepel/ Nestmann 1996; Pong 1997, 1998; Veevers 1991). Wenn allerdings bei geschiedenen Müttern das Netzwerk auf eine Verwandtschaft beschränkt ist, die der Scheidung negativ gegenüber steht, ist ein erheblicher Belastungsfaktor gegeben.

Die finanziellen und materiellen Ressourcen, die der Teilfamilie zur Verfügung stehen, beeinflussen den Bewältigungsprozess in bedeutsamer Weise. Ein niedriges Einkommen und eine insgesamt ungünstige soziale Lage sind ein schwerer Belastungsfaktor für die allein erziehende Mutter. Auch die Beziehungsmuster innerhalb der Teilfamilie werden durch die finanziellen und materiellen Ressourcen beeinflusst. Extreme finanzielle Not erhöht die Wahrscheinlichkeit eines inkompetenten mütterlichen Erziehungsstils (Colleta 1983). Andererseits können gute Beziehungen zwischen Mutter und Kind(ern) auch als Stützfaktor wirken, der die materiellen Schwierigkeiten leichter erträglich macht (Sander/Berger/Isselstein-Mohr 1983).

In einer Reihe von Untersuchungen konnten Persönlichkeitsmerkmale und individuelle Kompetenzen bzw. Gegebenheiten identifiziert werden, die sich günstig bzw. ungünstig auf die Krisenbewältigung und so auch auf die psychische Befindlichkeit allein erziehender Mütter auswirken. In einem Überblicksreferat nennt Veevers (1991) u.a. folgende Faktoren, die die Scheidungsbewältigung beeinflussen: Personen, die grundsätzlich (im Sinne eines manifesten Persönlichkeitsmerkmals) schwierige Situationen positiv bewältigen, fällt die Scheidungsbewältigung leichter als Personen, bei denen dies nicht der Fall ist.

Auch allgemeine Einstellungen spielen eine Rolle. Wer eine Scheidung grundsätzlich als persönliches Scheitern interpretiert, wird größere Schwierigkeiten mit der Bewältigung haben als jemand, der darin ein Ereignis sieht, mit dem man im „normalen" Lebenslauf rechnen muss. Auch das Alter spielt eine Rolle: So haben junge Frauen im Allgemeinen weniger Schwierigkeiten als ältere, sich an ihre Rolle als Alleinerziehende zu gewöhnen.

In Bezug auf die Dauer der Ehe besteht eine nicht lineare Beziehung zur Bewältigung. Nach einer sehr kurzen oder sehr langen Ehe scheint eine Scheidung eine geringere Belastung darzustellen. Eine Erklärung dafür könnte sein, dass in einer sehr kurzen Ehe noch keine auf Dauer angelegte Beziehung aufgebaut wurde, in einer sehr langen Ehe wiederum sich extrem viel an Unzufriedenheit und Belastung aufstaute. Entscheidender als die Dauer der Ehe dürfte allerdings die Planungsperiode sein. Eine Frau, die sich längere Zeit auf eine mögliche Scheidung (oder auch den Tod des Partners) eingestellt hat, kann das kritische Lebensereignis schneller bewältigen als eine Frau, die davon überrascht wurde. Das Gleiche gilt, wenn sie aktiv die Scheidung betrieb, sodass sie durch ihre Initiative Kontrolle über die Situation gewinnen konnte.

Einen sehr hohen Stellenwert in Bezug auf die Bewältigung einer Scheidung hat der Bildungsstand. Ein höherer Bildungsstand garantiert eher das Verfügen über Kompetenzen und Strategien, sich in schwierigen Situationen zu helfen, und bietet auch eher die Chance für eine befriedigende berufliche Tätigkeit und finanzielle Sicherheit – Faktoren, die die Bewältigung erheblich erleichtern (vgl. Guttmann 1993; Sander 1993a). Die Bedeutung von Stressverarbeitungsstrategien für das Wohlbefinden allein erziehender Frauen konnte erst kürzlich bei einer deutschen Stichprobe nachgewiesen werden. Frauen mit unterschiedlichem Wohlbefinden zeigten unabhängig vom Familienstand (untersucht wurden allein erziehende Mütter, wiederverheiratete Alleinerziehende und in erster Ehe verheiratete Mütter) verschiedene Stressverarbeitungsstrategien. Mütter, deren Wohlbefinden größer war, griffen in stressreichen Situationen im Gegensatz zu den Frauen mit geringerem Wohlbefinden verstärkt zu Strategien wie Bagatellisierung, Herunterspielen der belastenden Situation sowie positiver Selbstinstruktion. Frauen mit geringerem Wohlbefinden verwendeten hingegen signifikant häufiger Strategien wie Vermeidung oder Fluchttendenz, soziale Abkapselung, gedankliche Weiterbeschäftigung mit dem stresserzeugenden Thema, Resignation, Selbstbemitleidung, Selbstbeschuldigung und Aggression; sie griffen auch häufiger in Stresssituationen auf Pharmaka zurück (Jesse/Sander 1999).

Dieses Ergebnis steht in Einklang mit Ergebnissen anderer Untersuchungen, die sich mit dem Zusammenhang zwischen Copingstrategien und dem Wohlbefinden Alleinerziehender beschäftigten (z.B. Holloway/Machida 1992; Noack 1992; vgl. Compass/William 1990; D'Ercole 1988; Fong/Amatea 1992; Hall et al. 1991; Lindblad-Goldberg/Dukes/Lasley 1988).

Wie aus einer Studie von Probst et al. (1986) hervorgeht, ist auch entscheidend, ob eine Person situationsspezifisch Copingstrategien flexibel einsetzen kann. Schlesinger (1991) weist in diesem Zusammenhang darauf hin, dass gegenwarts- und zukunftsorientiertes Bewältigungsverhalten wichtig für das Wohlbefinden ist: Viele Frauen neigen allerdings dazu, durch Hadern mit der Vergangenheit und die langwierige Suche nach Ursachen des Scheiterns der Beziehung der Gestaltung der Gegenwart zu wenig Beachtung zu schenken.

Bei der Beurteilung der genannten Unterstützungs- und Belastungsfaktoren ist zu berücksichtigen, dass sich die Bedeutung sowohl individueller Kompetenzen als auch von Faktoren des sozioökologischen Umfeldes im Laufe des Bewältigungsprozesses ändern kann. So kann z.B. die Wiederaufnahme einer beruflichen Tätigkeit von einer allein erziehenden Mutter unmittelbar nach der Scheidung als extrem belastend wahrgenommen werden, die neu gewonnene Kompetenz aber im Laufe des Prozesses ein wichtiger Stützfaktor werden. Oder die zunächst als unterstützend wahrgenommene Mutter einer Alleinerziehenden kann sich im Laufe der Zeit als Belastungsfaktor erweisen, wenn es beispielsweise zu Meinungsverschiedenheiten im Hinblick auf die Erziehung des Enkelkindes kommt oder die Alleinerziehende von ihrer Mutter wie ein Kind behandelt wird.

Auch die wenigen Längsschnittstudien, welche die Bewältigung der Nachscheidungssituation und des Lebens in der Teilfamilie untersuchten, bestätigen die Ergebnisse der erwähnten Querschnittstudien zum Wohlbefinden allein erziehender Mütter. Dem Großteil Betroffener gelingt die Bewältigung im Laufe einiger Jahre. Allerdings klagt ein Viertel bis ein Drittel der Alleinerziehenden noch Jahre nach der Scheidung über eine negative Gefühlslage und über psychosomatische Beschwerden (vgl. Guttmann 1993; Veevers 1991; Wallerstein/Blakeslee 1989; Wallerstein/Kelly 1980). In Bezug auf diese Gruppe ist sicher zu fragen, inwiefern schon vor dem kritischen Lebensereignis Faktoren gegeben waren (z.B. bestimmte relativ überdauernde Persönlichkeitsmerkmale), welche die Anpassung an schwierige Situationen grundsätzlich erschweren. Auch im Längsschnitt ließ sich nachweisen, dass personale Ressourcen, wie z.B. Copingstrategien, über die schon vor der Lebenskrise verfügt wurde, signifikante Prädiktoren für deren Bewältigung sind (Tschann/Johnston/Wallerstein 1989).

Teilfamilienmütter in der alleinigen Erziehungsverantwortung

Eltern werden als kompetente Erzieher angesehen, wenn sie in der Lage sind, eine familiale Umwelt zu schaffen, die für die kognitive, emotionale und soziale Entwicklung ihrer Kinder förderlich ist (Rutter 1985a, b). Eine solche Umwelt ist charakterisiert durch liebevolle und unterstützende Eltern, die Verhaltensregeln festsetzen, Kontrolle ausüben, ein konsequentes Einhalten der Verhaltensregeln einfordern und harte Bestrafung vermeiden (Amato 1990; Maccoby 1992).

Aus einer Vielzahl von Studien, in denen das Erzieherverhalten Alleinerziehender (meist allein erziehende Mütter) mit dem Verheirateter verglichen wurde, geht hervor, dass Erstere im Durchschnitt ein inkompetenteres Erzieherverhalten zeigen als Letztere. Sie neigen diesen Studien zufolge dazu, weniger Anforderungen an ihre Kinder zu stellen, sie weniger zu kontrollieren und weniger effektive Disziplinierungsstrategien einzusetzen; vor allem zeigen sie ein stärker inkonsequentes Erzieherverhalten als Verheiratete (Amato 1987; Astone/McLanahan 1991; McLanahan/Sandefur 1994; Thomson/McLanahan/Curtin 1992). Unmittelbar nach einer Verwitwung oder Scheidung kommt auf die Mutter in der Teilfamilie – häufig von heute auf morgen – eine Vielzahl neuer Anforderungen zu. So muss sie nun eine Doppelfunktion erfüllen, sich sowohl um die (meist gewohnte) Kindererziehung kümmern als auch um die finanzielle Sicherheit der Familie (was meist eine ungewohnte Anforderung darstellt). Im Gegensatz zur traditionellen Familie, in der sich die für einen erfolgreichen Erziehungsprozess notwendigen Funktionen des Disziplinierens und des eher einfühlenden und stützenden Verständnisses jeweils nach Kompetenz und Situation auf zwei Personen aufteilen, muss die Alleinerziehende nun beide Funktionen mit gleicher Kompetenz ausüben. Dabei hat sie nicht die Möglichkeit, sich zurückziehen zu können und den anderen Elternteil in seiner Erzieherfunktion wirken zu lassen oder mit diesem Erziehungsprobleme zu besprechen. Diese erhöhten Anforderungen werden an sie zu einem Zeitpunkt gestellt, zu dem sie selbst als Folge der Lebenskrise psychisch belastet ist und auch die Kinder unter dem Zusammenbruch der gewohnten Lebenssituation leiden, sodass diese häufig mit Erlebens- und Verhaltensauffälligkeiten reagieren (Fthenakis/Niesel/Kunze 1982; Hetherington 1989; Hoffmann-Hausner/Bastine 1995; Sander 1988, 1993b). Die meisten Alleinerziehenden sind den Anforderungen unmittelbar nach dem kritischen Lebensereignis nicht gewachsen. Sie fühlen sich überfordert und werden unsicher (Weiss 1979). Ihr Erzieherverhalten wird dadurch bedingt autoritär; da ihnen dies aber wieder leid tut, reagieren sie teilweise auch mit übergroßer Nachsicht, sodass insgesamt ein inkonsequenter Erziehungsstil dominiert (Bartz/Witcher 1978; Hetherington 1980; vgl. Sander/Jesse/Ermert 1997).

In der Literatur werden darüber hinaus auch spezielle Erziehungsprobleme allein erziehender Mütter genannt. So neigen Alleinerziehende vor allem in der ersten Zeit nach der akuten Krise dazu, die Kinder materiell und psychisch zu überfordern. Es werden erhöhte Anforderungen im Haushalt gestellt, oder es wird emotionale Unterstützung erwartet. Es besteht die Tendenz, die hierarchische Eltern-Kind-Beziehung zu nivellieren, ein eher freundschaftliches, egalitäres Verhältnis einzufordern. Gerade bei Jungen in der Pubertät oder Adoleszenz wird beobachtet, dass sie in die Rolle eines Gattensubstituts gedrängt werden, was für diese eine erhebliche Überforderung darstellt (Hetherington 1980; Kreppner/Ullrich 1999; Weiss 1979). Es kann auch vorkommen, dass geschiedene Mütter die negativen Gefühle, die sie dem Expartner gegenüber empfinden, auf das gegengeschlechtliche Kind übertragen, besonders wenn sie durch Verhalten und Aussehen des Kindes an diesen erinnert werden (Hetherington/Cox/Cox 1978; Tooley 1976). Zu Erziehungsproblemen kann es auch kommen, wenn ein eventueller Freund der Mutter die Kinder nicht akzeptiert oder die Kinder den neuen Partner ablehnen (Siewert 1983). Die genannten Probleme treten allerdings nicht notwendig und automatisch auf. Dem Großteil der Mütter in Teilfamilien gelingt es, nach einigen – etwa zwei – Jahren ihre erzieherische Kompetenz wieder zu gewinnen (Acock/Demo 1994; Bartz/Witcher 1978; Hetherington/Cox/Cox 1978).

In einer groß angelegten und sehr differenzierten Studie von Simons und Johnson (1996) schnitten zwar auch die allein erziehenden Mütter im Vergleich zu „unglücklich" und „glücklich" Verheirateten in Bezug auf das Erzieherverhalten am schlechtesten ab. Allerdings erwies sich der Großteil der Alleinerziehenden als kompetent in der Erziehung; nur bei 20 bis 25 % war ein inadäquates Erzieherverhalten zu beobachten (was allerdings einem doppelt so hohem Anteil als dem bei verheirateten Frauen entsprach). Als Hauptgrund für das inadäquate Erzieherverhalten dieser Teilgruppe Alleinerziehender erwies sich der erhöhte Stress, der durch ihre Lebenslage hervorgebracht wurde, sowie die damit verbundene Neigung zur Depression.

Zusammenfassung und Ausblick

Mütter in Teilfamilien stellen keine homogene Gruppe dar. In Abhängigkeit von Person- und Umweltmerkmalen bewältigen sie ihre Lebenssituation, die meist durch ein kritisches Lebensereignis ausgelöst ist, unterschiedlich. Die meisten Mütter passen sich nach einer Zeit der Umstellung, die etwa zwei Jahre dauert, an die neuen Lebensumstände an; ihr Wohlbefinden ist zufriedenstellend, ihre Erzieherkompetenz hoch. Eine kleinere Gruppe, etwa 25 %, bleibt über diesen Zeitraum hinaus auffällig, was in erster Linie auf erhöhten Stress zurückzuführen ist.

Aus den referierten Forschungsergebnissen lässt sich die Forderung nach Beratungsangeboten und deren Evaluation ableiten. Der Schwerpunkt dieser Angebote müsste zum einen auf der Sensibilisierung für die Wahrnehmung und Nutzung von Stützfaktoren im jeweiligen Umfeld sowie in der Ausbildung und dem Einsatz effektiver Copingstrategien liegen, zum anderen auf der Förderung von Erzieherkompetenz für die Bewältigung der spezifischen Anforderungen der Teilfamiliensituation (Klinkner/Sander 1999; Sander/Ermert/Klinkner 1993).

Literatur

Acock, A.C./Demo, D.H.: Family diversity and well-being. Thousand Oaks: Sage 1994

Amato, P.R.: Family processes in intact, one-parent, and step-parent families: The child's point of view. Journal of Marriage and the Family 1987, 49, S. 327-337

Amato, P.R.: Family environment as perceived by children. Journal of Marriage and the Family 1990, 52, S. 613-630

Astone, N.M./McLanahan, S.S.: Family structure, parenting practices, and high school completion. American Sociological Review 1991, 56, S. 309-320

Balloff, R.: Alleinerziehende Eltern. Zentralblatt für Jugendrecht 1993, 78, S. 256-264

Bartz, K.W./Witcher, W.C.: When father gets custody. Children Today 1978, 7, S. 2-6

Beck, U.: Risikogesellschaft auf dem Weg in eine andere Moderne. Frankfurt/Main: Suhrkamp 1986

Beck-Gernsheim, E.: Von der Liebe zur Beziehung? In: Beck, U./Beck-Gernsheim, E. (Hrsg.): Das ganz normale Chaos der Liebe. Frankfurt/Main: Suhrkamp 1990, S. 65-104

Berger-Schmitt, R./Glatzer, W./Güther, B./Kulawik, T./Milenovic, I./Riedmüller, B.: Die Lebenssituation allein stehender Frauen. Schriftenreihe des Bundesministers für Frauen und Jugend, Bd. 1. Stuttgart: Kohlhammer 1991

Bohannan, P.: The six stations of divorce. In: Bohannan, P. (Hrsg.): Divorce and after. New York: Doubleday 1970, S. 29-77

Bojanovsky, J.J.: Verwitwung. Ihre gesundheitlichen und sozialen Probleme. Weinheim: Beltz 1986

Bronfenbrenner, U.: Ökologische Sozialisationsforschung – ein Bezugsrahmen. In: Lüscher, K./Bronfenbrenner, U. (Hrsg.): Ökologische Sozialisationsforschung. Stuttgart: Klett 1976, S. 199-220

Bundesministerium für Familie, Senioren, Frauen und Jugend: Alleinerziehende in Deutschland. Dokumentation. Materialien zur Familienpolitik. Bonn: Bonner Universitäts-Buchdruckerei 1997

Colletta, N.D.: Stressful lives: The situation of divorced mothers and their children. Journal of Divorce 1983, 6, S. 19-31

Compass, B.E./Williams, R.A.: Stress, coping, and adjustment in mothers and young adolescents in single- and two-parent families. American Journal of Community Psychology 1990, 18, S. 525-545

Cramer, D.: Personality and marital dissolution. Personality and Individual Differences 1993, 14, S. 605-607

D'Ercole, A.: Single mothers: Stress, coping and social support. Journal of Community Psychology 1988, 16, S. 41-54

Dohrenwend, B.S./Dohrenwend, B.P. (Hrsg.): Stressful life events. Their nature and effects. New York: Wiley 1974

Dornbusch, S.M./Gray, K.D.: Single-parent families. In: Dornbusch, S.M./Strober, M.H. (Hrsg.): Feminism, children, and the new families. New York: Guilford Press 1988, S. 274-296

Eiduson, B.T.: Contemporary single mothers. In: Katz, L.G. (Hrsg.): Current topics in early childhood education, Bd. 3. Norwood: Ablex 1980, S. 65-76

Faber, C./Mädje, E./Neusüß, C.: „Getrennt in einer Wohnung leben, das ist das Schlimmste, was es gibt." Wohnsituation und Wohnbedarf allein erziehender Sozialhilfeempfängerinnen. Frauenforschung 1992a, 10, S. 19-38

Faber, C./Mädje, E./Neusüß, C.: Armut und Bildung. Social Management 1992b, 2, S. 9-11

Festinger, L.: A theory of cognitive dissonance. Stanford: Stanford University Press 1957

Filipp, S.-H. (Hrsg.): Kritische Lebensereignisse. München: Urban/Schwarzenberg 1981

Fong, M.L./Amatea, E.S.: Stress and single professional women: An exploration of causal factors. Journal of Mental Health Counseling 1992, 14, S. 20-29

Frederick, S.F.: Physiological reactions induced by grief. Omega 1971, 2, S. 71-75

Fthenakis, W.E./Niesel, R./Kunze, H.-R.: Ehescheidung: Konsequenzen für Eltern und Kinder. München: Urban/Schwarzenberg 1982

Gallope, R.A.: Depression. In: L'Abate, L./Young, L. (Hrsg.): Casebook. Structured enrichment programs for couples and families. New York: Bruner/Mazel 1987, S. 180-192

Garfinkel, I./McLanahan, S.S.: Single mothers and their children. Washington: The Urban Institute Press 1986

Garvin, V./Kalter, N./Hansell, J.: Divorced women: Individual differences in stressors, mediating factors, and adjustment outcome. American Journal of Orthopsychiatry 1993, 63, S. 232-240

Gringlas, M./Weinraub, M.: The more things change ... single-parenting revisited. Journal of Family Issues 1995, 16, S. 29-52

Gutschmidt, G.: Kind und Beruf. Alltag allein erziehender Mütter. Weinheim: Juventa 1986

Guttmann, J.: Divorce in psychosocial perspective: Theory and research. Hillsdale: Erlbaum 1993

Hall, L.A./Gurley, D.N./Sachs, B./Kryscio, R.J.: Psychosocial predictors of maternal depressive symptoms, parenting attitudes, and child behavior in single-parent families. Nursing Research 1991, 40, S. 214-220

Hanson, S.M.: Healthy single parent families. Family Relations 1986, 35, S. 125-132

Heiliger, A.: Alleinerziehung als Befreiung. Mutter-Kind-Familien als positive Sozialisationsform und als gesellschaftliche Chance. Pfaffenweiler: Centaurus 1991

Hetherington, E.M.: Scheidung aus der Perspektive des Kindes. Report Psychologie 1980, 5, S. 6-23

Hetherington, E.M.: Coping with family transitions: Winners, losers and survivors. Child Development 1989, 60, S. 1-14

Hetherington, E.M./Cox, M./Cox, R.: The aftermath of divorce. In: Stevens, J.H./Mathews, M. (Hrsg.): Mother-child, father-child relationships. Washington: National Association for the Education of Young Children 1978, S. 149-176

Hetherington, E.M./Cox, M./Cox, R.: The aftermath of divorce. In: Hetherington, E.M./Parke, R.D. (Hrsg.): Contemporary readings in child psychology. New York: McGraw-Hill 1981, S. 234-249

Hoffmann-Hausner, N./Bastine, R.: Psychische Scheidungsfolgen für Kinder. Die Einflüsse von elterlicher Scheidung, interparentalen Konflikten und Nachscheidungsfolgen. Zeitschrift für Klinische Psychologie 1995, 24, S. 285-299

Holloway, S.D./Machida, S.: Maternal child-rearing beliefs and coping strategies: Consequences for divorced mothers and their children. In: Sigle, I.E./McGillicuddy-DeLisi,

A.V./Goodnow, J.J. (Hrsg.): Parental belief systems: The psychological consequences for children. Hillsdale: Erlbaum 1992, S. 249-265

Jesse, A./Sander, E.: Wohlbefinden und Stressverarbeitungsstrategien bei allein erziehenden und nicht allein erziehenden Frauen. In: Sander, E. (Hrsg.): Trennung und Scheidung – Die Perspektive betroffener Eltern. Weinheim: Beltz, Deutscher Studien Verlag 1999, S. 54-74

Kessler, S.: The American way of divorce: Prescription of change. Chicago: Nelson Hall 1975

Kitson, G.C./Morgan, L.A.: The multiple consequences of divorce: a decade review. Journal of Marriage and the Family 1990, 52, S. 913-924

Klinkner, M./Sander, E.: Evaluation eines Erziehertrainings für Alleinerziehende: Aspekte subjektiver Erfolgsbewertung. In: Sander, E. (Hrsg.): Trennung und Scheidung – Die Perspektive betroffener Eltern. Weinheim: Beltz, Deutscher Studien Verlag 1999, S. 126-151

Kreppner, K./Ullrich, M.: Partner oder Widerpart. Zwei Modelle mütterlicher Kommunikationsgestaltung mit jugendlichen Kindern in geschiedenen und ungeschiedenen Familien. In: Althof, W./Volker, H. (Hrsg.): 14. Tagung Entwicklungspsychologie: Abstractband. Fribourg: Universität Fribourg 1999, S. 80

Krüger, D.: Lebenssituationen von Alleinerziehenden – ein Einblick in die Pluralität einer Lebensform mit Kindern. In: Vaskovics, L.A./Schattovits, H.A. (Hrsg.): Lebens- und Familienformen – Tatsachen und Normen. Wien: Österreichisches Institut für Familienforschung, Melzer (Materialiensammlung) 1998, Heft 4, S. 153-159

Kübler-Ross, E.: On death and dying. London: Macmillan 1969

Kurdek, L.A.: An integrative perspective on children's divorce adjustment. American Psychologist 1981, 36, S. 856-866

Lazarus, R.S.: Psychological stress and the coping process. New York: McGraw-Hill 1966

Lindblad-Goldberg, M./Dukes, J.L./Lasley, J.H.: Stress in black, low-income, single parent families: normative and dysfunctional patterns. American Journal of Orthopsychiatry 1988, 58, S. 104-120

Linn, R.: Mature unwed mothers in Israel: Socio-moral and psychological dilemmas. Lifestyles 1991, 12, S. 145-170

Maccoby, E.: The role of parents in the socialization of children: An historical overview. Developmental Psychology 1992, 28, S. 1006-1017

Mason, M.A./Skolnick, A./Sugarman, S.D. (Hrsg.): All our families: New policies for a new century. New York: Oxford University Press 1998

McLanahan, S.S.: Family structure and stress: a longitudinal comparison of two parent and female-headed families. Journal of Marriage and the Family 1983, 45, S. 347-357

McLanahan, S.S.: Single mothers and psychological well-being: A test of the stress and vulnerability hypothesis. Research in Community and Mental Health 1985, 5, S. 253-266

McLanahan, S.S./Sandefur, G.: Growing up with a single parent. Cambridge: Harvard University Press 1994

Napp-Peters, A.: Ein-Elternteil-Familien. München: Juventa 1985

Nave-Herz, R./Krüger, D.: Ein-Elternfamilien: Eine empirische Studie zur Lebenssituation und Lebensplanung allein erziehender Mütter und Väter. Bielefeld: Kleine 1992

Neubauer, E.: Allein erziehende Mütter und Väter – eine Analyse der Gesamtsituation. Schriftenreihe des Bundesministeriums für Jugend, Familie, Frauen und Gesundheit, Bd. 219. Stuttgart: Kohlhammer 1988

Niepel, G.: Alleinerziehende. Abschied von einem Klischee. Opladen: Leske + Budrich 1994

Niepel, G./Nestmann, F.: Soziale Netzwerke allein erziehender Frauen. Gruppendynamik 1996, 27, S. 85-108

Nieslony, F.: Allein erziehend – Zur Lebenssituation von Einelternfamilien. Theorie und Praxis der sozialen Arbeit 1989, 4, S. 138-144

Noack, P.: Allein zu Zweit: Ein-Elternteil-Familien. In: Hofer, M. (Hrsg.): Familienbeziehungen. Göttingen: Hogrefe 1992, S. 289-310

Pais, J./White, P.: Family redefinition: A review of the literature toward a model of divorce adjustment. Journal of Divorce 1979, 2, S. 271-291

Pakizeghi, B.: Emerging family forms: Single mothers by choice – demographic and psychosocial variables. Maternal-Child Nursing Journal 1990, 19, S. 1-19

Paul, N.: Die Scheidung als äußerer und innerer Prozess. Familiendynamik 1980, 3, S. 229-241

Permien, H.: Zwischen Existenznöten und Emanzipation – Allein erziehende Eltern. In: Deutsches Jugendinstitut (Hrsg.): Wie geht's der Familie? Ein Handbuch zur Situation der Familie heute. München: Verlag Deutsches Jugendinstitut 1988, S. 89-97

Pong, S.L.: Family structure, school context and eight-grade math and reading achievement. Journal of Marriage and the Family 1997, 59, S. 734-746

Pong, S.L.: The social compositional effect of single parenthood on 10th-grade achievement. Sociology of Education 1998, 71, S. 23-42

Propst, L.R./Pardington, A./Ostrom, R./Watkins, P.: Predictors of coping in divorced single mothers. Journal of Divorce 1986, 9 (3), S. 33-53

Raschke, H.J.: Divorce. In: Sussman, M.B./Steinmetz, S.K. (Hrsg.): Handbook of Marriage and the Family. New York: Plenum 1987, S. 597-624

Ricci, I.: Was tun für Scheidungskinder? Zürich: Schweizer Verlagshaus 1982

Rose, M.K.: Elective single mothers and their children: The missing fathers. Child and Adolescent Social Work 1992, 9, S. 21-33

Rotter, S.: Individual differences and perceived control. In: Perlmutter, L./Mony, R.A. (Hrsg.): Choice and perceived control. Hillsdale: Erlbaum 1979, S. 263-270

Rottleuthner-Lutter, M.: Ehescheidung. In: Nave-Herz, R./Markefka, M. (Hrsg.): Handbuch der Familien- und Jugendforschung. Bd. 1: Familienforschung. Neuwied: Luchterhand 1989, S. 607-623

Rutter, M.: Family and school influences on behavioral development. Journal of Child Psychology and Psychiatry 1985a, 26, S. 349-368

Rutter, M.: Family and school influences on cognitive development. Journal of Child Psychology and Psychiatry 1985b, 26, S. 683-704

Sander, E.: Überlegungen zur Analyse fördernder und belastender Bedingungen in der Entwicklung von Scheidungskindern. Zeitschrift für Entwicklungspsychologie und Pädagogische Psychologie 1988, 20, S. 77-95

Sander, E.: Allein erziehende Eltern. In: Paetzold, B./Fried, L. (Hrsg.): Einführung in die Familienpädagogik. Weinheim: Beltz 1989, S. 69-86

Sander, E.: Die Situation des Alleinerziehens aus der Sicht betroffener Mütter. Psychologie in Erziehung und Unterricht 1993a, 40, S. 241-248

Sander, E.: Kinder allein erziehender Eltern. In: Nauck, B./Markefka, M. (Hrsg.): Handbuch Kindheitsforschung. Neuwied: Luchterhand 1993b, S. 419-427

Sander, E. (Hrsg.): Trennung und Scheidung – Die Perspektive betroffener Eltern. Weinheim: Beltz, Deutscher Studien Verlag 1999

Sander, E./Berger, M./Isselstein-Mohr, D.: Die Wahrnehmung der eigenen Problemsituation durch allein erziehende Mütter. Psychologie in Erziehung und Unterricht 1983, 30, S. 16-23

Sander, E./Ermert, C./Klinkner, M.: Elternberatung für Alleinerziehende. Psychologie in Erziehung und Unterricht 1993, 40, S. 63-70

Sander, E./Jesse, A./Ermert, C.: Mütterliche Erziehereinstellungen: Eine Untersuchung an allein erziehenden Müttern und ihren Kindern. Psychologie in Erziehung und Unterricht 1997, 2, S. 135-142

Schamess, G.: Toward an understanding of the etiology and treatment of psychological dysfunction among single teenage mothers: Part I: A review of the literature. Smith College Studies in Social Work 1990a, 60, S. 153-168

Schamess, G.: Toward an understanding of the etiology and treatment of psychological dysfunction among single teenage mothers: Part II. Smith College Studies in Social Work 1990b, 60, S. 244-262

Schaub, H.A./Schaub-Harmsen, F.: Einelternfamilien. Erfahrungsbericht einer dreijährigen psychosozialen Arbeit. Familiendynamik 1984, 9, S. 19-32

Schiedeck, G./Schiedeck, J.: Lebenswelt Alleinerziehender. Ergebnisse einer explorativen Interviewstudie. In: Böllert, K./Otto, H.-U. (Hrsg.): Die neue Familie: Lebensformen und Familiengemeinschaften im Umbruch. Bielefeld: KT-Verlag 1993, S. 52-72

Schlesinger, B.: Jewish female headed one-parent families. Journal of Divorce and Remarriage 1991, 17, S. 201-209

Schmidt-Denter, U./Beelmann, W.: Familiale Beziehungen nach Trennung und Scheidung. Veränderungsprozesse bei Müttern, Vätern und Kindern. Forschungsbericht. Köln: Universität Köln, Psychologisches Institut 1995

Schöningh, I./Aslanidis, M./Faubel-Diekmann, S.: Allein erziehende Frauen. Zwischen Lebenskrise und neuem Selbstverständnis. Opladen: Leske + Budrich 1991

Schriftenreihe des Bundesministers für Jugend, Familie und Gesundheit: Familien mit Kleinkindern. Spezifische Belastungssituationen in der frühkindlichen Entwicklung, Bd. 4. Stuttgart: Kohlhammer 1980

Schwarz, B./Gödde, M.: Depressivität bei Müttern aus Trennungsfamilien. Welche Rolle können eine neue Partnerschaft und soziale Unterstützung spielen? In: Sander, E. (Hrsg.): Trennung und Scheidung – Die Perspektive betroffener Eltern. Weinheim: Beltz, Deutscher Studien Verlag 1999, S. 75-93

Sev'er, A./Pirie, M.: Factors that enhance or curtail the social functioning of female single parents. Family and Conciliation Courts Review 1991, 29, S. 318-337

Siewert, H.H.: Scheidung. Wege zur Bewältigung. München: Urban/Schwarzenberg 1983

Simons, R.L./Johnson, C.: Mother's parenting. In: Simons, R.L./Johnson, C./Lorenz, O./Wie, C./Beaman, J./Conger, R.D./Conger, K.J. (Hrsg.): Understanding differences between divorced and intact families: Stress, interaction, and child outcome. Thousand Oaks: Sage 1996, S. 81-93

Smart, L.S.: An application of Erikson's theory to the recovery-from-divorce process. Journal of Divorce 1977, 1, S. 67-79

Stack, S.: New micro-level data on the impact of divorce on suicide, 1959-1980: A test of two theories. Journal of Marriage and the Family 1990, 52, S. 119-127

Statistisches Bundesamt (Hrsg.): Statistisches Jahrbuch für Deutschland. Stuttgart: Metzler-Poeschel 1997

Sugarman, S.D.: Single-parent families. In: Mason, M.A./Skolnick, A./Sugarman, S.D. (Hrsg.): All our families: New policies for a new century. New York: Oxford University Press 1998, S. 13-38

Tcheng-Laroche, F./Prince, R.: Separated and divorced women compared with married controls: Selected life satisfaction, stress and health indices from community survey. Social Science and Medicine 1983, 17, S. 95-105

Thomson, E./McLanahan, S.S./Curtin, R.B.: Family structure, gender, and parental socialisation. Journal of Marriage and the Family 1992, 54, S. 368-378

Tooley, K.: Antisocial behavior and social alienation post divorce: „The Man of the House" and his mother. American Journal of Orthopsychiatry 1976, 46, S. 33-42

Tschann, J.M./Johnston, J.R./Wallerstein, J.S.: Ressources, stressors, and attachment as predictors of adult adjustment after divorce: A longitudinal study. Journal of Marriage and the Family 1989, 5, S. 1033-1046

Veevers, J.: Trauma versus stress: A paradigm of positive versus negative divorce outcomes. Journal of Divorce and Remarriage 1991, 15, S. 99-126

Wagner-Winterhager, L.: Erziehung durch Alleinerziehende. Zeitschrift für Pädagogik 1988, 5, S. 641-656

Wallerstein, J.S./Blakeslee, S.: Gewinner und Verlierer. Frauen, Männer, Kinder nach der Scheidung. München: Droemer Knaur 1989

Wallerstein, J.S./Kelly, J.B.: The effects of parental divorce: Experiences of the child in later latency. In: Skolnick, A./Skolnick, J.H. (Hrsg.): Family in transition. Boston: Little, Brown 1980, S. 438-452

Walper, S.: Trennung der Eltern und neue Partnerschaft: Auswirkungen auf das Selbstkonzept und die Sozialentwicklung Jugendlicher. Schweizerische Zeitschrift für Psychologie 1991, 50, S. 34-47

Walper, S./Schneewind, K.A./Gotzler, P.: Prädiktoren der Ehequalität und Trennungsgründe bei jungen Paaren. Zeitschrift für Familienforschung 1994, 6, S. 205-212

Weiss, M.: A family under stress. In: L'Abate, L./Young, L. (Hrsg.): Casebook. Structured enrichment programs for couples and families. New York: Bruner/Mazel 1987, S. 154-162

Weiss, R.S.: Growing up a little faster: The experience of growing up in a single-parent household. Journal of Social Issues 1979, 35, S. 87-111

Wider, R./Bodenmann, G./Perrez, M./Plancherel, B.: Eine Vergleichsuntersuchung zwischen allein erziehenden und verheirateten Müttern bezüglich Zufriedenheit und Belastungen. In: Perrez, M./Lambert, J.-L./Ermert, C./Plancherel, B. (Hrsg.): Familie im Wandel. Bern: Huber/Universitätsverlag 1995, S. 113-122

Wiseman, R.S.: Crisis theory and the process of divorce. Social Casework 1975, 56, S. 205-212

Lois Wladis Hoffman[*]

Berufstätigkeit von Müttern: Folgen für die Kinder

In unserer heutigen modernen und industrialisierten Welt sind die meisten Mütter erwerbstätig. Am Ende des 20. Jahrhunderts betrifft dies in den Vereinigten Staaten über 70% der Mütter mit Kindern unter 18 Jahren. In Deutschland beläuft sich diese Zahl auf 60%. Des Weiteren sind in beiden Ländern auch die meisten Mütter von Vorschulkindern berufstätig (Statistisches Bundesamt 1999; U.S. Bureau of the Census 1999). Obwohl die Zahl der berufstätigen Mütter mit den Jahren kontinuierlich angestiegen ist, konnte sich dieses Beschäftigungsmuster erst in den letzten 25 Jahren zunehmend etablieren. Beispielsweise waren im Jahre 1960 in den Vereinigten Staaten weniger als 30% aller Mütter mit Kindern unter 18 Jahren berufstätig. Dieser Trend hat sich inzwischen umgekehrt, womit 1996 nur noch 30% der Mütter *nicht* berufstätig sind.

Dieser wichtige soziale Wandel wird natürlich begleitet von Veränderungen in anderen Bereichen. Beispielsweise tragen moderne Technologien zu einer deutlichen Verringerung der notwendigen Hausarbeit bei, die Ausbildungsmöglichkeiten für Frauen haben zugenommen, eheliche Beziehungen erweisen sich als weniger stabil, die Lebenserwartung ist gestiegen, und der Trend zur Jugendlichkeit nimmt stetig zu. Ebenso wird verstärkt auf das Erreichen persönlicher Lebensziele verwiesen, und traditionelle Einstellungen bezüglich der Geschlechtsrollen verlieren zunehmend an Einfluss. Veränderungen lassen sich auch im Bereich der Kindererziehung beobachten, und die für die Sozialisation der Kinder wichtigen Rollenmodelle der Erwachsenen sind nicht dieselben geblieben. Die zunehmende Zahl berufstätiger Mütter wird von solchen Faktoren beeinflusst, nimmt aber rückwirkend ebenso Einfluss auf diese.

In diesem Kapitel wird verdeutlicht, inwiefern sich die Berufstätigkeit der Mutter auf die Entwicklung des Kindes auswirkt. Gleichzeitig wird dabei der Systemcharakter der Familie beachtet, da Einflüsse auf das Kind stets im Kontext der familialen Interaktionen betrachtet werden müssen. Besonders wichtig ist in diesem Zusammenhang die Rolle des Vaters, das Wohlbefinden der Mutter sowie der Erziehungsstil der Eltern. Der Großteil der Forschung hat jedoch bislang nur

---

[*] Aus dem Amerikanischen übersetzt von Arndt Ladwig.

die Ergebnisse aufseiten des Kindes dargestellt, wobei meist Kinder von berufstätigen Müttern mit Kindern von nicht berufstätigen Müttern verglichen wurden. Dabei wurden viele Hypothesen aufgestellt, um die gefundenen Unterschiede erklären zu können. Es gab jedoch nur wenige empirische Untersuchungen zur Überprüfung dieser Hypothesen. Hinzu kommt, dass es nur wenige Erklärungsversuche darüber gibt, weshalb manche Ergebnisse ausschließlich für einen ganz bestimmten Teil der Bevölkerung zutreffen.

Meine Kollegen und ich führten vor kurzem an der Universität von Michigan eine groß angelegte Studie durch. Insgesamt nahmen 400 Familien daran teil, deren Kind sich in der dritten Klasse der Grundschule befand. Das Ziel der Studie bestand darin, die kausalen Verbindungen zwischen der Berufstätigkeit der Mutter und der Entwicklung des Kindes aufzuzeigen. Ein vollständiger Ergebnisbericht findet sich in dem dazu veröffentlichten Buch *Mothers at Work: Effects on Children's Well-being* (Hoffman/Youngblade 1999). Die Ergebnisse der Studie werden in diesem Kapitel vorgestellt. Dabei wird die Studie zunächst in ihrer Konzeption beschrieben. In Ergänzung unserer aktuellen Daten schließt sich daran die Präsentation der Ergebnisse zurückliegender Forschungsprojekte an. Weiter oben wurde bereits auf Formen des sozialen Wandels verwiesen. Im aktuellen Sozialkontext ließen sich jedoch einige in den früheren Forschungsprojekten beschriebene Auswirkungen der mütterlichen Berufstätigkeit auf die Entwicklung der Kinder nicht finden, wohingegen andere eine beeindruckende Konsistenz zeigten. Jene Familienformen, welche hierzu Erklärungen liefern können, werden im Anschluss erläutert. Des Weiteren konzentriert sich der Großteil der Forschung auf Familien mit Kindern im Schulalter. Dieser Trend wurde im vorliegenden Projekt beibehalten und betrifft auch viele der in diesem Kapitel zitierten Studien. Inzwischen finden sich jedoch vermehrt Untersuchungen, welche sich mit den Auswirkungen der zunehmenden Berufstätigkeit der Mütter auf Säuglinge und Kleinkinder befassen. Die Ergebnisse dieser Forschungen werden am Ende des Kapitels zusammenfassend dargestellt.

Die Michigan-Studie

An der Michigan-Studie nahmen Familien aus einer großen Industriestadt im Mittleren Westen der USA teil. Die Kinder besuchten zu diesem Zeitpunkt die dritte Klasse der Grundschule. Die Familien stammten aus sozioökonomisch unterschiedlichen Verhältnissen. So fanden sich in dieser Gruppe neben der amerikanischen Mittelschichtfamilie auch alleinerziehende Mütter, afroamerikanische Familien oder Familien mit europäischer Abstammung. Zum einen waren wir daran interessiert, wie sich der Beschäftigungsstatus der Mutter innerhalb der Familie auswirkt. Aufgrund dessen wurden für die Untersuchung nur jene Familien zugelassen, bei denen die Mutter nicht nur einer vorübergehenden Beschäftigung nachging, sondern seit drei Jahren ein stabiles Arbeitsverhältnis hatte. Zusätzlich wurden aus der Analyse all jene Kinder ausgeschlossen, die nicht mit ihrer Mutter zusammen lebten. Da nur wenige allein erziehende Mütter aus der Mittelschicht nicht erwerbstätig waren, nahmen wir ausschließlich Alleinerziehende aus der Arbeiterschicht in die Studie auf. Letztendlich nahmen 400 Familien an der Studie teil, und alle Analysen wurden separat für die folgenden drei Gruppen durchgeführt: verheiratete Mütter aus der Mittelschicht, verheiratete Mütter aus der Arbeiterschicht und allein erziehende Mütter aus der Arbeiterschicht. Die Datensammlung war umfassend und beinhaltete Fragebögen für Mütter, Väter und Kinder, persönliche Interviews mit Müttern und Kindern, standardisierte Leistungstests der Schulen, Einschätzungen der Lehrer/innen über die sozialen Kompetenzen und Schulleistungen der Kinder sowie Skalen zur Einschätzung des Verhaltens und des Beliebtheitsgrades der Kinder durch die Mitschüler.

Unterschiede zwischen Kindern von berufstätigen und nicht berufstätigen Müttern

Viele Studien, welche sich mit den Auswirkungen der Berufstätigkeit der Mutter auf die kognitive oder sozioemotionale Entwicklung der Kinder beschäftigt haben, konnten keine Unterschiede im Vergleich zu Kindern feststellen, deren Mütter nicht berufstätig waren. Jene Studien, welche einigermaßen konsistente Unterschiede aufzeigen konnten, untersuchten in erster Linie die Beziehungen innerhalb der Subgruppen „soziale Klasse" und „Geschlecht". Die hierzu vorliegenden Ergebnisse werden weiter unten diskutiert.

Die Schulleistungen der Töchter: Töchter von berufstätigen Müttern zeigen bessere Leistungen in der Schule, haben mehr Erfolg in ihrer späteren Berufskarriere, entscheiden sich häufiger für unübliche Berufslaufbahnen und fühlen sich ihrem Beruf gegenüber stärker verpflichtet (für entsprechende Übersichten hierzu vgl. Heynes 1982; Hoffman 1974, 1979, 1984b; Zaslow 1987). Dieses Muster einer besseren kognitiven und schulleistungsbezogenen Entwicklung wurde bereits 1950 gefunden und wiederholt sich mit deutlicher Konsistenz in aktuellen Beiträgen (Alessandri 1992; Hoffman/Youngblade 1999). Auch unter Berücksichtigung der sozialen Klasse, der ethnischen Zugehörigkeit, des Ehestatus der Mutter und des Alters der Töchter ist dieses Ergebnis konstant.

Auch in der Michigan-Studie hatten die Töchter von berufstätigen Müttern im Vergleich mit Töchtern von nicht berufstätigen Müttern in allen Leistungstests (Lesen, Sprachkompetenz, Mathematik) bessere Ergebnisse. Die Befragung der Lehrer/innen ergab, dass sie weniger Lernschwierigkeiten hatten, über eine höhere Frustrationstoleranz verfügten und sich aktiver am Klassengeschehen beteiligten. Sie verfügten zudem über mehr Selbstwirksamkeit, d.h., sie hatten das Gefühl, auf die Vorgänge in ihrer Umwelt selbst aktiv Einfluss nehmen zu können. Dieser Aspekt erwies sich in früheren Studien als wichtiger Faktor in Bezug auf die Anstrengungs- und Leistungsbereitschaft. In unserer Studie erwies sich die

Selbstwirksamkeit als Mediator zwischen der Berufstätigkeit der Mutter und den Ergebnissen in den Leistungstests (Hoffman/Youngblade 1999).

Die Schulleistungen von Söhnen aus der Mittelschicht: Einige frühere Studien kamen zu dem Ergebnis, dass Söhne von berufstätigen Müttern der Mittelschicht in der Grundschule schlechtere Schulleistungen zeigten und niedrigere IQ-Werte hatten als Söhne von nicht berufstätigen Müttern (Hoffman 1979). In den vergangenen Jahren wurde in drei separaten Studien diese Beziehung noch einmal überprüft. In zwei der drei Studien wurden keine Unterschiede gefunden (Gottfried/ Gottfried/Bathurst 1988; Stevenson 1982), die dritte Studie fand jedoch ebenfalls niedrigere Testwerte für Söhne berufstätiger Mütter aus der Mittelschicht (Desai/ Chase-Lansdale/Michael 1989).

In der Michigan-Studie konnten wir jedoch keinen Hinweis hierauf finden. Unter Berücksichtigung des Bildungsstatus der Mütter erzielten die Kinder von berufstätigen Müttern – einschließlich Jungen aus der Mittelschicht – bessere Ergebnisse in drei Leistungstests (Sprachausdruck, Lesen und Mathematik), und dies unabhängig von Geschlecht, sozioökonomischem Status und Ehestatus der Mutter. Darüber hinaus war dies eines der stabilsten Ergebnisse überhaupt in Bezug auf Unterschiede in einzelnen Entwicklungsaspekten der Kinder.

Wir möchten jedoch anmerken, dass die Söhne von ganztägig berufstätigen verheirateten Müttern aus der Mittelschicht häufiger auffallend ausagierende Verhaltensweisen zeigten als die Söhne von nicht berufstätigen Hausfrauen der Mittelschicht. Letztere wurden von ihren Mitschülern und Lehrern als sehr angepasst und nicht aggressiv beschrieben. Dieses Resultat ist konsistent mit den Ergebnissen einer Longitudinalstudie von Moore (1975), bei der die Söhne von nicht berufstätigen Hausfrauen als gehemmt und stark angepasst beschrieben wurden.

Die Schulleistungen von Kindern aus armen Familien: Kinder berufstätiger Mütter, welche bei ihrer allein erziehenden Mutter oder mit beiden Elternteilen in Armut aufwuchsen, erzielten auf Skalen zur kognitiven und sozioemotionalen Entwicklung bessere Ergebnisse (Cherry/Eaton 1977; Heynes 1982; Vandell/Ramanan 1992). Wie bereits weiter oben erwähnt, konnten bessere kognitive Leistungen auch in der Michigan-Studie nachgewiesen werden. Dieses Ergebnis bezog sich jedoch nicht ausschließlich auf Kinder, welche in armen Familien aufwuchsen. Was die soziale Entwicklung betrifft, so wirkte sich die Berufstätigkeit der Mutter vorteilhaft auf Kinder aus Arbeiterfamilien aus; hinzu kommt, dass Söhne berufstätiger Mütter aus der Arbeiterschicht – im Gegensatz zu Jungen aus der Mittelschicht – weniger auffällige und aggressive Verhaltensweisen zeigten. Diese Ergebnisse trafen auch auf Kinder an der Armutsgrenze zu; aber wir konnten keine auffallenden Vorteile für Kinder aus armen Familien finden, welche sich von den Ergebnissen für die Arbeiterschicht als Ganzes unterschieden. An allen vorhergehenden Studien nahmen ausschließlich Kinder aus armen Familien teil, sodass Vergleiche mit Familien aus der Arbeiterschicht, die einen guten Verdienst hatten, nicht möglich waren.

An den meisten früheren Studien, bei denen positive Auswirkungen der Berufstätigkeit der Mutter auf die Entwicklung der Kinder in armen Familien nachgewiesen wurden, nahmen afroamerikanische Familien teil, was einige Forscher zu der Annahme veranlasste, dass die Ergebnisse primär auf die ethnische Zugehörigkeit und nicht auf die Armut zurückzuführen seien. Es wurde folgende Hypothese vorgeschlagen: Da bei afroamerikanischen Familien die Berufstätigkeit der Mutter eine lange Geschichte hat und das Familienleben entsprechend angepasst wurde, können diese Familien besser davon profitieren als dies bei weißen Familien der Fall ist (McLoyd 1993). In der Michigan-Studie wurden mögliche moderierende Effekte bezüglich der ethnischen Zugehörigkeit untersucht, ohne dass uns aber ein Nachweis gelang. Auch in anderen aktuellen Studien wurden hierzu keine Ergebnisse gefunden (Alessandri 1992; Parcel/Menaghan 1994).

Unterschiede in der sozialen Entwicklung: In den bereits erwähnten Studien konnten einige, wenn auch weniger konsistente Unterschiede in der sozialen Entwicklung zwischen Kindern von berufstätigen und nicht berufstätigen Müttern gefunden werden. Töchter von berufstätigen Müttern wurden vor allem in der Interaktion mit ihren Mitschülern in der Klassengemeinschaft als unabhängiger beschrieben, und sie hatten höhere Werte bei Messverfahren zur sozioemotionalen Anpassung. Die Ergebnisse für die Söhne fielen nicht so deutlich aus und variierten je nach sozialer Schicht und dem Alter der Kinder. Ein Ergebnis aus den 70er Jahren verwies auf die guten Schulleistungen von Söhnen berufstätiger Mütter aus der Arbeiterschicht, zugleich wurden jedoch Spannungen in der Vater-Sohn-Beziehung beschrieben. Letzteres wurde dahingehend interpretiert, dass in der Arbeiterschicht traditionellere Einstellungen bezüglich der Geschlechtsrollen vorherrschten. Die Berufstätigkeit der Mutter verwies zugleich auf die Unfähigkeit des Vaters, die Familie zu versorgen. Kümmerten sich die Väter um den Haushalt und die Kinder, so empfanden sie dies als Belastung. In der Michigan-Studie konnten in der Beziehung zwischen Vater und Sohn dagegen keine Belastungsfaktoren ausfindig gemacht werden. Dass das frühere Ergebnis nicht repliziert werden konnte, reflektiert möglicherweise den Wandel in den Einstellungen bezüglich der Geschlechtsrollen in der Arbeiterschicht. Hier kommt es zu einer zunehmenden Auflösung stereotyper Sichtweisen.

Die anderen Ergebnisse der Michigan-Studie bezüglich der sozialen Entwicklung der Kinder stimmten im Allgemeinen mit bisher vorliegenden Ergebnissen überein, erweiterten diese jedoch in einigen Punkten. Wie bereits erwähnt zeigten Töchter berufstätiger Mütter – entsprechend der Einschätzung durch ihre Lehrer/innen – mehr positive Formen der Selbstbehauptung und eine höhere Frustrationstoleranz. Sie verfügten zudem über bessere soziale Fertigkeiten und zeigten weniger Verhaltensauffälligkeiten. Sie waren weniger schüchtern und auch unabhängiger. Ebenso wurde bereits erwähnt, dass Jungen aus der Arbeiterschicht – unabhängig davon, ob ihre berufstätigen Mütter allein erziehend oder verheiratet waren – adäquatere Formen der sozialen Anpassung zeigten. Davon unterschieden sich jedoch die Söhne berufstätiger Mütter aus der Mittelschicht: Sie konnten zwar bessere Schulleistungen vorweisen, doch gab es nur wenige Hinweise darauf, dass die Berufstätigkeit der Mutter einen positiven Einfluss auf ihre soziale Entwicklung ausübte. Sie zeigten auch häufiger aggressive Verhaltensweisen als Söhne von nicht berufstätigen Müttern.

Einstellungen bezüglich der Geschlechtsrollen: Ein weiteres, sich häufig wiederholendes Forschungsergebnis besagt, dass Kinder von berufstätigen Müttern weniger traditionell orientierte Einstellungen bezüglich der Geschlechtsrollen ausbilden, wobei dieses Ergebnis eher für Töchter als für Söhne zutrifft (Zaslow 1987). Üblicherweise beinhaltet die Messung dieser Einstellung unterschiedliche Aspekte in Bezug auf männliche und weibliche Rollenaufgaben. In der Michigan-Studie verwendeten wir zwei unterschiedliche Verfahren: Zum einen wurde die Einstellung der Kinder bezüglich der Frage erfasst, ob Männer in der Lage seien, mit Angelegenheiten umzugehen, welche traditionellerweise dem Kompetenzbereich der Frauen zugeordnet werden (z.B. sich um Kinder zu kümmern, eine Nähmaschine zu betätigen oder bei den Hausaufgaben zu helfen), und umgekehrt ob Frauen in der Lage seien, Aufgaben zu erledigen, welche üblicherweise dem Kompetenzbereich der Männer zugeordnet werden (z.B. ein Auto zu reparieren, einen Berg zu besteigen oder ein Flugzeug zu fliegen). Den Kindern wurde hierzu eine lange Liste mit männerspezifischen, frauenspezifischen und einigen neutralen Beschäftigungen vorgelegt. Jede dieser Aktivitäten sollte von den Kindern entlang der Frage „Wer kann …?" beantwortet werden, wobei sie zwischen Frauen, Männern oder beiden wählen mussten. Aus diesen Ergebnissen wurden zwei Skalen konstruiert, welchen entnommen werden konnte, ob die Kinder die traditionelle Meinung vertraten, dass männerspezifische Aktivitäten nur von Männern und frauenspezifische Aktivitäten nur von Frauen durchgeführt werden können.

Töchter berufstätiger Mütter kamen häufiger als Töchter nicht berufstätiger Mütter zu dem Ergebnis, dass Frauen männerspezifische Aktivitäten genauso gut wie Männer ausüben könnten. Dieses Ergebnis traf für Töchter von allein erziehenden Müttern gleichermaßen zu wie für Mädchen, welche mit beiden Elternteilen aufwuchsen. Bei Jungen wirkte sich dagegen der Beschäftigungsstatus der Mutter nicht darauf aus, inwieweit sie Frauen Kompetenzen in traditionellen Männerdomänen zuschrieben. Auf der anderen Seite waren sowohl Söhne als auch Töchter, welche mit beiden Elternteilen aufwuchsen und deren Mütter berufstätig waren, der Meinung, dass Männer durchaus in der Lage sind, typische Frauenaufgaben und -arbeiten zu erledigen. Dieser Meinung waren die Söhne und Töchter von Hausfrauen nicht, obwohl dieses Ergebnis prinzipiell nur für jene Kinder zutraf, welche mit beiden Elternteilen aufwuchsen. Laut späterer Analysen lag der Grund hierfür darin, dass in diesen Familien die Männer der berufstätigen Frauen sich aktiver an der Übernahme traditioneller Frauenaufgaben sowie an der Kindererziehung beteiligten. Die Berufstätigkeit der Mutter wirkte sich auf die Rolle des Vaters aus, was zu der weniger stereotypen Sichtweise der Kinder darüber beitrug, was Männer alles leisten können. Wuchsen die Kinder ohne Vater auf, kam es nicht zu diesem Effekt.

Familiale Mediatoren

Wie lassen sich nun diese Unterschiede zwischen den Kindern von berufstätigen und nicht berufstätigen Müttern erklären? Und wie erklären wir den Geschlechtereffekt sowie die Unterschiede zwischen den sozialen Schichten? Entlang den Daten aus der Michigan-Studie haben sich drei Aspekte des Familienlebens als besonders wichtige Mediatoren für die Entwicklung des Kindes erwiesen: die Rolle des Vaters, das Wohlbefinden der Mutter und der Erziehungsstil der Eltern.

Die Rolle des Vaters: Sie wurde lange Zeit als ein möglicher Mediator in der Verbindung zwischen dem Beschäftigungsstatus der Mutter und der Entwicklung des Kindes – insbesondere der kognitiven Entwicklung – gesehen (Gottfried/Gottfried/Bathurst 1988). Ein Ergebnis wurde seit den 50er Jahren immer wieder gefunden: Wenn die Mütter berufstätig waren, beteiligten sich Väter aktiver im Haushalt und bei der Kinderbetreuung. Des Weiteren gab es einige Hinweise darauf, dass die Rollenteilung des Vaters nicht nur einen selektiven Faktor darstellt, sondern auf die Berufstätigkeit der Mutter zurückzuführen ist. Dieser Effekt der stärkeren Involvierung der Väter bei Haushaltsaufgaben und bei der Kinderbetreuung trat selbst dann auf, wenn die Einstellungen bezüglich der Geschlechtsrollen kontrolliert wurden; zudem berichteten die Mütter, dass diese Veränderungen üblicherweise mit ihrem Wiedereintritt in das Berufsleben einhergingen (Gottfried/Gottfried/Bathurst 1988; Hoffman 1983).

In Anlehnung an eine frühere Studie (Crouter/Crowley 1990) unterteilten wir die Partizipation der Väter entlang der folgenden zwei Aspekte: zum einen die Mitwirkung an Kinderbetreuung*aufgaben*, worunter wir die funktionalen Interaktionen mit dem Kind verstanden, zum anderen die gemeinsamen Spaß- und Freizeitaktivitäten. Hierbei stellte sich heraus, dass nur die Übernahme von Kinderbetreuungsaufgaben durch den Vater in Bezug zur Berufstätigkeit der Mutter stand. Für die Spaß- und Freizeitaktivitäten konnte dagegen kein Zusammenhang gefunden werden. Auch die besseren Testergebnisse der Kinder berufstätiger Mütter – Jungen wie Mädchen – konnten nur in Zusammenhang gebracht werden mit der Rolle des Vaters in der Kinderbetreuung, nicht aber mit seiner Beteiligung an Spaß- und Freizeitaktivitäten.

Hinzu kommt, dass zwar die Berufstätigkeit der Mutter in direktem Bezug zu der Sichtweise der Töchter stand, dass Frauen durchaus in typischen Männerdomänen kompetent sind, die Beteiligung der Väter an der Kinderbetreuung aber damit unabhängig korrelierte und den Effekt der mütterlichen Berufstätigkeit verstärkte. Die Sichtweise der Töchter, dass Frauen auch in typischen Männerdomänen kompetent sein können, stand in enger Beziehung zu deren Testergebnissen. Frauen in Männerdomänen als kompetent zu beschreiben korrelierte auch mit den Testergebnissen der Mädchen. Weitere Analysen ergaben, dass Ersteres der Mediator zwischen der Vaterrolle und den Testergebnissen der Töchter war. Somit ergab sich eine Verbindung ausgehend von der Berufstätigkeit der Mutter über die Rolle des Vaters hin zu den Schulleistungen der Kinder. Als Anpassungsleistung an die Berufstätigkeit der Mutter übernehmen Väter einen größeren Teil der Haushaltsaufgaben und der Kinderbetreuung. Ihre aktive Teilnahme an der Kinderbetreuung wirkt sich positiv auf die Schulleistungen von Jungen wie Mädchen aus. Besonders profitieren davon die Mädchen, welche die Meinung vertreten, dass Frauen auch in typischen Männerdomänen kompetent sind.

Die Sichtweise der Töchter bezüglich der Kompetenzen von Frauen ist also ein Mediator in der Beziehung zwischen dem Beschäftigungsstatus der Mutter und den Testergebnissen der Mädchen. Die Mädchen beschrieben Frauen als kompetenter, wenn ihre eigenen Mütter berufstätig sind, und diese Sichtweise fungiert als Mediator für die besseren Testleistungen der Mädchen. Folglich wurden ein direkter und ein indirekter Prozessverlauf erkannt. Letzterer zeigte sich in der weniger traditionellen Aufteilung familialer Rollen. Bei beiden Prozessen hat sich die Sichtweise der Töchter über die Kompetenz von Frauen als ein besonders wichtiges Bindeglied in der Verknüpfung der Berufstätigkeit der Mütter mit der Selbstwirksamkeit, Leistungsmotivation und Schulleistung der Töchter erwiesen.

Das Wohlbefinden der Mutter: Ein zweiter Aspekt des Familienlebens, von welchem angenommen wird, dass er zur Aufklärung der Zusammenhänge zwischen der Beschäftigung der Mutter und der Entwicklung des Kindes beitragen kann, ist das Wohlbefinden der Mutter. Zahlreiche Studien haben deshalb berufstätige mit nicht berufstätigen Müttern hinsichtlich verschiedener Indizes zur psychischen Gesundheit und Lebenszufriedenheit verglichen. In den meisten Forschungsarbeiten wurden berufstätige Mütter als zufriedener und ausgeglichener beschrieben. Sie hatten niedrigere Stresswerte und weniger depressive Verstimmungen (Repetti/Mathews/Waldron 1989; Warr/Parry 1982).

Obwohl der größte Teil der Forschung in Bezug auf die psychische Gesundheit von Müttern zu dem Ergebnis kam, dass berufstätige Mütter über mehr Ausgeglichenheit verfügten, muss dennoch erwähnt werden, dass in anderen Untersuchungen keine signifikanten Unterschiede festgestellt werden konnten. Wenn diese Studien miteinander verglichen werden, fällt jedoch auf, dass an denen, bei denen keine Unterschiede ermittelt wurden, ausschließlich Mütter aus der Mittelschicht teilnahmen. Dieser Schichtunterschied wirkt sonderbar. Man könnte annehmen, dass sich die Berufstätigkeit eher auf die Ausgeglichenheit und die innere Stabilität der Mütter aus der Mittelschicht denn aus der Arbeiterschicht positiv auswirkt, da die Stellen für Frauen aus der Mittelschicht interessanter sind. Tatsache ist jedoch, dass sich eine bessere psychische Gesundheit in erster Linie bei berufstätigen Müttern aus der Arbeiterschicht oder aus armen Familien zeigte. Hier wird deutlich, dass die Berufszufriedenheit nicht aus der Arbeit an sich resultiert, sondern aus der vermehrten sozialen Unterstützung und Stimulation vonseiten der Berufskolleg/innen, den großen Vorteilen, die ihr Einkommen für ihre Familie mit sich bringt, sowie dem deutlicheren Gefühl der Kontrolle über den eigenen Lebensverlauf.

Dieser Schichtunterschied ist von Bedeutung, zumal die Forschung auch nachweisen konnte, dass Kinder – insbesondere Jungen – aus der Arbeiterschicht und aus armen Familien von der Berufstätigkeit ihrer Mutter mehr profitieren als Kinder aus der Mittelschicht. Eine brauchbare Hypothese wäre somit, dass die Berufstätigkeit der Mutter für Kinder aus der Arbeiterschicht deshalb mehr Vorteile mit sich bringt, da sie sich deutlich positiv auf das Wohlbefinden der Mutter auswirkt. Des Weiteren werden diese engen Zusammenhänge zwischen dem Wohlbefinden der Mutter, ihrer Berufstätigkeit und der Entwicklung des Kindes durch eine große Anzahl von Forschungsergebnissen unterstützt, die eine positive Beziehung zwischen der psychischen Gesundheit der Mutter und einer effektiven Erziehung sowie der kognitiven und emotionalen Entwicklung der Kinder belegen (Downey/Coyne 1990).

Die Frage, welche Bedeutung dem Wohlbefinden der Mutter zukommt, wurde auch in der Michigan-Studie untersucht. Es konnte zum einen festgestellt werden, dass sich Berufstätigkeit sowohl bei verheirateten als auch allein erziehenden Müttern aus der Arbeiterschicht positiv auf die Gesundheit auswirkte. Die Mütter hatten niedrigere Werte auf einer Messskala zur Erfassung depressiver Verstimmungen (Radloff 1977) und höhere Werte bei einem Messinstrument zur Erfassung positiver Grundstimmungen. In der Mittelschicht wurden diesbezüglich keine Beziehungen gefunden. In der Arbeiterschicht wandten berufstätige Mütter häufiger als Hausfrauen einen authoritativen Erziehungsstil und seltener einen autoritären oder permissiven Erziehungsstil an. Eine authoritative Erziehung zeichnet sich dadurch aus, dass zwar die Eltern Kontrolle ausüben, dabei aber Erklärungen geben, anstatt sich auf Machtausübung und harsche Disziplin zu verlassen. Außerdem interagierten berufstätige Mütter der Arbeiterschicht im Gegensatz zu nicht berufstätigen Müttern häufiger mit ihrem Kind auf positive Weise. Die Analyse zeigte, dass die Beziehung zwischen der Berufstätigkeit der Mutter und ihrem Erziehungsstil ebenfalls durch ihr Wohlbefinden beeinflusst wurde. Darüber hinaus stand der Erziehungsstil in Beziehung zur Entwicklung des Kindes. Beispielsweise konnte bei nicht berufstätigen Müttern aus der Arbeiterschicht ein Zusammenhang zwischen Permissivität in der Erziehung und aggressiven Verhaltensweisen aufseiten der Söhne aufgezeigt werden. Formen autoritärer Kontrolle, die in dieser Gruppe häufiger Anwendung fanden, standen in Beziehung zu vermehrten aggressiven Verhaltensweisen aufseiten der Töchter. Dagegen korrelierte der vornehmliche Gebrauch eines authoritativen Erziehungsstils bei berufstätigen Müttern der Arbeiterschicht mit den besseren Schulleistungen ihrer Kinder. Im nächsten Abschnitt wird nun ausführlicher auf die Rolle der unterschiedlichen Erziehungsstile als Verbindungsparameter zwischen mütterlicher Berufstätigkeit und Entwicklung des Kindes eingegangen.

Erziehungsstil der Eltern: Eine dritte Möglichkeit, inwiefern sich der Beschäftigungsstatus der Mutter auf die Entwicklung von Kindern im Schulalter auswirken kann, betrifft die Unterschiede im Erziehungsstil der Eltern. Überraschenderweise haben jedoch – mit Ausnahme der Forschungen über Säuglinge und Kleinkinder – bisher nur wenige Studien Unterschiede im Erziehungsstil zwischen berufstätigen und nicht berufstätigen Müttern untersucht. Selbst die häufig zu beobachtende

Meinung, dass berufstätige Mütter die Unabhängigkeitsbestrebungen ihrer Kinder eher ermutigen als nicht berufstätige Mütter, ist zum Großteil eine Ableitung aus Forschungsergebnissen über die kindliche Entwicklung und wurde nur selten direkt untersucht. In der Michigan-Studie wurde hingegen auf diese Unterschiede im Erziehungsverhalten besonders geachtet. Im Folgenden werden die Ergebnisse (1) über den Kontrollstil der Mütter, (2) deren Zielsetzungen für die Kinder sowie (3) authoritative Interaktionsformen zusammenfassend dargestellt.

(1) Formen der Kontrolle: Die Daten aus der aktuellen Studie haben ergeben, dass unabhängig von Ehestatus und sozialer Schicht nicht berufstätige Mütter primär autoritäre Formen der Verhaltenskontrolle bei ihren Kindern anwandten. Wie bereits weiter oben erwähnt, nutzten dagegen berufstätige Mütter aus der Arbeiterschicht weniger permissive und häufiger authoritative Formen der Kontrolle.

Hinzu kommt – wie bereits zuvor im Zusammenhang mit dem Wohlbefinden der Mütter beschrieben –, dass sich eine autoritäre Umgangsform negativ auf die Entwicklung der Kinder auswirkt, insbesondere bei Mädchen. Diese zeigten soziale Anpassungsschwierigkeiten. So gaben die Lehrer/innen an, dass die Mädchen häufiger ausagieren würden und einen Mangel an sozialen Fertigkeiten aufwiesen. Vonseiten ihrer Klassenkamerad/innen wurden sie als unbeliebt eingestuft, und insbesondere Mädchen aus der Mittelschicht wurden als schüchtern beschrieben. Ihren eigenen Berichten konnte entnommen werden, dass sie über eine schwach ausgeprägte innere Kontrollüberzeugung verfügten. Diese Ergebnisse trafen auch auf Söhne von allein erziehenden Müttern aus der Arbeiterschicht zu, nicht aber für Jungen aus vollständigen Familien. Formen der autoritären Disziplinierung kamen in der Arbeiterschicht häufiger vor als in der Mittelschicht; einen besonders strengen Erziehungsstil fand man bei allein erziehenden, nicht berufstätigen Müttern. Die negativen Folgen eines autoritären Erziehungsstils für Jungen wie Mädchen von allein erziehenden Müttern der Arbeiterschicht mögen dessen Härte reflektieren.

Der häufigere Gebrauch authoritativer Kontrollmaßnahmen bei berufstätigen Müttern aus der Arbeiterschicht stand in Zusammenhang mit der kognitiven und sozialen Entwicklung der Kinder, insbesondere von Kindern allein erziehender Mütter. Diese erzielten bessere Ergebnisse in allen drei Leistungstests, hatten weniger Lernschwierigkeiten und eine höhere Frustrationstoleranz. Auch die Lehrereinschätzungen bezüglich der Beziehungen zu Gleichaltrigen sowie hinsichtlich störender oder aggressiver Verhaltensweisen im Klassenzimmer fielen besser aus. Die Gleichaltrigen beschrieben sie als weniger aggressiv und feindselig.

Ein permissiver Erziehungsstil war häufiger bei nicht berufstätigen Müttern der Arbeiterschicht zu beobachten. Dabei zeigten sich nur für Jungen negative Folgen: Sie waren bei ihren gleichaltrigen Spielkameraden nicht gerne gesehen und wurden von ihren Klassenkameraden als feindselig beurteilt. Auch die Lehrer/innen beschrieben sie als aggressiv und zerstörerisch in der Klasse.

Im Allgemeinen scheinen sich die Disziplinierungsmaßnahmen und Formen der Verhaltenskontrolle berufstätiger Mütter positiv auf die Entwicklung der Sozialkompetenz auszuwirken. Hiervon können jedoch Jungen aus der Mittelschicht nicht profitieren, denn die einzigen signifikanten Unterschiede hinsichtlich mütterlicher Erwerbstätigkeit und Formen der Disziplinierung und Kontrolle fanden sich hier beim autoritären Erziehungsstil, der sich jedoch nicht negativ auf die Entwicklung bei Jungen aus der Mittelschicht auswirkte. Dieses Resultat stimmt mit den bereits oben beschriebenen Ergebnissen überein. Obwohl Jungen berufstätiger Mütter aus der Mittelschicht bessere kognitive Leistungen zeigten, waren sie dennoch die einzige Subgruppe, die in ihrer sozialen Entwicklung von deren Erwerbstätigkeit nicht profitieren konnte.

(2) Zielsetzungen: Unabhängig von der sozialen Schicht unterschieden sich berufstätige von nicht berufstätigen Müttern insofern, als Letztere in ihren Zielsetzungen und Erziehungsmaßnahmen deutlichere Unterschiede zwischen ihren Töchtern und Söhnen machten. Stärker als berufstätige Mütter sahen nicht berufstätige Mütter erstrebenswerte Ziele für ihre Töchter eher darin, „feminin" sowie „lieb und nett" zu sein. Unabhängigkeit als Zielsetzung wurde in diesem Zusammenhang nicht so deutlich betont. Auch die Erwartungshaltung im Hinblick auf die Schulbildung von Söhnen und Töchtern war bei nicht berufstätigen Müttern niedriger.

Ähnlich den Ergebnissen zum autoritären Erziehungsstil und unabhängig von der sozialen Schicht und dem Ehestatus sprachen in erster Linie nicht berufstätige Mütter davon, dass Gehorsam für sie ein wesentliches Erziehungsziel darstelle. Die Töchter dieser Mütter wurden als schüchtern, ängstlich und wenig zuversichtlich beschrieben; sie hatten ein geringeres persönliches Kontrollgefühl. Für Söhne wurden jedoch keine signifikanten Auswirkungen ermittelt. Ein ähnliches Muster traf auf Töchter zu, wenn Femininität ein wesentliches Erziehungsziel darstellte, und ein entgegengesetztes Muster fand sich, wenn Unabhängigkeit als Erziehungsziel betont wurde. Die höheren Zielsetzungen und Erwartungen berufstätiger Mütter an die Schulbildung ihrer Kinder spiegelten sich in den besseren Ergebnissen bei Leistungstests wider.

(3) Mutter-Kind-Interaktion: Die Mütter informierten über die Häufigkeit der Interaktionen mit ihrem Kind in der vergangenen Woche. Dabei berichteten nicht berufstätige verheiratete Mütter aus der Mittelschicht häufiger über positive und lehrreiche Interaktionen mit ihren Kindern; berufstätige verheiratete Mütter aus der Arbeiterschicht berichteten dasselbe, jedoch nur im Hinblick auf ihre Töchter und nicht bei ihren Söhnen. Allein erziehende berufstätige Mütter sprachen dagegen häufiger über positive Interaktionen sowohl mit ihren Töchtern als auch Söhnen, insbesondere in den Bereichen „Erziehung" und „Konversation". Und schließlich berichteten berufstätige Mütter, unabhängig von der sozialen Schicht und dem Ehestatus, häufiger über den offenen Ausdruck von Gefühlen.

Bei allein erziehenden Müttern – aber nicht bei Verheirateten – stand ein höherer Interaktionsgrad mit den Kindern in Zusammenhang mit besseren Testergebnissen und weniger Lernschwierigkeiten aufseiten der Kinder. Zwar gab es keine

Zusammenhänge zwischen dem häufigeren offenen Gefühlsausdruck und der Entwicklung der Kinder bei solchen mit berufstätigen verheirateten Müttern, jedoch bei Kindern mit allein erziehenden Müttern: Sie verfügten über bessere soziale Fertigkeiten und zeigten weniger aggressive Verhaltensauffälligkeiten. Insbesondere wenn der andere Elternteil nicht zur Verfügung steht, mögen somit diese Formen der positiven Interaktion besondere Bedeutung erlangen.

Zusammenfassung des Forschungsstandes bei Schulkindern

Trotz der weit verbreiteten Bedenken über die Folgen der Berufstätigkeit der Mutter für die Kinder fand die Forschung in den vergangenen 50 Jahren mehr positive als negative Folgen der Erwerbstätigkeit. Als eines der konsistentesten Ergebnisse, und zwar unabhängig von sozialer Schicht, ethnischer Zugehörigkeit und Ehestatus der Mutter, erwies sich die Tatsache, dass die Töchter berufstätiger Mütter in schulischen Leistungstests besser abschneiden. Auch die unabhängigere und sehr eigenaktive Haltung dieser Töchter wird immer wieder beschrieben. Für die Söhne berufstätiger Mütter aus der Arbeiterschicht und für Kinder in Armut konnten positive Auswirkungen auf die kognitive Entwicklung belegt werden und – obwohl dies seltener untersucht wurde – konnten Studien zur sozialen Entwicklung entweder keine Unterschiede feststellen oder Vorteile für diese Kinder verbuchen. Einige wenige ältere Untersuchungen berichteten jedoch auch von niedrigeren kognitiven Leistungsscores bei Jungen aus der Mittelschicht. Mehrere aktuelle Versuche, diese Ergebnisse zu replizieren, schlugen jedoch fehl. Hinzu kommt, dass in einer von der Autorin und ihren Kollegen an der Universität von Michigan durchgeführten Studie bessere Ergebnisse in Standard-Leistungstests sowohl für Söhne als auch Töchter berufstätiger Mütter mit unterschiedlichem sozioökonomischen Hintergrund gefunden wurden. Obwohl die Söhne berufstätiger Mütter aus der Mittelschicht bessere Ergebnisse in Leistungstests vorweisen konnten, so zeigten sie jedoch auch mehr Verhaltensauffälligkeiten. Dies traf aber nicht für Töchter und Söhne berufstätiger Mütter aus der Arbeiterschicht zu. Diese Mädchen, Jungen aus der Arbeiterschicht und Kinder aus armen Familien zeigten generell weniger Verhaltensauffälligkeiten und eine bessere soziale Anpassung, wenn ihre Mütter erwerbstätig waren. Schließlich konnten auch frühere Studien über in Armut lebende afroamerikanische Kinder belegen, dass die Kinder berufstätiger Mütter in kognitiven Leistungstests bessere Ergebnisse erzielten. In unserer aktuellen Untersuchung konnten wir dieses Ergebnis – unabhängig von der ethnischen Zugehörigkeit – replizieren und zugleich ergänzend vermerken, dass diese Kinder in ihrer sozialen Entwicklung ebenfalls weiter fortgeschritten sind.

Die Zielsetzung aktueller Forschung über die Auswirkungen mütterlicher Berufstätigkeit besteht nicht mehr ausschließlich darin, Kinder berufstätiger Mütter mit Kindern nicht berufstätiger Mütter zu vergleichen. Vielmehr verschiebt sich der Fokus darauf herauszufinden, weshalb bestimmte Effekte überhaupt auftreten.

Dieses Ziel verfolgten wir auch in der Michigan-Studie. Dabei kamen wir zu dem Ergebnis, dass bei einer Berufstätigkeit der Mutter die Väter aktiver in der Kindererziehung und im Haushalt involviert waren. Rollenfunktionen, welche bislang einer typischen Geschlechtsrollentypisierung unterlagen, lösten sich zunehmend auf. Dies wiederum schien sich günstig auf die Entwicklung der Kinder auszuwirken, insbesondere auf die Selbstwirksamkeitserfahrung der Töchter. Bei Familien aus der Arbeiterschicht und bei in Armut lebenden Familien schien sich die Berufstätigkeit der Mutter deutlich positiv auf ihr Wohlbefinden auszuwirken. Dies erleichterte es ihnen, in einer positiven und effektiven Art und Weise mit ihren Kindern umzugehen. Unabhängig von der sozialen Schicht betonten berufstätige Mütter in der Erziehung nicht so sehr den Gehorsam ihrer Kinder. Auch verwendeten sie seltener autoritäre und bestrafende Disziplinierungsmaßnahmen. Bei armen Familien und Familien aus der Arbeiterschicht zeigten berufstätige Mütter im Gegensatz zu nicht berufstätigen Müttern auch seltener einen permissiven Erziehungsstil. Sie griffen eher auf authoritative Erziehungsmaßnahmen zurück, nannten den Kindern also Gründe für ihre Forderungen und ermöglichten es ihnen zugleich, dazu Stellung zu nehmen. Der Zusammenhang zwischen der Berufstätigkeit der Mutter, ihrem Erziehungsstil und der Entwicklung der Kinder wird hierdurch deutlich.

An dieser Stelle muss jedoch auf die Möglichkeit verwiesen werden, dass trotz der Kontrolle der relevanten Variablen – inklusive des Bildungsstatus der Mutter – einige sich selbst selektierende Faktoren beteiligt sein können. So könnte es beispielsweise sein, dass Mütter, welche sich bewusst dafür entschieden haben, keinen Beruf auszuüben und zu Hause zu bleiben, besonders viel Wert auf Gehorsam legen. Dieser Unterschied muss deshalb nicht zwangsläufig auf die Berufstätigkeit der Mutter zurückgeführt werden, sondern könnte bereits im Vorfeld bestehen. In ähnlicher Weise könnten die höheren Bildungsansprüche an die Kinder auch die Motivation für die eigene Berufstätigkeit sein und nicht so sehr deren Ergebnis. Diese Möglichkeiten wurden in unserer Analyse beachtet, und die vorliegenden Daten unterstützen einen kausalen Zusammenhang von der Berufstätigkeit der Mutter über den Erziehungsstil hin zu unterschiedlichen Entwicklungsaspekten bei Kindern. Dennoch ist es nahezu unmöglich, selbst selektierende Faktoren gänzlich auszuschließen. Der Forscher kann nicht Müttern eine Berufs- oder Hausfrauenrolle nach dem Zufallsprinzip zuweisen.

Untersuchungen von Säuglingen und Kleinkindern

Da auch Mütter von Säuglingen und Kleinkindern zunehmend erwerbstätig sind, beschäftigt das öffentliche Interesse insbesondere die Fragestellung, inwiefern sich eine frühe Wiederaufnahme der Berufstätigkeit auf die Entwicklung der Kinder auswirkt. Um darauf eine Antwort zu finden, haben sich neue Forschungsprojekte dieser Thematik zugewandt. Eine der größten Schwierigkeiten bei der Forschung mit sehr jungen Kindern besteht jedoch darin, Ergebnisse mit einem langfristigen

Vorhersagewert zu erzielen. Säuglinge und Kleinkinder sind in ihrem Verhaltensrepertoire noch eingeschränkt, und häufig findet sich eine große Bandbreite an Entwicklungsunterschieden, die sich jedoch im Verlauf der Zeit ausgleichen. So können Unterschiede bei Untersuchungen erfasst werden, die nicht lange anhalten, oder es werden Unterschiede verschleiert, die erst später zum Ausdruck kommen (Hoffman 1984a).

Um dieses Problem zu umgehen, wurden in einigen Untersuchungen Schulkinder unter Berücksichtigung des Beschäftigungsstatus ihrer Mütter verglichen, als sie noch Säuglinge waren. So wurden beispielsweise in der Michigan-Studie die vollständigen Daten über den Beschäftigungsstatus der Mutter seit Geburt des Kindes erfasst. Auf dieser Basis wurde unter Kontrolle des aktuellen Beschäftigungsstatus die Beziehung zwischen dem Beschäftigungsstatus verheirateter Mütter während des ersten Lebensjahres des Kindes und dem Entwicklungsstand des Kindes im dritten Schuljahr untersucht. Dabei konnten jedoch in Bezug auf die Berufstätigkeit der Mutter während des ersten Lebensjahres des Kindes keine signifikanten Ergebnisse ermittelt werden. Die einzige Ausnahme bildeten Jungen, die häufiger ausagierende Verhaltensweisen zeigten. Da diese Verhaltensauffälligkeiten auch noch im Schulalter vorhanden waren, mag eine mögliche Erklärung hierfür in der frühen Berufstätigkeit der Mutter liegen (Hoffman/Youngblade 1999).

Da eine effektive Messung von Entwicklungsunterschieden bei sehr jungen Kindern nicht möglich ist, besteht der übliche Ansatz zur Erfassung der Auswirkungen einer frühen mütterlichen Berufstätigkeit darin, Säuglinge und Kleinkinder direkt in der Eltern-Kind-Interaktion zu beobachten. Dabei werden die Qualität und Quantität der Mutter-Kind-Interaktion sowie der Eltern-Kind-Bindung berücksichtigt. Die Forschungsergebnisse belegen, dass ganztägig berufstätige Mütter weniger Zeit mit ihren Säuglingen oder Vorschulkindern verbringen als Teilzeit beschäftigte oder nicht berufstätige Mütter. Dieser Effekt nimmt ab, je höher der Bildungsstand der Mutter ist. Außerdem fällt der Effekt geringer aus, wenn die Art der Interaktion zwischen Mutter und Kind beachtet wird. Dabei verweisen die Daten darauf, dass die berufstätigen Mütter versuchen, die Zeit ihrer Abwesenheit zu kompensieren, indem sie mit ihrem Kind vermehrt direkt interagieren sowie in der Freizeit und am Wochenende viel Zeit mit ihm verbringen. In mehreren Studien, bei denen Interaktionen zwischen Mutter und Säugling erfasst wurden, zeigte sich, dass die berufstätigen Mütter sehr viel mehr mit ihrem Säugling interagieren, insbesondere im Hinblick auf die verbale Stimulation. Andere Studien untersuchten die Sensitivität der Mutter im Umgang mit ihrem Säugling. Dabei konnten keine Unterschiede zwischen berufstätigen und nicht berufstätigen Müttern festgestellt werden (Hoffman 1989).

Seit 1980 ist ein besonderer Schwerpunkt der Forschung der Vergleich von Alleinverdiener- und Doppelverdiener-Haushalten hinsichtlich der Mutter-Kind-Bindung. In den meisten Studien konnten keine signifikanten Unterschiede festgestellt werden. In einigen wenigen Studien wurde hingegen eine höhere Anzahl an unsicher gebundenen Kindern bei ganztägig berufstätigen Müttern festgestellt, obgleich auch hier der Großteil dieser Kinder eine sichere Bindung aufwies. Auch Clarke-Stewart (1989) kam in einem Forschungsüberblick zu dem Ergebnis, dass Kinder von ganztägig berufstätigen Müttern häufiger unsicher gebunden sind als Kinder von Teilzeit beschäftigten oder nicht berufstätigen Müttern.

Die Ergebnisse über diese Zusammenhänge zwischen der Berufstätigkeit der Mutter und der Bindungsklassifikation des Kindes wurden in den Medien stark beachtet. Ein Problem dieser Forschung besteht jedoch darin, dass die Erfassung des Bindungsverhaltens im Labor anhand des Strange-Situation-Tests erfolgt. Dieser ist so konzipiert, dass Mutter und Kind gemeinsam einen Raum betreten, der mit Kinderspielsachen ausgestattet ist. Eine junge Frau kommt hinein, und die Mutter verlässt dann den Raum. Diese Prozedur wiederholt sich noch zweimal, wobei es stets nach einigen Minuten zu einer Wiedervereinigung von Mutter und Kind kommt. Dieses Testverfahren wurde entwickelt, um beobachten zu können, wie sich Kleinkinder in angstbesetzten Situationen ihren Müttern gegenüber verhalten. Auch wenn sich dieses Verfahren über die Jahre hinweg als nützlich erwiesen hat in der Vorhersage kindlichen Verhaltens, so konnte dessen Validität für Familien mit berufstätigen Müttern noch nicht festgestellt werden. Das Problem besteht dabei darin, dass die Situation für ein Kind, welches regelmäßig mit der Abwesenheit seiner Mutter konfrontiert ist, nicht angstauslösend sein muss. Und so mag das Verhalten des Kindes als Grundlage zur Beurteilung der Bindungsqualität nicht ausreichend sein. In den Studien, welche vorwiegend unsichere Bindungen zwischen voll erwerbstätigen Müttern und deren Kindern fanden, zeigte sich die Art der unsicheren Bindung in einem „vermeidenden" Verhaltensmuster. Der vermeidende Säugling scheint unabhängig zu sein. Diese Unabhängigkeit kann zum einen als Abwehr der eigenen Angst interpretiert werden, wie dies in früheren Forschungsarbeiten geschah. Die Unabhängigkeit kann aber ebenso als angemessenes Verhalten des Kindes interpretiert werden, wenn es sich in der Situation nicht ängstlich fühlt. Die Unterscheidung zwischen „vermeidender" Unsicherheit und Mangel an Angst kann somit recht schwierig sein (Clarke-Stewart 1989; Hoffman 1989).

Die aktuellste, umfassendste und immer noch andauernde Untersuchung auf diesem Gebiet wird vom National Institute of Child Health and Development durchgeführt. Es geht hierbei darum, die Auswirkungen einer frühkindlichen Fremdbetreuung zu beschreiben. Die Untersuchung findet an verschiedenen Orten statt und wird von einem großen Team prominenter Forscher/innen durchgeführt. Die bisherigen Daten unterstützten die Validität des Strange-Situation-Tests. In dieser Untersuchung stand weder das Ausmaß der institutionellen Betreuung (mehr als 30 Stunden pro Woche oder weniger als 10) noch das Alter des Kindes zum Zeitpunkt der Berufsaufnahme durch die Mutter in Beziehung zur Bindungssicherheit. Die Studie zeichnete sich zum einen durch ihre hohe Qualität aus und zum anderen durch die Tatsache, dass dem Team Forscher von beiden Seiten dieser stark politisierten Fragestellung angehören. Dies mag dazu beitragen, dass präzisere Codierungssysteme Anwendung fanden, welche die bisherigen Unsicherheiten bei der Unterscheidung zwischen wenig Angst und unsicher-vermeidender Bindung zu beseitigen in der Lage waren. Die Ergebnisse der Studie weisen darauf hin, dass die Qualität der Mutter-Kind-Interaktion, und insbesondere die Sensitivität der Mutter gegenüber den Bedürfnissen ihres Kindes, die Bindungssicherheit beeinflussen. Die institutionelle Betreuung, der Beschäftigungsstatus der Mutter sowie das Alter des Kindes bei der Wiederaufnahme der Arbeit durch die Mutter wirken sich dagegen nicht auf die Bindungssicherheit aus (NICHD Early Child Care Research Network 1997).

Bei dieser Studie wurden die Kinder ab dem Säuglingsalter begleitet; die letzten Berichte decken den Zeitraum bis zu ihrem dritten Lebensjahr ab. In früheren Studien über die Auswirkungen frühkindlicher Fremdbetreuung kam man zu dem Ergebnis, dass diese Erfahrungen oft mit höheren kognitiven Kompetenzen korrelierten, aber auch mit weniger Unterordnung und mehr Selbstbehauptung gegenüber Gleichaltrigen – im positiven wie im negativen Sinne. In der NICHD-Studie erwiesen sich auch hinsichtlich der auf verschiedene Weise gemessenen Erziehungsschwierigkeiten und kindlichen Verhaltensprobleme die Sensitivität der Mutter und deren psychologische Anpassung als die wichtigsten Variablen. Sowohl eine höhere Qualität der Fremdbetreuung als auch mehr Erfahrung in Gruppen mit anderen Kindern führten zu sozial kompetentem Verhalten. Ebenso wurde jedoch deutlich, dass zweijährige Kinder problematische und widerspenstige Verhaltensweisen zeigten, wenn sie täglich besonders lange fremdbetreut wurden und die Betreuung wenig Stabilität aufwies. Zusammenfassend konnte die Untersuchung verdeutlichen, dass in erster Linie die häusliche Umgebung die Entwicklung des Kindes beeinflusst, dass sich aber die Qualität und Stabilität der Fremdbetreuung ebenfalls auswirkt (NICHD Early Child Care Research Network 1998).

Der aktuellste Bericht umfasst die Analyse der Interaktion der Mutter mit ihrem dreijährigen Kind. Als wichtiges Ergebnis ist hierbei anzuführen, dass die Mutter umso weniger Sensitivität und Engagement gegenüber ihrem Kind zeigte, je länger es fremdbetreut wurde. Die Autoren heben jedoch hervor, dass es sich hierbei um sehr geringe Unterschiede handelt und dass nicht klar ist, ob sich diese auf die Entwicklung des Kindes signifikant auswirken (NICHD Early Child Care Research Network 1999). Der Beschäftigungsstatus der Mutter wurde bei dieser Analyse nicht berücksichtigt.

Schlussfolgerungen

Die hier vorgestellten Forschungsergebnisse bieten wenig Halt für die einst vorherrschende Sichtweise, dass der Eintritt junger Mütter in den Arbeitsmarkt eine Bedrohung für das Wohlergehen der Kinder darstellt. Es handelt sich hier um einen sozialen Wandel, der in Beziehung steht zu anderen, bereits seit längerem erfolgenden Veränderungen in den Sozialstrukturen wie z.B. der zunehmenden Vermischung der Geschlechtsrollen und dem Wechsel von autoritären zu authoritativen Formen in der Erziehung. Die Daten über die Entwicklung der Kinder stimmen jedoch nicht mit der Vorstellung überein, dass die Berufstätigkeit der

Mutter eine Bedrohung für das Wohlergehen ihrer Kinder sei. Tatsächlich verhält es sich so, dass entsprechend dem Großteil der Forschungsergebnisse aus den letzten 50 Jahren, und insbesondere entsprechend der aktuellen Forschung, Kinder berufstätiger Mütter bessere Schulleistungen als Kinder von Hausfrauen zeigen und dass Jungen aus der Arbeiterschicht sowie Mädchen – unabhängig von der sozialen Schicht – eine bessere soziale Anpassung aufweisen. Im Großen und Ganzen kann aus den Forschungsergebnissen abgeleitet werden, dass sich die meisten Familien an die Berufstätigkeit der Mutter erfolgreich anpassen und dadurch eine gut funktionierende Umwelt aufbauen. In Familien, in denen Vater und Mutter berufstätig sind, beteiligen sich Väter stärker an Haushaltsaufgaben und an der Kindererziehung, was sich nachhaltig positiv auf die Kinder auszuwirken scheint. In der Arbeiterschicht zeigen berufstätige Mütter einen höheren Grad an Wohlbefinden als Hausfrauen, was für die Erziehung ihrer Kinder positiv ist. Hingegen beeinflusst in der Mittelschicht die Berufstätigkeit der Mutter zwar nicht ihr Wohlbefinden, sie verschlechtert dieses aber auch nicht.

Wenn die Berufstätigkeit der Mutter an sich keine negativen Folgen für die Kinder mit sich bringt, dann sollten diejenigen Forschungsergebnisse über die Fremdbetreuung von Kindern ernst genommen werden, welche besagen, dass die Qualität und Stabilität der Betreuung für Säuglinge und Kleinkinder von großer Bedeutung sind. Hier ist noch viel zu leisten: für alle bezahlbare, qualitativ hochwertigen Tagesbetreuung, außerschulische Angebote und liberalere Regelungen hinsichtlich des Erziehungsurlaubs. Es gibt Hinweise darauf, dass in den USA Regierung und privater Sektor auf diese Bedürfnisse reagieren werden. Dies könnte schließlich dazu führen, dass ein umfassenderer gesamtgesellschaftlicher Anpassungsprozess an ein dominierendes Muster der industrialisierten Welt erfolgt: an die Berufstätigkeit der Mütter.

Literatur

Alessandri, S.M.: Effects of maternal work status in single-parent families on children's perceptions of self and family and school achievement. Journal of Experimental Child Psychology 1992, 54, S. 417-433

Cherry, F.F./Eaton, E.L.: Physical and cognitive development in children of low-income mothers working in the child's early years. Child Development 1977, 48, S. 158-166

Clarke-Stewart, K.A.: Infant day-care: Maligned or malignant? American Psychologist 1989, 44, S. 266-273

Crouter, A.C./Crowley, M.S.: School-age children's time alone with fathers in single- and dual-earner families: Implications for the father-child relationship. Journal of Early Adolescence 1990, 10, S. 296-312

Desai, S./Chase-Lansdale, P.L./Michael, R.T.: Mother or market? Effects of maternal employment on four-year-olds' intellecual abilities. Demography 1989, 26, S. 545-561

Downey, G./Coyne, J.C.: Children of depressed parents: An integrative review. Psychological Bulletin 1990, 108, S. 50-76

Gottfried, A.E./Gottfried, A.W./Bathurst, K.: Maternal employment, family environment and children's development: Infancy through the school years. In: Gottfried, A.E./Gottfried,

A.W. (Hrsg.): Maternal employment and children's development: Longitudinal research. New York: Plenum 1988, S. 11-58

Heynes, B.: The influence of parents' work on children's school achievement. In: Kamerman, S.B./Hayes, D.C. (Hrsg.): Families that work: Children in a changing world. Washington: National Academy Press 1982, S. 229-267

Hoffman, L.W.: Effects of maternal employment on the child – a review of the research. Developmental Psychology 1974, 10, S. 204-228

Hoffman, L.W.: Maternal employment: 1979. American Psychologist 1979, 34, S. 859-865

Hoffman, L.W.: Increased fathering: Effects on the mother. In: Lamb, M./Sagi, A. (Hrsg.): Fatherhood and family policy. Hillside: Erlbaum 1983, S. 167-190

Hoffman, L.W.: Maternal employment and the young child. In: Perlmutter, M. (Hrsg.): Parent-child interaction and child development. The Minnesota Symposia on Child Psychology 1984a, 17, S. 101-127

Hoffman, L.W.: The study of employed mothers over half a century. In: Lewin, M. (Hrsg.): In the shadow of the past: Psychology portrays the sexes. New York: Columbia University Press 1984b, S. 295-320

Hofman, L.W.: Effects of maternal employment in the two-parent family: A review of the recent research. American Psychologist 1989, 44, S. 283-290

Hoffman, L.W./Youngblade, L.M.: Mothers at work: Effects on children's well-being. With Coley, R.L./Fuligni, A.S./Kovacs, D.D. New York: Cambridge University Press 1999

McLoyd, V.C.: Employment among African-American mothers in dual-earner families: Antecedents and consequences for family life and child development. In: Frankel, S. (Hrsg.): The employed mother and the family context. New York: Springer 1993, S. 180-226

Moore, T.W.: Exclusive early mothering and its alternatives: The outcome to adolescence. Scandinavian Journal of Psychology 1975, 16, S. 255-272

NICHD Early Child Care Research Network: The effects of infant child care on mother-infant attachment security: Results of the NICHD Study of Early Child Care. Child Development 1997, 68, S. 860-879

NICHD Early Child Care Research Network: Early child care and self-control, compliance, and problem behavior at 24 and 36 months. Child Development 1998, 69, S. 1145-1170

NICHD Early Child Care Research Network: Child care and mother-child interaction in the first 3 years. Developmental Psychology 1999, 35, S. 1399-1413

Parcel, T.L./Menaghan, E.G.: Parents's jobs and children's lives. New York: Walter de Gruyter 1994

Radloff, L.: The CES-D scale: A self-report depression scale for research in the general population. Applied Psychological Measurement 1977, 1, S. 385-401

Repetti, R.L./Mathews, K.A./Waldron, I.: Employment and women's health: Effects of paid employment on women's mental and physical health. American Psychologist 1989, 44, S. 1394-1401

Statistisches Bundesamt: Rund 60% der Mütter mit Kindern unter 18 Jahren erwerbstätig. Pressemitteilung vom 15.04.1999

Stevenson, N.G.: The role of maternal employment and satisfaction level in children's cognitive performance. Unveröffentlichte Dissertation. Ann Arbor: University of Michigan 1982

U.S. Bureau of the Census: Statistical abstracts of the United States. Washington: U.S. Government Printing Office, 112. Aufl. 1999

Vandell, D.L./Ramanan, J.: Effects of early and recent maternal employment on children from low-income families. Child Development 1992, 63, S. 938-949

Warr, P./Parry, G.: Paid employment and women's psychological well-being. Psychological Bulletin 1982, 91, S. 498-516

Zaslow, M.: Sex differences in children's response to maternal employment. Unveröffentlichtes Manuskript 1987

Vaterschaft

Wassilios E. Fthenakis

Mehr als Geld?
Zur (Neu-)Konzeptualisierung
väterlichen Engagements

Unmittelbar nach dem zweiten Weltkrieg entwickelte sich in der Forschung ein vermehrtes Interesse an der Rolle des Vaters. Den äußeren Anlass bot damals die kriegsbedingte Abwesenheit vieler Väter. Die Vaterrolle wurde um diese Zeit in Begriffen wie Vaterab- bzw. Vateranwesenheit konzeptualisiert und mit Hilfe defizitorientierter Ansätze theoretisch fundiert (Fthenakis 1985). Bis Ende der 60er Jahre befasste sich die Forschung mit dem Vater vor allem dann, wenn er nicht verfügbar war oder eine Gefahr für seine Kinder darstellte. Erst ab diesem Zeitpunkt wurden Studien durchgeführt, die die Vater-Kind-Beziehung direkt untersuchten. Diese Arbeiten replizierten im Wesentlichen Fragestellungen und Methodologie bis dahin vorliegender Studien zur Mutter-Kind-Beziehung. Im Mittelpunkt des Interesses standen Fragen nach der Partizipation des Vaters an haushalts- und kindbezogenen Aufgaben sowie nach der Qualität der Vater-Kind-Beziehung (Kotelchuck 1976; Lamb 1977).

Erst ab Ende der 70er und zu Beginn der 80er Jahre wurde der Vater als Mitglied des Familiensystems betrachtet. Die Bedeutung des Vaters wurde nunmehr in triadischen und komplexeren Zusammenhängen untersucht, in denen neben direkten auch indirekte Effekte väterlicher Partizipation interessierten. Untersuchungen dieser Art eröffneten die Möglichkeit, Vaterschaft und insbesondere die Vater-Kind-Beziehung bei veränderten Formen familialer Organisation zu analysieren. So haben z.B. Studien zur Rolle des Vaters in nicht traditionell organisierten Familien die Bedeutung kontextueller Bedingungen aufgezeigt und zur Entwicklung komplexerer Interpretationsansätze geführt (vgl. im Überblick Fthenakis 1985; Radin 1994). Studien zu nicht sorgeberechtigten bzw. zu allein erziehenden Vätern und zu Stiefvätern stellen seither bevorzugte Felder der Vaterforschung dar (Fthenakis/Niesel/Kunze 1982). Ein besonderer Stellenwert kam Arbeiten zur Vaterrolle zu, die aus einer feministisch-kritischen Perspektive motiviert wurden (Hochschild 1989a, b; LaRossa 1988), bzw. solchen, die auf die kontextuelle Abhängigkeit der Vaterrolle hinwiesen und (arbeits-)politische Konsequenzen forderten (Pleck 1985, 1997). Ferner gilt seit dieser Zeit das Interesse

Vätern aus verschiedenen kulturellen Gruppen bzw. aus ethnischen Minoritätengruppen (Lamb 1986) und nicht zuletzt homosexuellen Vätern (Barrett/Robinson 1994; Bozett 1989). Seit Beginn der 90er Jahre fokussiert die Vaterforschung, nunmehr als integrierter Bestandteil der Familienforschung, auf neue Fragestellungen, wie z.B. auf die Entwicklung und Veränderung des Vaterschaftskonzeptes im Familienentwicklungsprozess (Cowan/Cowan 1992) oder auf die Frage nach den mittel- und langfristigen Auswirkungen des Vaters auf die Entwicklung junger Erwachsener (Amato 1997). Sie interessiert sich ferner für die kontextuellen Faktoren, die Vaterschaft beeinflussen (Parke 1995), und sie hinterfragt eine bislang weit verbreitete instrumentelle Definition der Vaterrolle (Christiansen 1997). Die Frage nach der Partizipation des Vaters an haushalts- und kindbezogenen Aufgaben hat in den letzten Jahren erneut an Interesse gewonnen (Greenstein 1996; Künzler 1994, 1995; Bacher/Wilk 1997), und es wird der Versuch unternommen, die Vaterschaft (wie auch Elternschaft) neu zu konzeptualisieren. Damit einhergehend werden Modelle vorgestellt, die zu einer Neukonzeptualisierung von Vaterschaft beitragen sollen und auf die im Folgenden näher eingegangen wird (Hawkins/Dollahite 1997; Hawkins/Palkovitz 1997).

Das Engagement des Vaters an haushalts- und kindbezogenen Aufgaben

Einen zentralen Schwerpunkt in der Vaterforschung stellt nach wie vor die Frage dar, wie Männer ihr Engagement bei haushalts- und kindbezogenen Aufgaben konzeptualisieren, wie sie ein Idealbild von Vaterschaft in die Realität des Familienalltags übertragen und wie sich väterliche Partizipation auf die Väter selbst, auf das Leben ihrer Kinder und auf die Familie auswirkt. Obwohl eine Vielzahl von Arbeiten über die Beteiligung der Väter an der innerfamilialen Aufgabenteilung vorliegt (vgl. im Überblick Fthenakis 1985; Griebel 1991; Künzler 1994; Oberndorfer 1993), ist dennoch nur wenig darüber bekannt, was die Väter in diesem Kontext tatsächlich tun, welche Variationen väterlicher Fürsorge es gibt, und welche Bedingungen hierfür verantwortlich sind. Es mangelt demnach an einer umfassenden Konzeptualisierung elterlicher Partizipation, die auf dem Hintergrund eines erweiterten Vaterschaftskonzeptes eine angemessene empirische Überprüfung des Beitrags von Vätern und Müttern bei der Bewältigung haushalts- und kindbezogener Aufgaben in der Familie erlauben würde.

Fasst man die Ergebnisse der US-amerikanischen und europäischen Forschung zur Partizipation des Vaters kurz zusammen, so vermitteln sie folgendes Bild: Väter sind weniger als Mütter an innerfamilialen Aufgaben sowie an der Betreuung ihrer Kinder beteiligt. Nach wie vor verrichten amerikanische und europäische Frauen den größten Anteil der Hausarbeit (Ferree 1991; Thompson/Walker 1989). Art und Qualität väterlicher Beteiligung variieren zudem beträchtlich (Douthitt 1989; Pleck 1985, 1993). Während der letzten 30 Jahre lässt sich dennoch eine Steigerung väterlicher Partizipation beobachten. Nach Robinson (1988) verrichteten amerikanische Väter 1965 20%, 1981 30% und 1985 35% der Hausarbeit. Sie beteiligten sich 1975 an der Hausarbeit und Kinderbetreuung durchschnittlich mit 1,85 Stunden pro Tag. Zu einer ähnlichen Einschätzung kommt Pleck (1985): Der Zeitanteil von Vätern bei diesen Aktivitäten stieg zwischen 1965 und 1981 von 20% auf 30% der von beiden Partnern im Haushalt geleisteten Arbeit an. Das Ausmaß an Hausarbeit, das Väter Mitte der 80er Jahre verrichteten, schätzt Pleck auf 34%. Auch spätere Studien haben empirische Evidenz dafür geliefert, dass die in familiale Aufgaben investierte Zeit bei den Vätern insgesamt zugenommen hat (Gershuny/Robinson 1988; Robinson/Andreyenkov/Patrushev 1988). Dies trifft sowohl für verheiratete als auch für nicht verheiratete Männer sowie für Väter und Nichtväter zu (Robinson 1988). Damit geht ein weiterer Trend einher: Die Zeit, die Frauen im Haushalt investieren, nahm gleichzeitig ab. Dies trifft für die Frauen insgesamt, aber auch für die Untergruppen der verheirateten, nicht verheirateten, berufstätigen und nicht berufstätigen Frauen wie auch für Mütter und Nichtmütter zu (Robinson 1988).

Solche Befunde wurden aus feministischer Sicht stark in Frage gestellt (Hochschild 1989a, b). LaRossa (1988) vertritt sogar die Auffassung, dass sich Vaterschaft seit der Jahrhundertwende nicht verändert habe, was das Verhalten der Väter gegenüber ihren Kindern betrifft. Hierbei handelt es sich um eine in der Literatur umstrittene, jedenfalls durch die Daten, auf die sich LaRossa bezieht, nicht gestützte Annahme (Pleck 1993). Niveau und Zuwachsrate des männlichen Familienengagements sind nach Auffassung von Pleck höher als von Hochschild und LaRossa behauptet wird: Die Väter verrichteten ein Drittel der Hausarbeit, und einer von fünf Vätern mit einer berufstätigen Frau sei die Hauptbetreuungsperson für das Vorschulkind. Auch der Current Population Survey (US Bureau of Census 1990) stützt die Position von Pleck (1985) und Robinson (1988). Im Übrigen wurde in einigen Arbeiten festgestellt, dass die eigenen Anteile an der Hausarbeit von Frauen und Männern jeweils höher eingeschätzt werden als durch den Partner.

Was die Partizipation von Vätern an kindbezogenen Aufgaben betrifft, lässt sich folgendes Scenario entwerfen: Generell engagieren sich Väter stärker bei ihren leiblichen Kindern (Marsiglio 1991), bei älteren Kindern (Belsky/Rovine/Fish 1989) und bei Söhnen (Harris/Morgan 1991). Väter, die mit ihren Kindern im selben Haushalt leben, sind stärker beteiligt als Väter, die infolge einer Trennung bzw. Scheidung getrennt von ihren Kindern wohnen. Im Allgemeinen beteiligen sich Väter stärker an spielbezogenen als an pflegebezogenen Aktivitäten.

Untersuchungen im deutschsprachigen Gebiet

Im deutschsprachigen Gebiet liegen einige Beiträge vor, die sich mit der Partizipation des Mannes bzw. des Vaters am Innenleben der Familie befassen (Bacher/Wilk 1997; Höpflinger/Charles 1990; Keddi/Seidenspinner 1991; Kössler 1984; Krüsselberg/Auge/Hilzenbrecher 1986; Künzler 1994, 1995; Metz-Göckel/Müller 1986; Meyer/Schulze 1988; Nauck 1987; Nave-Herz 1985; ÖAKT 1988;

ÖSTZ 1985; Pross 1978; Ryffel-Gericke 1983; Schmidt-Denter 1984; Schulz 1990; Thiessen/Rohlinger 1988). Stellvertretend für diese Beiträge wird kurz auf die Würzburger-Zeitbudget-Studie von Künzler (1994) sowie auf die Untersuchung von Bacher und Wilk (1997) eingegangen.

Die Würzburger Zeitbudget-Studie von Künzler

Künzler (1994; 1995) untersuchte 36 studentische Familien mit Kleinkindern (78 % der Frauen und 72 % der Männer studierten zum Untersuchungszeitpunkt; 11 % der Frauen und 25 % der Männer waren erwerbstätig). 78 % der Familien hatten ein Kind, in 17 % der Familien lebten zwei Kinder. Als Kontrollstichprobe dienten Studierende (36 Frauen und 19 Männer) ohne Kinder. Hinsichtlich der Beteiligung der von ihm untersuchten Männer und Väter kommt Künzler zu dem Ergebnis, dass nach wie vor mehr Indizien für die Kontinuität einer traditionellen Aufteilung der Hausarbeit als für Tendenzen zu egalitären Formen der familialen Arbeitsteilung – auch in Doppelverdiener-Familien – sprächen. Die absolute Beteiligung der Männer an der Hausarbeit liege stets bei ca. 10 Stunden in der Woche. Männer aus Familien, in denen beide Partner studieren, leisteten mit durchschnittlich 13 Stunden signifikant mehr Hausarbeit. Künzler erwähnt ferner, dass die durchschnittlich für häusliche Arbeiten aufgewandte Zeit bei den Männern im Gegensatz zu den Frauen kaum Variabilität zeigte. Erwerbstätige Frauen leisteten hingegen deutlich weniger Hausarbeit als nicht erwerbstätige. Den von ihm nachgewiesenen deutlichen Anstieg der Hausarbeitszeit der Männer (auf fast 40 %) führt Künzler auf Verhaltensänderungen beider Geschlechter zurück.

Bei den studierenden Frauen verdoppelte sich nach der Geburt des Kindes nahezu ihr Anteil an den haushaltlichen Aufgaben, während der Beitrag der studierenden Männer sich nicht signifikant von dem der Kontrollstichprobe unterschied. Dieser Traditionalisierungseffekt trat nicht in diesem Ausmaß auf, was den Zeitaufwand für das Studium betraf: Dennoch reduzierten Studentinnen mit Kindern ihren Zeitaufwand für das Studium auf weniger als die Hälfte, verglichen zu Studentinnen ohne Kind. Ein Traditionalisierungseffekt zeigte sich jedoch, „wenn der Zeitaufwand für das Studium und die Zeit für ‚Nebenjobs‘ zur gesamten ‚marktorientiert‘ investierten Zeit zusammengefasst werden" (Künzler 1994, S. 208). Es konnte nämlich gezeigt werden, dass die Frauen, nicht aber die Männer, ihre marktorientierte Zeit mit dem Übergang zur Elternschaft signifikant und drastisch reduzierten. Da Studentinnen mit Kind den Löwenanteil der kindbezogenen Aufgaben übernahmen, wurde der Haushalt zur Haupt- und das Studium zur Nebenbeschäftigung. Anders bei den Studenten mit Kind: Haushalt und Studium wurden als gleichberechtigte Lebensbereiche zu zwei Hauptbeschäftigungen. Künzler konnte ferner eine geschlechtsspezifische Aufteilung einzelner haushaltsbezogener Aufgaben bei Studierenden mit Kindern feststellen: Signifikant weniger Studenten beteiligten sich an Aufgaben wie Kochen oder Wäschewaschen. Dagegen investierten sie mehr Zeit für Reparaturen im Haushalt. Künzler stellte aber auch fest, dass es nur wenige Bereiche der Hausarbeit gab, in denen sich beide Partner hinsichtlich Ausmaß der Beteiligung und Zeitaufwand unterschieden. Bei einem Viertel der von ihm untersuchten Familien leistete der Mann sogar mehr Hausarbeit als die Partnerin. Die Unterschiede in der Zeitverwendung von Frauen und Männern lassen sich nach Künzler auf die Variable Geschlecht zurückführen. Ein Maximum mütterlicher Beteiligung wurde in Familien festgestellt, in denen das Kind klein und eine familienergänzende Betreuung nicht verfügbar war.

Auch die kontextuellen Bedingungen, unter denen die Erledigung der Haushaltsaufgaben erfolgt, differierten zwischen Müttern und Vätern: Frauen verrichteten einen größeren Anteil ihrer Hausarbeitszeit in tendenziell ungünstigeren Interaktionskonstellationen als die Männer, d.h. in Gegenwart von Kleinkindern. Speziell die Benachteiligung von Frauen in Doppel-Verdiener-Haushalten lässt sich nicht primär durch ein höheres Maß an Belastung, sondern „durch Einschränkung der Zeit, die ihnen für Ausbildung, Studium und Erwerbstätigkeit zur Verfügung steht", erklären (Künzler 1994, S. 209) – was zur Einschränkung ihrer Karrierechancen führt. Dies wiederum bedingt eine erneute Verstärkung des Traditionalisierungseffektes. Es gelingt nur wenigen Frauen, aus diesem Circulus vitiosus herauszukommen und die innerfamiliale Aufgabenteilung neu zu organisieren.

Die (ober-)österreichische Studie von Bacher und Wilk

Bacher und Wilk (1997) sind in einer Detailauswertung einiger Daten aus ihrem Projekt „Kleinkindbetreuung in Oberösterreich" (Bacher/Wilk 1991) der Frage nach der Partizipation von Männern und Vätern an familialen Aufgaben nachgegangen. Sie unterscheiden zwischen (Mit-)Hilfe einerseits und Betreuung andererseits. Unter Betreuung verstehen sie die durch einen Elternteil vollständig übernommene Verantwortung im Versorgungs- und Erziehungsbereich. Die Autoren leiten daraus ein Modell väterlicher Mitwirkung bei der Kinderbetreuung ab und postulieren die These einer situativ erzwungenen Mitwirkung der Väter bei der Kinderbetreuung.

Ihre Analyse bezieht sich auf die Daten von 451 Frauen, die mit einem Ehe- oder Lebenspartner zusammenlebten. 67,8% der befragten Frauen waren zum Befragungszeitpunkt nicht erwerbstätig. Die befragten Mütter gaben an, dass 89,2% der Väter bei der Kinderbetreuung mitgeholfen hätten. 30,6% der Väter betreuten das Kind unter der Woche (montags mit freitags) mindestens eine halbe Stunde. Am Wochenende täten dies nur 14,4% der Väter. 3,1% der Väter (n=14) betreuten unter der Woche ihr Kind mehr als 20 Stunden. Insgesamt betreuten österreichische Väter ihr Kind demnach unter der Woche im Durchschnitt 2,3 Stunden (d.h. täglich 27,6 Minuten) und 0,8 Stunden an einem Wochenende (d.h. 24 Minuten pro Tag). Die alleinige Betreuung des Kindes ohne die Anwesenheit der Mutter betrug nach den Daten von Bacher und Wilk lediglich 5 Minuten. Die

Autoren selbst schränken ihre Ergebnisse ein, da sie auf unvollständige Informationen angewiesen seien und die Väter selbst nicht befragt wurden.

Betrachtet man den über die Mütter erhobenen Beitrag der Väter unter dem Aspekt der „Betreuung", so fällt dieser, wenn überhaupt, minimal aus. Daraus schließen Bacher und Wilk (1997, S. 216): „Die Väter seien zwar weitgehend zur (Mit-)Hilfe bei der Kinderbetreuung bereit, sie seien aber nicht oder nur in einem geringeren Umfang bereit, für alle Betreuungsaufgaben in einem bestimmten Zeitraum die alleinige Verantwortung für das Kind zu übernehmen". Und wo eine Beteiligung des Vaters erfolgte, sei sie, den Autoren zufolge, situativ erzwungen. Darunter verstehen Bacher und Wilk eine Situation, in der (a) die Mutter die Betreuungsaufgaben nicht übernehmen kann (z.B. im Falle einer Erwerbstätigkeit oder im Krankheitsfall und (b) keine anderen geeigneten Betreuungsressourcen (z.B. die Großeltern des Kindes) zur Verfügung stünden. Väter, deren Frauen erwerbstätig seien und die keine (oder lediglich eine) Betreuungsressource zur Verfügung hätten, betreuten ihr Kind 7,7 Stunden unter der Woche. Diese Betreuungszeit reduziere sich auf 4,3 Stunden, wenn die Familie über zwei oder mehrere Betreuungsressourcen verfüge. Die reduzierte Partizipation des Vaters während des Wochenendes verhält sich demnach hypothesenkonform.

Bacher und Wilk weisen die These der strukturellen Unmöglichkeit väterlicher Mitwirkung zurück, und ihre Daten widerlegen, den Autoren zufolge, auch die These eines verminderten Anspruchsniveaus der Mütter gegenüber den Vätern. Es zeigte sich nämlich auch, dass 58,7% der befragten oberösterreichischen Mütter eine traditionelle Mutterrolle ablehnten; etwa gleich viele wünschten sich einen Vater, der Zeit für seine Kinder habe, und 40,1% der Mütter hatten eine positive Einstellung zu mütterlicher Erwerbstätigkeit. Die Autoren weisen auf die Notwendigkeit weiterer Analysen zur Untermauerung ihrer These von der situativ erzwungenen Mitwirkung des Vaters hin. Hinzuzufügen ist, dass das Beteiligungsmuster eines Vaters sicherlich durch komplexere Modelle interpretiert werden müsste als lediglich mit den Variablen „Erwerbstätigkeit der Frau" und „Verfügbarkeit von Betreuungsressourcen", und die Daten sollten unter Einbeziehung der Väter selbst gewonnen werden.

Anmerkungen zur bisherigen Forschung

Die meisten der bislang vorliegenden Studien konzentrieren sich auf quantitative Betreuungsindikatoren, in der Regel auf das Ausmaß väterlicher Beteiligung primär an haushalts- und seltener an kindbezogenen Aktivitäten. In der Regel verwenden sie ein absolutes Maß (d.h. das Ausmaß an Zeit, die der Vater für Aktivitäten in direkter Interaktion mit dem Kind insgesamt aufbringt). Pleck (1993) hat darauf aufmerksam gemacht, dass in den meisten Studien zu väterlicher Partizipation übersehen wurde, neben formellen auch informelle Beiträge der Väter zu erfassen. So nehmen zwar nur wenige Väter nach der Geburt des Kindes Erziehungsurlaub in Anspruch, etliche von ihnen nehmen jedoch für einige Tage unbezahlten Urlaub, manche werden sogar „krank", und andere wiederum treffen mit ihren Vorgesetzten besondere Regelungen, die ihnen eine Partizipation unmittelbar nach der Geburt des Kindes erlauben. Beiträge dieser Art werden gewöhnlich nicht erfasst. Was speziell die Beteiligung des Vaters an kindbezogenen Aktivitäten betrifft, ist die Unterscheidung zwischen Versorgungs- und Spielaktivitäten erforderlich. Es wäre ferner interessant zu wissen, ob die Vater-Kind-Interaktion in einem triadischen (d.h. in Anwesenheit der Mutter) oder im dyadischen Kontext stattfindet. Ferner sollte die Datengewinnung nicht auf Angaben der Mütter bzw. der Väter allein beruhen, sondern auf Angaben beider Eltern, und vor allem mittels direkter Beobachtung der Vater-Kind-Beziehung erfolgen. Soweit Studien dieser Art vorliegen, konzentrieren sie sich zudem weitgehend auf Kleinkinder; über Studien zur Partizipation von Vätern bei Kindern im Schulalter (Biller/Kimpton 1997; Lewis 1997) bzw. in der Pubertät (Brody et al. 1994; Hosley/Montemayor 1997) ist vergleichsweise wenig bekannt. Schließlich fehlt bislang ein valides Instrument zur Erfassung der Dimensionen väterlicher Beteiligung sowohl an haushalts- als auch an kindbezogenen Aktivitäten. Vorhandene Untersuchungsmethoden sind nicht frei von geschlechtsspezifischem Bias. Es wird demnach ein erweitertes Konzept väterlicher Partizipation benötigt, das alle Aufgaben sowohl innerhalb als auch außerhalb des Familiensystems umfasst, die man unter elterlicher Beteiligung verstehen kann.

Theoriegeleitete Kritik am bisherigen Forschungsstand kam aus unterschiedlichen Perspektiven: Während Mikrostrukturalisten wie Risman und Schwartz (1989) der Ansicht sind, dass eine Gleichstellung von Mann und Frau im Haushalt am ehesten dann zu erreichen sei, wenn sich der Tagesablauf von Männern und Frauen stärker annähern würde, interessieren sich Vertreter eines interaktionistischen Ansatzes (Berk 1985; Fassinger 1994; Hochschild 1989a; West/Zimmermann 1987) vorwiegend für die Strategien, die Männer und Frauen bei der Aufteilung von Haushaltsaufgaben anwenden. Fassinger (1994) behauptet, dass das Geschlecht nicht als Rolle oder Eigenschaft angesehen werden dürfe, sondern als etwas, das täglich in menschlichen Interaktionen entstehe. Auf diese Weise bilden sich auch Relationen von Dominanz und Unterwerfung, wenn beide Partner Hausarbeit verrichten. Entscheidend in einem interaktionistischen Ansatz sind jedoch die Fragen, wer sich für die Hausarbeit verantwortlich fühlt, wer die Standards setzt und wer sie kontrolliert, d.h., wie Aufgabenteilung von Müttern und Vätern konzeptualisiert wird. So fand Hochschild (1989a), dass die Standards von derjenigen Person gesetzt werden, die die Hauptverantwortung für den Haushalt trägt. Wenn Männer strenge Anforderungen an die Haushaltsführung stellen, behalten sie aber auch die Kontrolle über die Arbeit ihrer Frau. In unterschiedlichen Familiensettings etablieren sich offensichtlich verschiedene Modelle. So konnte z.B. bei allein erziehenden Müttern beobachtet werden, dass sie die Haushaltsführung häufiger als ihre eigene Pflicht ansahen. Mütter fühlten sich für die Tätigkeiten, die sie den Kindern übertragen hatten, weiterhin verantwortlich und investierten mehr emotionale und mentale Energie in die Hausarbeit. Allein erziehende Väter hingegen konzeptualisierten die Hausarbeit häufiger als gesamtfamiliale Verantwortung. Sie delegierten mehr Arbeit an die Kinder, setzten niedrigere Standards als die Mütter fest und kontrollierten weniger. Diese Unterschiede zwischen Müttern und Vätern bestimmten das Ausmaß an Zeit mit, über die sie frei verfügen können. Es zeigte sich aber auch, dass Väter, die vor der Scheidung stark an familialen Aufgaben beteiligt waren, nach der Scheidung ein geringeres Ausmaß an Hausarbeit auf die Kinder delegierten als unbeteiligte Väter. Letztere waren es vor allem, die die Verantwortung für den Haushalt gesamtfamilial auslegten und bereit waren, die Standards ohne den Einfluss von außen niedriger als bei allein erziehenden Frauen zu setzen und weniger Kontrolle über die delegierten Aufgaben auszuüben (Burden 1986; Fthenakis/Oberndorfer 1992).

Zur Erklärung für das unterschiedliche Ausmaß väterlicher Partizipation in Haushalt und Familie werden bislang in der Literatur im Wesentlichen folgende theoretische Positionen vertreten:

- Die *New Home Economics Theory* (Becker 1991) besagt, dass der Partner mit dem höheren Einkommen mehr Zeit für bezahlte Arbeit aufwendet als der andere Partner. Eine solche zwischen den Partnern ausgehandelte Strategie führt zu einer Maximierung des Haushaltseinkommens. Da das Einkommen von Frauen in der Regel geringer ist als das von Männern, erklärt sich auf diese Weise, warum Männer weniger Zeit für den Haushalt aufbringen als Frauen. Die Theorie besagt ferner, dass mit zunehmendem Einkommen der Frau ihre Partizipation an Haushaltsaufgaben gleichfalls abnimmt. Diese theoretische Position kann als empirisch bestätigt angesehen werden (Kamo 1988; Ross 1987; nicht jedoch bei Coverman 1985).
- Der *Zeitbudget-Ansatz* nimmt eine direkte Beziehung zwischen außerfamilialen Belastungen von Frauen und Männern einerseits und der Wahrnehmung von Aufgaben in der Familie andererseits an. Diesem Ansatz zufolge ist eine stärkere Mithilfe des Mannes dann zu erwarten, wenn die Frau beruflich mehr und der Mann weniger belastet ist, und wenn seine Arbeitszeit vermehrt disponibel ist (gleitende Arbeitszeit, frei wählbare Arbeitszeit, Teilzeitarbeit, Arbeit zu Hause). Außerdem beteiligt er sich dann mehr, wenn tatsächlich mehr Arbeit anfällt (Kinderzahl, Wohnungsgröße) und sich dieser Aufwand nicht mit Strategien wie niedrigeren Standards (einfaches Essen, weniger Aktivitäten mit Kindern) reduzieren lässt.
- Vom *austausch- bzw. ressourcentheoretischen Standpunkt* aus wird die Aufteilung von Haushaltsaufgaben als das Ergebnis der Verfügbarkeit von Ressourcen wie Ausbildung, Einkommen etc. betrachtet. Je mehr Ressourcen ein Partner hat, desto geringer fällt sein Beitrag im Haushalt aus. Man geht von der Annahme aus, dass die Partner nicht gerne Hausarbeit leisten, und behauptet, dass der Partner mit den größeren Ressourcen seine Macht für eine Minimierung seines Beitrags an der Hausarbeit einsetzen wird. Die Vorhersagen und die empirische Fundierung dieser Theorie fallen ähnlich wie bei der New Home Economics Theory aus (Blair/Lichter 1991; Ferree 1991; Kamo 1988).

– Eine *rollentheoretische* Betrachtung sieht in der geschlechtsspezifischen Rollendefinition den Schlüssel für das Verständnis von Aufgabenteilung in der Familie. Traditionelles Rollenverständnis führt zu einer traditionellen Rollenteilung zwischen den Partnern. Je egalitärer die Geschlechtsrollen definiert werden, desto mehr weicht das Muster der Aufgabenteilung von traditionellen Modellen ab. Bestätigung findet diese Theorie in den Arbeiten von Greenstein (1996), Hiller und Philliber (1986), Kamo (1988), Perry-Jenkins und Crouter (1990), Presser (1994), Strümpel et al. (1988) sowie van der Lippe und Siegers (1994). Sie kommen zu dem Ergebnis, dass Männer mit einem egalitären Rollenverständnis stärker zur Übernahme von Haushaltsaufgaben tendieren als Männer mit einer traditionellen Auffassung. Nicht bestätigt wurde dieser Zusammenhang von Coverman (1985) und von Crouter et al. (1987), oder es wurde eine Bestätigung nur in Teilbereichen gefunden (Blair/Johnson 1992; Coltrane/Ishii-Kuntz 1992).

– Der *familienzyklische Ansatz* nimmt an, dass Anforderungen und Beziehungsmuster sich mit der Entwicklung der Familie ändern und damit auch der Einsatz von Müttern und Vätern in Haushalt und Betreuung bzw. Erziehung der Kinder variiert. Eine solche Betrachtung erklärt beispielsweise, warum in bestimmten Phasen der Familienentwicklung – z.B. nach der Geburt des ersten (und noch mehr nach der Geburt des zweiten) Kindes – eine unterschiedliche väterliche Partizipation zu beobachten ist.

Eine bislang hier wenig reflektierte Fragestellung betrifft die Konsequenzen, die eine Veränderung traditioneller Muster infolge einer vermehrten Beteiligung des Mannes für das familiale System mit sich bringt. Zwar haben Befunde aus Untersuchungen an nicht traditionell organisierten Familien Veränderungen in der Ehepartnerbeziehung in Richtung stärkere Demokratisierung und Partnerschaftlichkeit dokumentiert, anderseits weisen Cowan und Cowan (1987) darauf hin, dass manche Frauen die vermehrte Beteiligung der Männer im Haushalt und der Väter bei der Kindererziehung als „Einbruch in ihre Domäne" ansehen, der sie vielleicht genauso kritisch gegenüberstehen, wie manche Männer im Erwerbsleben den Eintritt von Frauen in „typische Männerberufe" erfahren. So gibt es Spannungen, wenn Frauen die Hausarbeit der Männer kontrollieren und kritisieren oder die Verantwortung nicht aus der Hand geben (Radin/Russell 1983; Russell 1987). Schließlich neigen umgekehrt auch Männer, wenn sie stärker beteiligt sind, dazu, die Zeiteinteilung der Frauen und ihren Umgang mit Kindern stärker zu kritisieren (Busch/Hess-Diebäcker/Stein-Hilbers 1988). Greenstein (1996) bemerkt hierzu, dass Studien, die das absolute Maß (Anzahl der Stunden) von Hausarbeit erfassen, dazu tendieren, Zusammenhänge dieser Art zu negieren, während Studien, die das relative Ausmaß an Partizipation als abhängige Variable definieren, diese befürworten. Er kritisiert ferner, dass die meisten Studien mit Ausnahme von Hochschild (1989a, b) die interaktiven Effekte von Geschlechtsideologien vernachlässigt haben. In seiner eigenen Arbeit konnte Greenstein zeigen, dass ein signifikanter Zusammenhang zwischen der Geschlechtsrollen-Ideologie des Mannes auf der einen Seite und dem Ausmaß seiner Partizipation im Haushalt auf der anderen Seite nur dann vorliegt, wenn er eine Frau mit egalitärem Rollenverständnis geheiratet hat. Eine Korrelation wurde hingegen nicht bestätigt, wenn der Mann eine Frau mit traditionellem Rollenverständnis geheiratet hatte. Den größten Anteil an Hausarbeit leisteten Männer mit sehr niedrigem Wert bezüglich traditionellem Rollenverständnis, die mit einer Frau verheiratet sind, die auch ihrerseits einen niedrigen Wert in dieser Dimension aufweist.

Das Vaterschaftskonzept

Es überrascht, dass in der Forschung der Frage nach einer Konzeptualisierung von Vaterschaft (wie auch von Mutterschaft) bislang nicht die Bedeutung eingeräumt wurde, die sie verdient. Erst seit Beginn der 90er Jahre begann man, sich stärker für das Vaterschaftskonzept zu interessieren. Bis zu diesem Zeitpunkt lagen auch wenige Ansätze vor, die den Versuch unternahmen, väterliches Verhalten zu konkretisieren (vgl. die irische Studie von Nugent 1991 sowie die Arbeiten aus der Penn-State University von Crouter/Crowley 1990; Crouter et al. 1987; Jain/Belsky/Crnic 1996; Volling/Belsky 1991). Eine Konzeptualisierung von Vaterschaft erfolgte Mitte der 50er Jahre auf der Grundlage der von Parsons und Bales (1955) vorgenommenen Aufteilung nach instrumentellen bzw. expressiven Funktionen der Elternrolle, wobei den Vätern die instrumentelle Funktion zugeschrieben wurde. Dieses Konzept des „Ernährers" (Breadwinner) blieb bis Mitte der 70er Jahre unangefochten. Die wirtschaftliche Rezession um diese Zeit zwang viele Männer infolge zunehmender Arbeitslosigkeit, expressive Funktionen in der Familie zu übernehmen, während parallel dazu und als Folge zunehmender Erwerbstätigkeit von Frauen Letztere instrumentelle Funktionen übernahmen. Entwicklungen dieser Art haben die Diskussion um die Angemessenheit der Konzeptualisierung elterlicher Rollen stimuliert. Man begann auch in der Forschung, sich für die expressiven Aspekte der Vaterrolle zu interessieren (Lamb 1976). Es dauerte jedoch ein Jahrzehnt, bis die ersten Konzepte von Vaterschaft in der Literatur vorgelegt wurden (Belsky 1984; Lamb 1987).

Lamb (1987) hat eine Typologie väterlichen Engagements entwickelt, in der zwischen drei verschiedenen Dimensionen unterschieden wird:

1. „Interaktion" bzw. „Engagement", d.h. die Zeit, die ein Vater mit seinem Kind in direkter Interaktion verbringt,
2. „Verfügbarkeit", d.h. die Zeit für kindbezogene Aufgaben im Haushalt, die der Vater aufwendet, oder wenn er sich in der Nähe zu seinem Kind aufhält, und
3. „Verantwortlichkeit", d.h. das Ausmaß, in dem der Vater Verantwortung für Aufgaben wie Babysitting, Arztbesuch, die Bereitstellung von Arrangements für die Kinderbetreuung u.Ä. übernimmt.

Ein komplexeres Modell für Elternschaft stammt von Belsky (1984). Diesem Modell zufolge wird Vaterschaft bestimmt durch

1. Charakteristika des Vaters (Persönlichkeitscharakteristika, Erziehungseinstellungen und -praktiken etc.),
2. Merkmale des Kindes (etwa kindliches Temperament) und
3. kontextuelle Faktoren (wie z.B. Stress, verfügbare Unterstützung u.Ä.).

So konnten z.B. Volling und Belsky (1992) nachweisen, dass Väter mit starkem Selbstwertgefühl und Empathie für die Gefühle anderer positiver und sensitiver mit ihren drei Monate alten Kindern interagierten als andere Väter. Woodworth, Belsky und Crnic (1996) weisen auf die Bedeutung individueller Charakteristika des Vaters für das Verständnis sowohl der Quantität als auch der Qualität seiner Partizipation hin. Als Charakteristika des Kindes werden in der Forschung häufig das Geschlecht und das Alter des Kindes genannt. Lamb (1981) hat auf das stärkere Engagement des Vaters Söhnen gegenüber hingewiesen. Ferner interagieren Väter eher mit älteren als mit jüngeren Kindern. Schließlich wird das Temperament des Kindes als Determinante väterlicher Beteiligung angeführt (Woodworth/Belsky/Crnic 1996). Unter kontextuellen Faktoren versteht Belsky die Qualität der Partnerbeziehung, die Beziehungen zum sozialen Netz und Faktoren aus der Arbeitwelt.

Das erweiterte Vaterschaftskonzept

Seit etwa vier Jahren wird erneut über die Angemessenheit vorliegender Vaterschaftskonzepte diskutiert (Amato/Booth 1997; Booth/Crouter 1997; Hawkins/Dollahite 1997). Diesbezügliche Beiträge fokussieren auf eine „Kultur von Vaterschaft" (LaRossa 1988). Sie bemerken kritisch, dass vorliegende Konzeptualisierungsversuche Beiträge der Väter in der Familie nicht berücksichtigen. Sie führen ein erweitertes Vaterschaftskonzept in die Diskussion ein, indem sie eine ausschließliche Definition von Vätern als „Ernährern" zurückweisen bzw. dies als Teil eines erweiterten Vaterschaftskonzeptes betrachten und expressive Aspekte väterlicher Beteiligung einbeziehen. Blankenhorn (1995) spricht in diesem Zusammenhang von einem „New Fathers Paradigm". Generell lässt sich innerhalb der Vaterforschung eine kritische Auseinandersetzung mit der klassischen Vaterdefinition beobachten (Christiansen/Palkovitz 1997; Cohen 1993; Cohen/Dolgin/Gaze 1997; Palkovitz/Christiansen/Dunn 1998). Christiansen und Palkovitz (1997) betrachten die Ernährer-Funktion des Vaters als Teil eines erweiterten Konzepts väterlichen Engagements in der Familie, und sie führen fünf Gründe dafür an, warum dies bislang anders bewertet wurde:

1. Die unreflektierte Annahme, dass Väter für andere sorgen sollten,
2. die nicht sichtbare Gestalt von Fürsorge,

3. negative Konnotationen der traditionellen Versorgerrolle,
4. die Tatsache, dass zunehmend weniger Väter allein die Versorgerrolle übernehmen, und schließlich
5. eine unzureichende Konzeptualisierung von Fürsorge.

Die Autoren kritisieren, dass Fürsorge als eine Form väterlichen Engagements für die Familie in der gegenwärtigen Literatur zur Vaterschaft nicht genügend erforscht oder anerkannt ist. Die Wertschätzung der Versorgerrolle des Vaters könnte Vätern eine emotionale Grundlage geben, von der aus sie sich auf andere Weise in der Familie engagieren können. Expressive und affektive Bereiche können nicht von väterlichem Engagement getrennt werden, welches sich nicht in direkter Weise ausdrückt. Die ausschließliche Konzentration auf ausgewählte Bereiche väterlichen Engagements (wie z.B. den Pflegebereich) verdeckt andere Formen, in denen Väter engagiert sind und für ihre Familien sorgen. Wenn nicht der gesamte Kontext väterlichen Engagements berücksichtigt wird, wird die Bedeutung von Engagement in spezifischen Bereichen geschmälert. Nur unter Berücksichtigung aller Bereiche, in denen sich Väter engagieren, kann das Verständnis für die Bedeutung und Konsequenzen väterlicher Beteiligung für Väter und ihre Familien vertieft werden.

Wie Hawkins und Palkovitz (1997) zutreffend bemerken, sind Zeit und Direktheit in der Interaktion mit dem Kind, die in den bisherigen Studien als Kriterien väterlicher Partizipation dominierten, nicht die einzig wichtigen Dimensionen väterlichen Engagements. Auch die einfache Addition von Aktivitätsbereichen erweist sich als wenig effektiv. Demnach stellen zeitliches Ausmaß und Umfang direkt beobachtbarer väterlicher Beteiligung keine hinreichenden Bedingungen für eine differenzierte und integrierte Konzeptualisierung von Vaterschaft dar. Seit der Mitte der 90er Jahre versuchen deshalb etliche Wissenschaftler/innen, bisherige konzeptuelle Grenzen zu überwinden und Vaterschaft in einer differenzierteren und umfassenderen Weise als bisher zu definieren (Amato 1997; Amato/Booth 1997; Bruce/Fox 1997; Daly/Dienhart 1997; Doherty/Kouneski/Erikson 1996; Dollahite 1997; Dollahite/Hawkins/Brotherson 1997; Hawkins/Palkovitz 1997; LaRossa 1997; Palkovitz 1996a, b, 1997; Snarey 1993). Diese Autor/innen konzeptualisieren Vaterschaft in einem breiteren Kontext als bisher, indem sie sich nicht nur für direkte und kurzfristige, sondern auch für indirekte Effekte väterlicher Partizipation sowie für mittel- und langfristige Auswirkungen von Vaterschaft interessieren. Ferner betonen sie psychologische und ethische Aspekte und berücksichtigen stärker als bisher die kontextuellen Rahmenbedingungen, unter denen Vaterschaft praktiziert wird.

Es ist das Verdienst von Snarey (1993), nicht nur eine vier Jahrzehnte umfassende Studie zur väterlichen Sorge für die nächste Generation vorgelegt, sondern auch mit Bezug auf Erikson (1963) das Konzept der Generativität in den Vordergrund gestellt zu haben. Diesem Konzept zufolge erscheint Vaterschaft als komplexer, lang andauernder und entwicklungsbezogener Prozess, welcher intergenerationale Aspekte der Entwicklung von Männern sowie die Entwicklung des Kindes und dessen Wohlergehen integriert. Väterliche Fürsorge stellt in ihren vielfältigen Erscheinungsformen eine zentrale Komponente väterlichen Verhaltens dar, die sich entwickelt, wenn sich Väter im Leben ihrer Kinder engagieren.

Dollahite, Hawkins und Brotherson (1997) verstehen unter generativer Vaterschaft väterliches Verhalten, das die Bedürfnisse von Kindern dahingehend erfüllt, dass Väter bestrebt sind, eine sich entwickelnde normative Beziehung mit ihnen zu stiften und aufrechtzuerhalten. Ein solches Konzept bietet, diesen Autoren zufolge, einen konstruktiven Ausgangspunkt für ein umfassenderes Modell responsiver Vaterschaft. Dollahite, Hawkins und Brotherson präsentieren eine konzeptuelle Ethik von generativer Vaterschaft. Damit zielen sie nicht auf die Beschreibung oder Gestaltung der Realität von Vaterschaft ab, sondern darauf, was mögliche und wünschenswerte Vaterschaft sei. In Anlehnung an Snareys (1993) Auffassung, die Beziehung zwischen Eltern und Kindern sei eine moralische Herausforderung, und in Parallele zu LaRossas (1988) Unterscheidung zwischen Kultur und Verhalten vertreten diese Autoren den Standpunkt, dass generative Vaterschaft als Fürsorge für die nächste Generation entlang einer ethisch begründeten Beziehung zwischen Eltern und Kindern organisiert wird. Konzeptuelle Ethik repräsentiert allerdings ein Ideal dessen, was Vaterschaft sein kann und sein sollte, aber nicht immer ist.

Im Gegensatz zu vielen Sozialwissenschaftlern führen Dollahite, Hawkins und Brotherson anstelle der kulturell determinierten Vaterrolle den Begriff Vaterarbeit ein und verweisen auf folgende Vorteile: Er verknüpft die Konzepte von Familie und Arbeit für Väter wie für Mütter miteinander und stellt Vaterschaft in einen für Männer vertrauten Kontext. In diesem Sinne umfasst das Konzept von Vaterarbeit bezahlte Tätigkeiten und unbezahlte häusliche Arbeit gleichermaßen. Zwischen beruflicher und häuslicher Arbeit bestehen sowohl Unterschiede als auch Übereinstimmungen. Beide Formen der Arbeit unterscheiden sich, da berufliche Arbeit produkt-, Vaterarbeit hingegen personorientiert ist; berufliche Arbeit ist in der Regel örtlich und zeitlich begrenzt, während Vaterarbeit davon unabhängig konzeptualisiert wird. Berufliche Arbeit stellt eine ökonomische (Geld verdienen), Vaterarbeit hingegen eine ethische Aktivität dar (Fürsorge für die Familienmitglieder). Übereinstimmung zwischen beiden Formen besteht darin, dass beide Aktivitäten etwas darstellen, was Väter tun müssen und was die meisten Väter auch tatsächlich übernehmen; beide sind beschwerlich, ehrenwert, erschöpfend und beide erfordern aktive, bewusste, kreative und adaptive Anstrengung. Ein weiterer Vorteil des Begriffs Vaterarbeit ist in den hilfreichen transformativen Bildern zu sehen, welche mit diesem Begriff im Vergleich zur Perspektive der Rollenunangemessenheit verknüpft sind. Eine Rolle stellt ein passives, austauschbares Bild dar. Die Metapher „Rolle" hat zudem die Schwäche, gleichermaßen deterministisch (Väter tun einfach, was ihre Rolle von ihnen fordert) und relativistisch zu sein (gute Vaterschaft ist ausschließlich durch die Veränderung sozialer Normen und nicht durch die gleich bleibenden Bedürfnisse der Kinder begründet).

Aufbauend auf diesen Überlegungen legen Dollahite, Hawkins und Brotherson zunächst ein vier-, später ein siebendimensionales Vaterschaftskonzept vor, das folgende Formen von Vaterarbeit umfasst:

1. ethische Arbeit: kontinuierliche Verpflichtung der Väter, alles für ihre Kinder zu tun, was deren Gesundheit und Wohlergehen sichert.
2. Verwalterarbeit: Ausgehend von der eingeschränkten Verfügbarkeit materieller und zeitlicher Ressourcen sehen die Autoren in der Produktion und Verwaltung der für das Wohlergehen der Familie notwendigen (in der Regel) knappen Ressourcen durch den Vater eine weitere Aufgabe generativer Vaterarbeit.
3. entwicklungsbezogene Arbeit: Vaterschaft wird als komplex und dynamisch betrachtet. Dies impliziert, dass Väter die Prinzipien zur Förderung positiver Veränderung lernen, an der Entwicklung des Kindes teilnehmen und sich kompetent und kreativ an sich verändernde Rahmenbedingungen anpassen.
4. Beziehungsarbeit: Vaterschaft findet in einem komplexen, dynamischen, einflussreichen Netz von Beziehungen statt, welche elterliche, eheliche, Geschwister- und intergenerationale Beziehungen einschließt. Väter müssen gute Beziehungen zu ihren Kindern und mit den Personen, die für die Entwicklung und das Wohlergehen ihrer Kinder relevant sind, entwickeln und aufrechterhalten sowie die Beziehung der Kinder zu diesen Personen fördern.
5. Erholungsarbeit: Kooperation und Herausforderung in Reaktion auf die kindlichen Bedürfnisse nach Entspannung.
6. spirituelle Arbeit: die Stärkung und Beratung in Hinblick auf die kindlichen Bedürfnisse nach Ermutigung und Bedeutungsfindung.
7. Ratgeberarbeit: Beratung und Beteiligung in Reaktion auf die kindlichen Bedürfnisse nach Wissen und Unterstützung.

Die Arbeit von Doherty, Kounseki und Erikson (1996) zu verantwortlicher Vaterschaft beleuchtet gleichfalls die ethische Natur väterlichen Engagements und einige grundlegende Möglichkeiten, wie Väter sich bei ihren Kindern engagieren. Unter Bezugnahme auf die Arbeit von Levine und Pitt (1995) ist das Konzept verantwortlichen väterlichen Engagements so definiert, dass es die Begründung von Vaterschaft beim Eintritt der Schwangerschaft, die Teilnahme an der finanziellen Unterstützung für das Kind mit Beginn der Schwangerschaft sowie die gemeinsame Teilnahme mit der Mutter an der kontinuierlichen emotionalen und physischen Betreuung des Kindes einschließt. Doherty, Kounseki und Erikson betonen ferner, dass ein Schlüsselelement väterlichen Engagements die Begründung einer tragfähigen Elternbeziehung ist, auch wenn die Eltern nicht verheiratet sind. Sie folgern, dass einige der kritischen Dimensionen väterlichen Engagements auf indirekte Weise wirksam sind und daher auf ökologisch valide Weise in die Untersuchung einbezogen werden müssen.

Beiträge zu väterlichem Engagement aus der Perspektive der Identitätstheorie heben die Bedeutung der Berücksichtigung psychologischer und emotionaler Dimensionen väterlichen Engagements hervor (Ihinger-Tallman/Pasley/Buehler

1993; Minton/Pasley 1996). Identitätstheoretische Beiträge lenken die Aufmerksamkeit auf die Einstellungen eines Mannes bezüglich angemessenen elterlichen Verhaltens, die psychologische Bedeutung dieser Konzeption oder Identität und das Ausmaß an Verpflichtung gegenüber dieser Identität. Wenn Männer über ihr Engagement als Vater berichten, konzentrieren sie sich möglicherweise gleichermaßen oder mehr auf diese Dimensionen als auf direkt beobachtbare Interaktion. Die von Palkovitz (1984) durchgeführte Studie bestätigte auch, dass Männer väterliches Engagement als multidimensional und kontextuell beeinflusst ansehen, was eine Vielzahl indirekter oder weniger beobachtbarer Komponenten umfasst.

Bruce und Fox (1997) haben vier grundlegende Komponenten väterlichen Engagements vorgestellt, die sie aus der Durchsicht von 150 Studien zur Vaterschaft aus den Jahren 1986 bis 1996 und aus Interviews mit Vätern aus der Arbeiterklasse ableiteten. Die Komponenten sind:

1. Betreuungsfunktionen: Aufgaben in Verbindung mit der Sicherstellung der unmittelbaren physischen Bedürfnisse des Kindes, z.B. Überwachung oder Hilfe beim Baden, Anziehen, Füttern, Vorbereitung für Bettgehen, Fürsorge im Krankheitsfall etc.
2. sozial-emotionale Funktionen: Aufgaben in Verbindung mit Kameradschaft und Fürsorge, z.B. direkte soziale Interaktion, Erholungsaktivitäten, Diskussion und Unterhaltung, Gewährung verbaler und physischer Zuwendung, von Trost, Lob und Ermutigung.
3. instruktive Funktionen: Aufgaben in Verbindung mit der Vermittlung von spezifischen Fertigkeiten an das Kind sowie moralische oder religiöse Führung, z.B. Überwachung und Hilfe bei den Hausaufgaben, Disziplinierung, Bereitstellung intellektueller Stimulation, religiöse und moralische Unterweisung etc.
4. exekutive Funktionen: Aufgaben in Verbindung mit der Führerrolle im Elternverhalten, welche in engem Bezug zu Lambs (1987) Verantwortlichkeitsfunktion steht, z.B. Entscheidungsfindung, Überwachung und Kontrolle, Festlegen von Regeln, Organisation des Haushaltes und Planung von Aktivitäten.

Bruce und Fox fanden, dass 24 der erfassten 150 Studien sich direkt auf väterliches Engagement konzentrierten, dass jedoch nur eine (Deutsch/Lozy/Saxon 1993) alle vier Dimensionen in gewisser Weise berücksichtigte. Die übrigen Studien waren in ausgeglichener Weise aufgeteilt zwischen einem Fokus auf den stärker „traditionell männlichen" Aspekt von Engagement (exekutive und instruktive Funktionen sowie einzelne Elemente sozial-emotionaler Funktionen) und den stärker „traditionell weiblichen" Aspekten (Betreuung und sozio-emotionale Funktionen). Des Weiteren wurde die Auswirkung des sozioökonomischen Status auf väterliches Engagement bei weißen und afroamerikanischen Vätern niederer Einkommensklassen überprüft. Es zeigte sich, dass die Verfügbarkeit umfassender materieller Ressourcen, insbesondere bei schwarzen Vätern, das Ausmaß beeinflusst, in dem sich ein Vater bei seinem Kind in speziellen Dimensionen engagiert. Zudem zeigte sich, dass der Einfluss des Einkommens auf diese Verhaltensweisen mit dem väterlichen Bildungsniveau variiert, wobei ein höheres Einkommen die Ausübung der Vaterrolle behindern wie auch erleichtern kann.

Palkovitz (1997) hat mit einer Reihe von Mythen und Vorurteilen aufgeräumt, die in Zusammenhang mit väterlichem Engagement stehen. Seiner Auffassung nach liegen folgende allgemeine Missverständnisse bezüglich elterlichen Engagements vor:

– Mehr Engagement ist besser. Die Annahme kann als Ergebnis von Defizitmodellen angesehen werden. Sie findet jedoch ihre Begrenzung darin, dass Eltern mit Defiziten in ihrem Erziehungsverhalten oder mit exzessivem Engagement (z.B. Verstrickung) kindliches Verhalten beeinträchtigen können.
– Engagement erfordert Nähe. Elterliches Engagement erfolgt auch durch nicht beobachtbare Aktivitäten (z.B. Gedanken, Gefühle und Sorgen) und solche, die in Distanz zum jeweiligen Familienmitglied durchgeführt werden (z.B. Einkaufen von Geschenken, Behördengänge, Erledigung der Wäsche etc.).
– Engagement lässt sich immer beobachten bzw. quantitativ erfassen. Dies trifft für viele Formen elterlichen Engagements nicht zu, wie z.B. bei vermehrter kognitiver und affektiver Aktivität der Eltern.
– Das Niveau elterlichen Engagements ist statisch und lässt deshalb Vorhersagen für die Gegenwart und die Zukunft zu. Es ist eher davon auszugehen, dass elterliches Engagement in Abhängigkeit vom Entwicklungsstand von Eltern und Kindern bzw. vom beruflichen Engagement variiert.
– Die Muster elterlichen Engagements sind unabhängig von Kultur, Subkultur und sozialer Schicht gleich. Es liegt jedoch empirische Evidenz dafür vor, wonach Väter ihre „Kultur von Vaterschaft" (LaRossa 1988) in Zusammenhang mit den in ihrer Kultur und Ethnie vorhandenen Normen konzeptualisieren.
– Frauen sind bei ihren Kindern stärker engagiert als Männer. Aus der Perspektive generativer Elternschaft muss man zugeben, dass wir wenig über den relativen Anteil des generellen Engagements von Männern und Frauen in der Elternschaft wissen. Wir wissen lediglich, dass die Geschlechter unterschiedlich in verschiedenen Aspekten und in variierendem Umfang in der Betreuung und Erziehung ihrer Kinder involviert sind.

Aufbauend auf eigenen Erfahrungen, qualitativen Daten und Beobachtungen in Verbindung mit einer Inhaltsanalyse hat Palkovitz (1997) ein Modell elterlichen Engagements vorgelegt, das folgende 15 zentrale Kategorien elterlichen Engagements beinhaltet, die sich weder gegenseitig ausschließen noch das Modell von elterlichem Engagement erschöpfend beschreiben: Kommunikation, Unterweisung, Überwachung, gedankliche Prozesse, Dienstleistungen, Versorgung, kindbezogene häusliche Tätigkeiten, gemeinsame Interessen, Verfügbarkeit, Planungen, gemeinsame Aktivitäten, Fürsorge, Zuwendung, Schutz und emotionale Unterstützung. Charakteristisch für dieses Modell ist es, dass viele Verhaltensweisen erfasst werden, die typischerweise nicht in den Bereich elterlichen Engagements fallen bzw. vom jeweiligen Elternteil viel Zeit, Gefühle, Energie etc. abverlangen oder Direktheit in der Interaktion mit dem Kind voraussetzen würden. Palkovitz differenziert zwischen kognitivem, affektivem und verhaltensbezogenem Bereich elterlichen Engagements und kritisiert, dass in der bisherigen Literatur in der Regel lediglich verhaltensbezogene Komponenten erfasst würden. In einer eigenen Studie konnte Palkovitz (1984) zeigen, dass ein großer Teil des Bewusstseins, der Planung, der Bewertung und der täglichen Erfahrungen der von ihm befragten Väter durch Gedanken über ihre Kinder beeinflusst war. Väter waren aber auch affektiv bei ihren Kindern engagiert. Eine Vielzahl emotionaler Erfahrungen, Ausdrucksweisen und Zwänge wurde durch die An- oder Abwesenheit sowie Verhalten und Affekte der Kinder determiniert. Auch Verhaltensweisen, die elterliches Engagement repräsentieren, hatten kognitive und affektive Begleiterscheinungen, und zwischen den drei Bereichen fanden kontinuierlich Wechselwirkungen statt.

Diesem Modell zufolge ist elterliches Verhalten nicht dichotom. Eltern können nach Palkovitz zu verschiedenen Punkten ihrer Elternkarriere in einer Vielzahl von Aspekten und Rollen in unterschiedlichem Ausmaß engagiert sein. Nach ihm lassen sich verschiedene Dimensionen elterlichen Engagements als eine Reihe von Kontinua konzeptualisieren, welche von Nicht-Engagement über niedriges und mittleres bis zu hohem Engagement reichen. Elternverhalten kann darüber hinaus durch eine Reihe gleichzeitig auftretender Kontinua beeinflusst werden. Angemessenheit und Beobachtbarkeit elterlichen Engagements repräsentieren zwei dieser Kontinua.

Eltern variieren zudem bezüglich des Ausmaßes, in dem sie sich in unterschiedlichen Bereichen von Elternschaft engagieren. Die Zeit und die Mühe, die in jeden Bereich der Kinderbetreuung investiert werden, können in schwacher Beziehung zu anderen Bereichen oder Mitteln des Engagements stehen oder davon völlig unberührt bleiben. So ist es relativ üblich, dass Väter sich stärker im Spiel mit ihren Kleinkindern engagieren und weniger Pflegeaufgaben als Mütter übernehmen. Der gleiche Vater kann jedoch in großem Umfang Planung für das kindliche Wohlergehen, Fürsorge, Überwachung etc. leisten.

Darüber hinaus kann eine weniger Zeit beanspruchende elterliche Aufgabe aus verschiedenen Gründen größere Bedeutsamkeit für den Elternteil haben. Manche elterlichen Aufgaben können auch als bedeutsam eingeschätzt werden, weil sie aversiv sind, und andere, weil sie vergnüglich sind. Von daher können sich die subjektiven Realitäten von Engagement deutlich von den offen sichtbaren unterscheiden.

Elterliches Engagement kann zudem in großer Nähe oder aus der Distanz stattfinden, direkt oder indirekt sein. So gibt es verschiedene Verhaltensweisen eines Elternteils, die das Familienklima und die Entwicklung von Eltern und Kindern direkt oder indirekt beeinflussen. Ein Beispiel indirekten Engagements wäre das Ableisten von Überstunden, um zusätzliche Vorteile für das Kind möglich zu machen. Einige Verhaltensweisen, die nicht direkt als Engagement beobachtbar sind, können zu einem späteren Zeitpunkt als Konsequenzen elterlicher Anteilnahme betrachtet werden.

Palkovitz (1997; vgl. Hawkins/Palkovitz 1997) identifiziert ferner eine Reihe von Bedingungen, die elterliches Engagement beeinflussen können. Wie bereits erwähnt, kann elterliches Engagement in Abhängigkeit von einer Reihe von Rahmenbedingungen variieren: Entwicklungsstand von Eltern und Kindern, soziale und ökologische Faktoren, Erwerbstätigkeit und andere Lebensumstände. In früheren Forschungsarbeiten hatte Palkovitz gezeigt, dass der spezifische Kontext das Muster elterlichen Engagements stark beeinflusst (Palkovitz 1980, 1984). So gibt es Unterschiede bezüglich elterlicher Partizipation in Zeiten alleiniger versus gemeinsamer Verantwortlichkeit für Pflegetätigkeiten. Darüber hinaus sind unterschiedliche Formen und Ausmaße von Engagement in unterschiedlichen Settings oder Kontexten angemessen. Auch individuelle Unterschiede müssen hier berücksichtigt werden: So können sich bestimmte Formen des Ausdrucks elterlichen Engagements bei bestimmten Kindern weniger effektiv oder sogar schädlich auswirken. Eltern konstruieren zudem die Bedeutung und die Schwerpunkte ihrer Rolle in unterschiedlicher Weise. So konnte Palkovitz (1994) demonstrieren, dass die Prioritäten bei engagierten Vätern stark variieren. Individuelle Vorliebe, persönlicher Stil, Persönlichkeitseigenschaften, Expressivität, Prioritäten, Charakteristika des Kindes sowie der Wunsch von Eltern und Kindern nach Intimität beeinflussen das beobachtbare Ausmaß väterlichen Engagements. Individuen unterscheiden sich zudem in ihrer subjektiven Einschätzung, was unter bestimmten Umständen notwendig und angemessen ist. Sie variieren hinsichtlich ihrer Sensibilität und Fähigkeit, zwischenmenschliche Signale wahrzunehmen, was Auswirkungen auf die Beziehungen der Person zu anderen Personen hat.

Von einem anderen Standpunkt aus hat Amato (1997) auf die Notwendigkeit einer Neukonzeptualisierung von Vaterschaft hingewiesen. Er hat ein ressourcentheoretisches Vaterschaftskonzept vorgestellt, „das Pentagramm der Elternschaft", in dem er prinzipiell zwischen drei Ebenen elterlicher Ressourcen unterscheidet: Eltern werden in diesem Modell (a) als Human-, (b) als Finanz- und (c) als Sozialkapital für ihre Kinder definiert. Unter Humankapital versteht Amato die Ausbildung und Beiträge der Eltern zur Förderung und Stimulation des Kindes, unter Finanzkapital deren Einkommen und insbesondere den Anteil an finanziellen Ressourcen, die sie für das Kind direkt aufwenden, und unter Sozialkapital die Qualität der Partner- und der Eltern-Kind-Beziehung. Dieses Modell nimmt an, dass die kindliche Entwicklung in Zusammenhang mit der Qualität des verfügbaren elterlichen Human-, Finanz- und Sozialkapitals steht. Ungeachtet historischer und kultureller Einflüsse geht das Modell ferner davon aus, dass Mütter und Väter grundsätzlich gleichermaßen in der Lage sind, ihren Kindern diese Ressourcen zur Verfügung zu stellen, wenn auch in der Realität von einer starken Variabilität ausgegangen wird. In Amatos „Pentagramm der Elternschaft" bedingt die Ausbildung der Eltern das elterliche Einkommen und dieses die Qualität der Eltern-Kind- und der Partnerbeziehung. Letztere werden auch direkt durch die Ausbildung der Eltern beeinflusst.

In einem weiteren Analyseschritt interessierte sich Amato für den spezifischen Beitrag, den Väter und Mütter zur Entwicklung der Kinder leisten. Er testete sein

Modell anhand von fünf abhängigen Variablen: (a) Qualität der Beziehung zu den eigenen Eltern, (b) Qualität der Beziehung zu den Freunden, (c) Lebenszufriedenheit, (d) psychologische Auffälligkeiten und (e) Selbstwertgefühl. Amato greift dabei auf Daten zurück, die im Rahmen der 1980 eingeleiteten Längsschnittstudie „The Study of Marital Instability Over the Life Course" (Booth et al. 1993) an etwa 2.000 verheirateten Personen mit Kindern im Alter zwischen 7 und 19 Jahren erhoben wurden. Amato hat 12 Jahre später, im Jahre 1992, 384 junge Männer und Frauen, die 1980 noch bei ihren beiden Eltern gelebt hatten, erneut untersucht, also in einem Alter von nunmehr 19 bis 31 Jahren (Median = 23 Jahre). Er konnte nachweisen, dass väterliche Ressourcen zwölf Jahre nach der Erstbefragung weiterhin die Ausbildung sowie das Selbstwertgefühl beeinflussen, und dass mögliche psychologische Beeinträchtigungen der jungen Männer kausal mit dem väterlichen Beitrag zusammenhingen. Der mütterliche Einfluss auf die abhängigen Variablen „Qualität der Eltern-Kind-Beziehung" und „Qualität der Beziehung zu den Freunden" ist signifikant größer als der väterliche Einfluss. Beide Elternteile hatten einen gleichen Anteil an der Lebenszufriedenheit der Kinder.

Hawkins und Palkovitz (1997) setzen sich auch mit dem Einwand auseinander, väterliches Engagement impliziere im bisherigen wissenschaftlichen Verständnis zeitliche und direkt beobachtbare Interaktion zwischen Vätern und Kindern, und führen für ihre davon abweichende Auslegung eine Reihe konzeptueller Argumente zum erweiterten Verständnis von väterlichem Engagement an. Väterliches Engagement sollte, den Autoren zufolge, an Dinge gebunden werden, die Väter für ihre Kinder (direkt oder indirekt) tun, inklusive kognitiver (z.B. Planung), affektiver (z.B. Kontrolle von Ärger), sozialer (z.B. Vermittlung bei freundschaftlichen Beziehungen), ethischer (z.B. Demonstration von Altruismus), spiritueller (z.B. Erziehung zum Glauben), physischer (z.B. Betreuung) und instrumenteller (z.B. Reparieren des Fahrrads) Dimensionen.

Eine erweiterte Konzeptualisierung väterlichen Engagements ist nach Palkovitz (1997) aus einer Vielzahl von Gründen von Bedeutung: Sie erlaubt, den Beitrag von Vätern, die räumlich nicht mit ihren Kindern zusammenleben, angemessener zu bestimmen. Ein wachsender Anteil von Kindern und Vätern leben aufgrund hoher Scheidungsraten und einer großen Anzahl außerehelicher Geburten nicht im gleichen Haushalt (Blankenhorn 1995; Depner/Bray 1993; Popenoe 1996). Es gab kaum eine Zeit in den letzten Jahrhunderten, in der so viele Kinder von ihren Eltern (meist von ihren Vätern) getrennt wurden, wie in den letzten 20 Jahren. Möglicherweise ist dies für Hawkins und Palkovitz (1997) einer der Gründe, warum die Untersuchung von Vaterschaft so viel wissenschaftliches Interesse gefunden hat. Die Nachscheidungsforschung zeigt auch in Deutschland (Fthenakis 1998), dass Väter in der Nachscheidungsphase den Kontakt zu ihren Kindern (zu 84%) aufrechterhalten und zu einem erheblichen Teil Betreuungsaufgaben für das Kind übernehmen (Mott 1990). Amato (1997) hat in seiner Literaturanalyse auf den indirekten Einfluss hingewiesen, den außerhalb lebende Väter auf ihre Kinder ausüben. Die Daten der Interviewstudie von Palkovitz (1996b) zeigen auch, dass solche Väter sich als engagiert im Leben ihrer Kinder wahrnehmen und einen qualitativ anderen Entwicklungsverlauf nehmen als Männer ohne Kinder. Auch fanden etliche Studien beim Kind eine starke psychologische Präsenz des außerhalb lebenden Elternteils (Kurdek/Berg 1987). Schließlich haben Studien über Väter im Teenageralter gezeigt, dass sie sich für ihre Kinder interessieren und Verantwortung übernehmen, und sie geben gewöhnlich an, dass sie sich größeres Engagement wünschen, als ihnen ermöglicht wird (Lerman/Ooms 1993; Rhoden/Robinson 1997). Pasley und Minton (1997) berichten, dass geschiedene Väter sich mit großen Hürden hinsichtlich eines kontinuierlichen Engagements im Alltagsleben ihrer Kinder konfrontiert sehen, aber viele arbeiten hart daran, diese zu überwinden.

Differenziertere und stärker integrierte Konzeptualisierungen väterlichen Engagements, welche über die zeitliche und direkt beobachtbare Interaktion hinausreichen, werden gebraucht, um die gelebten Erfahrungen eines großen Anteils von Vätern mit Kindern in der Gesellschaft von heute zu verstehen und um hilfreichere Wege zu finden, dass außerhalb lebende Väter in Beziehung mit ihren Kindern bleiben können und deren Entwicklung in positiver Weise fördern können. Derartige Konzeptualisierungen führen zudem dazu, die entwicklungsbezogenen Herausforderungen besser zu verstehen, mit denen sich diese Väter konfrontiert sehen.

Einen weiteren Zugang zur Konzeptualisierung von Vaterschaft eröffnen struktural-prozessuale Ansätze, wie sie derzeit von Cowan und Cowan (1992), Gottman, Katz und Hooven (1997) oder in Studien wie der LBS-Familien-Studie „Übergang zur Elternschaft" von Fthenakis, Engfer, Kalicki u.a. bzw. der Interventionsstudie des Deutschen Familienverbandes „Wenn aus Partnern Eltern werden" (Fthenakis/Eckert 1997) angewandt werden. Sie konzeptualisieren Vaterschaft innerhalb eines sich entwickelnden Familiensystems und fokussieren fast ausschließlich auf Transitionen im Familienentwicklungsprozess. Den theoretischen Rahmen hierzu bietet der „Family-Transitions"-Ansatz (Cowan/Cowan 1992; vgl. auch Werneck 1997; Wicki 1997). Die Aufgaben, die beim Übergang zur Vaterschaft zur Bewältigung anstehen, betreffen die individuelle, die familiale und die kontextuelle Ebene. Als individuelle Veränderungen werden angesehen: die Neudefinition von Identität und Selbstwertgefühl des Vaters, die Veränderung seiner Lebensziele und die Bewältigung einer übergangsbedingten emotionalen Beunruhigung. Auf der familialen Ebene stehen neben einer Reorganisation des Rollenverhaltens Veränderungen in der Qualität der Partnerbeziehung, der Erwerb neuer Kompetenzen und die Regulation der emotional belasteten Partnerbeziehung als zu bewältigende Aufgaben an. Transitionen leiten Veränderungen ein, die über das enge Familiensystem hinausgreifen: Die Beziehungen zu den eigenen Eltern werden neu organisiert, und es erfolgt häufig eine tief greifende Veränderung des sozialen Netzes. In diesem Kontext gewinnen während der letzten Jahre Studien an Bedeutung, die Zusammenhänge zwischen der Qualität der Partner- und der Vater-Kind-Beziehung untersuchten. Eine Reihe von Studien konnte nämlich nachweisen, dass die Qualität der Partnerbeziehung die Qualität der Vater-Kind-Beziehung beeinflusst. Die Mutter-Kind-Beziehung scheint nicht in diesem Ausmaß davon betroffen zu sein. Belsky, Gilstrap und Rovine (1984) fanden, dass das Engagement des Vaters bei kindbezogenen Aktivitäten positiv mit seinem Engagement in der Partnerbeziehung korrelierte, als das Kind 1, 3 und 9 Monate alt war; diese Zusammenhänge trafen für die Mutter-Kind-Beziehung nur bei den ein Monat alten Kindern zu, nicht jedoch bei älteren Kindern. Auch in einer weiteren Studie konnten Volling und Belsky (1991) einen stärkeren Zusammenhang zwischen der Qualität der Partnerbeziehung einerseits und der Vater-Kind-Beziehung andererseits als zwischen Mutter-Kind-Beziehung und Partnerbeziehung nachweisen. Auch das Ausmaß der kognitiven und emotionalen Unterstützung der Mutter durch den Vater erwies sich als prädiktiv für die Erziehungskompetenz des Vaters. Diese Zusammenhänge konnten in weiteren Studien immer wieder bestätigt werden (Feldman/Nash/Aschenbrenner 1983; Gottman/Katz/Hooven 1997; Lamb/Elster 1985). Auch in der Scheidungsforschung wurde deutlich, dass eine konfliktreiche Partnerbeziehung mit Schwierigkeiten in der Ausgestaltung der Vater-Kind-Beziehung assoziiert ist (Fthenakis 1995).

Ähnlich wie die angelsächsische betrachtet auch die bundesrepublikanische Forschung seit geraumer Zeit die Qualität der Partnerbeziehung als eine wichtige Determinante der Qualität der Eltern-Kind-Beziehung (Herlth 1993; Herlth/Böcker/Ossyssek 1995; Petzold/Nickel 1989). Herlth, Böcker und Ossyssek (1995) haben in Übereinstimmung mit anderen Studien gezeigt, dass die Ehequalität bedeutsamer für die Vater-Kind- als für die Mutter-Kind-Beziehung ist (vgl. auch Belsky/Rovine/Fish 1989; Brody/Pillegrini/Sigel 1986; Goldberg/Easterbrooks 1984).

Im deutschsprachigen Raum ist es insbesondere das Verdienst von Herlth (2001), auf die Zusammenhänge zwischen Ehequalität und Qualität der Vater-Kind-Beziehung hingewiesen zu haben. Er analysierte dazu die Daten der „Bielefelder Ehe- und Familienstudie". Zur Bestimmung der Qualität der Vater-Kind-Beziehung (als Teilaspekt elterlicher Erziehungsqualität) greift Herlth das Unterstützungsverhalten des Vaters als Indikator heraus. Seine Annahme, dass väterliches Unterstützungsverhalten das kindliche Selbstwertgefühl beeinflusst, wird nicht nur durch frühere von ihm zitierte (siehe Herlth 2001; Herlth/Böcker/Ossyssek 1995), sondern auch durch neuere Studien (Amato 1997; Gottman/Katz/Hooven 1997) bestätigt. Die Befunde von Herlth (2001) stützen ferner die Annahme, wonach die Qualität der Vater-Kind-Beziehung mit der Qualität der Partnerbeziehung zusammenhängt. Die Mutter-Kind-Beziehung dagegen scheint von der Qualität der Ehe weniger stark beeinflusst zu werden.

Der von Herlth herangezogene Erklärungsansatz greift auf die infolge fortschreitender Modernisierung der Familie zunehmende „Personalisierung" der Beziehungen zurück, welche Männer veranlasse, ihre Vaterrolle vor allem über den unmittelbaren interpersonalen Umgang mit dem Kind zu definieren und ein liebevolles, unterstützendes Verhalten ihren Kindern gegenüber zu entwickeln. Er unterscheidet zwischen zwei Ebenen väterlicher Familienorientierung: (a) eine veränderte Geschlechtsrollenorientierung der Väter als Antwort auf den offensichtlichen Rollenwandel der Frau und (b) die tatsächliche Beteiligung der Väter im Haushalt. Die vom Autor postulierten Zusammenhänge zwischen Familienorientierung des Vaters und Ehequalität konnten bestätigt werden. Keinen Zusammenhang konnte Herlth zwischen Ehezufriedenheit und dem Ausmaß väterlicher Partizipation im Haushalt nachweisen, was ihn zu der Vermutung veranlasste, die Rollenorientierung und das Ausmaß an innerfamilialer Partizipation der Väter seien Voraussetzung für die Qualität der Vater-Kind-Beziehung sowie väterliche Familienorientierung sei Voraussetzung für die Ehequalität.

In einem Pfadmodell konnte Herlth zeigen, dass das Ausmaß des väterlichen Unterstützungsverhaltens in besonders starker Weise von der Ehezufriedenheit der Mutter bestimmt wird. Unabhängig von der Ehequalität hätten aber auch die Rollenorientierung und das Rollenverhalten des Vaters einen deutlichen eigenständigen Effekt auf die Vater-Kind-Beziehung: Je stärker die Familienorientierung und die Teilnahme des Vaters an Haushaltstätigkeiten ausgeprägt sei, desto stärker werde der Vater von den Kindern als responsiv-unterstützend erfahren. Ferner konnte Herlth indirekte Effekte der Familienorientierung des Vaters auf die Vater-Kind-Beziehung feststellen, die über die Ehequalität und die väterliche Beteiligung im Haushalt vermittelt würden: Die Familienorientierung des Vaters erweise sich sowohl als eine wesentliche Voraussetzung für Ehequalität als auch für die Beteiligung des Vaters an der Arbeit im Haushalt und beeinflusse so mittelbar die Vater-Kind-Beziehung. Damit könne man die Rollenorientierung des Vaters als einen entscheidenden Schlüsselfaktor für die Qualität der Vater-Kind-Beziehung betrachten. Herlth sieht somit die von ihm geäußerte Vermutung als bestätigt an, wonach die Ausgestaltung der Vaterrolle davon abhänge, wie die Väter generell in die Familienstruktur integriert seien. Väter, die von ihren Kindern als besonders unterstützend, d.h. liebevoll, anerkennend, akzeptierend und sensitiv erlebt werden, würden nicht nur mit großer Wahrscheinlichkeit auch von den Müttern als ebensolche Ehepartner erfahren, sondern seien auch stärker in der Binnenwelt der Familie (Haushalt und Kinderbetreuung) präsent und integriert. Für die Qualität der Mutter-Kind-Beziehung konnten Zusammenhänge in dieser Form nicht nachgewiesen werden.

Unbefriedigend bleibt nach wie vor die Beantwortung der Frage, warum diese Zusammenhänge für die Vater-Kind- und weniger für die Mutter-Kind-Beziehung vorzufinden seien. Herlth vertritt in Anlehnung an Böcker, Herlth und Ossyssek (1996) die Auffassung, dass eine „interpersonelle Sensitivität" der Männer als Ergebnis einer Modernisierung der Männerrolle und weniger die Ehequalität dafür verantwortlich sei, dass als Pendant zur Doppelorientierung der Frau die Integration der Väter in die „Beziehungsarbeit" auf der familialen Ebene erfolge: Wenn es zu einer Beeinträchtigung oder einer anderweitig bedingten geringen Ausprägung dieser Sensitivität komme, sei es plausibel, dass dann bei Vätern mögliche Störungen in den Ehebeziehungen mit hoher Wahrscheinlichkeit von Störungen in der Vater-Kind-Beziehung begleitet werden. Dies lasse sich als „binnenfamiliale Desintegration" der Väter bezeichnen. Eine solche Desintegration der Väter auf der Beziehungsebene kann nach Herlth eine Retraditionalisierung der Vaterrolle zur Folge haben, und diese wiederum führe zu einer Verschlechterung der Vater-

Kind-Beziehung. 1996 begann eine interessante Diskussion über mögliche Alternativerklärungen für diese Zusammenhänge, auf die hier nicht näher eingegangen werden kann (vgl. hierzu Cowan 1996; Eisenberg 1996; Gottman/Katz/Hooven 1997; Katz/Gottman/Hooven 1996).

Zusammenfassung

In diesem Beitrag wurde auf einige Arbeiten hingewiesen, die seit einigen Jahren die Diskussion um die (Neu-)Konzeptualisierung väterlichen Engagements und generell von Vaterschaft bestimmen und die gegenwärtig zur Befürwortung eines erweiterten Vaterschaftskonzeptes führen, das (zumindest) folgenden Anforderungen genügen sollte: Die bisherige Rolle des Vaters als „Ernährer" der Familie ist als ein Bestandteil (von mehreren) guter Vaterschaft anzusehen (Christiansen 1997; Popenoe 1996); sowohl direkte als auch indirekte Beiträge des Vaters sind zu berücksichtigen; psychologischen, affektiven, kognitiven, ethischen und spirituellen Manifestationen väterlicher Beteiligung ist verstärkte Aufmerksamkeit zu schenken; und die besondere Situation von außerhalb lebenden Vätern ist zu berücksichtigen. Vaterschaft sollte unter Einbeziehung der anderen Familienmitglieder und in unterschiedlichen Phasen des Familienentwicklungsprozesses konzeptualisiert werden. Das Konzept sollte ferner erlauben, nicht nur objektive Maße väterlicher Beteiligung, sondern auch subjektive Bewertungsmuster der Beteiligten über Vaterschaft zu erfassen. Väterliches Engagement sollte in seiner Einzigartigkeit (Popenoe 1996) und nicht (wie in manchen Fällen) relativ zum mütterlichen Engagement betrachtet werden (Hawkins/Palkovitz 1997). Schließlich sollte väterliches Engagement in unterschiedlichen historischen, kulturellen und sozialen Kontexten betrachtet werden. Bisherige Arbeiten, die das Ausmaß der in direkter Interaktion mit dem Kind verbrachte Zeit als zentrales Kriterium zur Bestimmung väterlichen Engagements verwenden, erlauben keine angemessene Einschätzung von Vätern für ihre Kinder und ihre Familien. Eine erweiterte Konzeptualisierung väterlicher Beteiligung wird hingegen erhebliche theoretische und praktische Vorteile mit sich bringen und uns helfen, den Beitrag des Vaters innerhalb der Familie und für die Entwicklung des Kindes angemessener zu untersuchen.

Literatur

Amato, P.R.: More than money? Men's contributions to their children's lives. In: Booth, A./Crouter, A.C. (Hrsg.): Men in families: When do they get involved? What difference does it make? Hillsdale: Erlbaum 1997

Amato, P.R./Booth, A.: A generation of risk: Growing up in an era of family upheaval. Cambridge: Harvard University Press 1997

Bacher, J./Wilk, L.: Kleinstkindbetreuung in Oberösterreich. Projektbericht. Linz: Selbstverlag 1991

Bacher, J./Wilk, L.: „Neue" Väter? – ... nur dann, wenn es unbedingt sein muss ... In: Walter, H. (Hrsg.): Männer als Väter. Konstanz: Universitätsverlag 1997

Barrett, R.L./Robinson, B.E.: Gay dads. In: Gottfried, A.E./Gottfried, A.W. (Hrsg.): Redefining families – Implications for children's development. London: Plenum 1994, S. 157-170

Becker, G.S.: A treatise on the family. Cambridge: Harvard University Press 1991

Belsky, J.: The determinants of parenting: A process model. Child Development 1984, 55, S. 83-96

Belsky, J./Gilstrap, B./Rovine, M.: The Pennsylvania Infant and Family Development Project: Instability and change in mother-infant and father-infant interaction in a family setting at one, three and nine months. Child Development 1984, 55, S. 692-705

Belsky, J./Rovine, M./Fish, J.: The developing family system. In: Gunnar, M. (Hrsg.): Minnesota Symposia of Child Psychology, Bd. 22: Systems and development. Hillsdale: Erlbaum 1989, S. 119-166

Berk, S.F.: The gender factory. London: Plenum 1985

Biller, H.B./Kimpton, J.L.: The father and the school-aged child. In: Lamb, M.E. (Hrsg.): The role of the father in child development. New York: Wiley 1997, S. 143-161

Blair, S.L./Johnson, M.P.: Wives' perceptions of the fairness of the division of household labor: The intersection of housework and ideology. Journal of Marriage and the Family 1992, 54, S. 570-581

Blair, S.L./Lichter, D.T.: Measuring the division of housework: Gender segregation of housework among American couples. Journal of Family Issues 1991, 12, S. 91-113

Blankenhorn, D.: Fatherless America: Confronting our most urgent social problem. New York: Basic Books 1995

Böcker, S./Herlth, A./Ossyssek, F.: Modernität der Familie und Kompetenzentwicklung von Kindern – Konsequenzen familialer Rollenarrangements für die Entwicklung von Kindern. Zeitschrift für Sozialisationsforschung und Erziehungssoziologie 1996, 16, S. 270-283

Booth, A./Amato, P.R./Johnson, D.R./Edwards, J.N.: Marital instability over the life course: Methodology report for fourth wave. Lincoln: University of Nebraska-Lincoln, Department of Sociology 1993

Booth, A./Crouter A.C.: Men in families: When do they get involved? What difference does it make? Hillsdale: Erlbaum 1997

Bozett, F.W.: Gay fathers: A review of the literature. Journal of Homosexuality 1989, 18, S. 137-162

Brody, G.H./Pillegrini, A.D./Sigel, I.E.: Marital quality and mother-child interactions and father-child interactions with school-aged children. Developmental Psychology 1986, 22, S. 291-296

Brody, G.H./Stoneman, Z./Flor, D./McCrary, C./Hastings, L./Conyers, O.: Financial resources, parent psychological functioning, parent co-caregiving, and early adolescent competence in rural two-parent African-American families. Child Development 1994, 65, S. 590-605

Bruce C./Fox, G.L.: Measuring parental involvement among low-income White and African-American fathers. Vortrag auf der 59. Annual Conference of the National Council on Family Relations „Fatherhood and motherhood in a diverse and changing world". Arlington, 7-10.11.1997

Burden, D.D.: Single parents and the work setting: The impact of multiple jobs and homelife responsibilities. Family Relations 1986, 35, S. 37-43

Busch, S./Hess-Diebäcker, D./Stein-Hilbers, M.: Den Männern die Hälfte der Familie, den Frauen mehr Chancen im Beruf. Weinheim: Deutscher Studien Verlag 1988

Christiansen, S.L.: Re-valuing the „good provider" role: Family and economic policy. Vortrag auf der 59. Annual Conference of the National Council on Family Relations „Fatherhood and motherhood in a diverse and changing world". Arlington, 7-10.11.1997

Christiansen, S.L./Palkovitz, R.: Re-valuing the „good provider" role. Family and policy implications. Vortrag auf der 59. Annual Conference of the National Council on Family Relations „Fatherhood and motherhood in a diverse and changing world". Arlington, 7-10.11.1997

Cohen, T.F.: What do fathers provide? Reconsidering the economic and nurturant dimensions of men as parents. In: Hood, J.C. (Hrsg.): Men, work, and family. Newbury Park: Sage 1993, S. 1-22

Cohen, T.F./Dolgin, K.G./Gaze, C.: Both sides now: A two-generational assessment of emotional and psychological dimensions of father involvement. Vortrag auf der 59. Annual Conference of the National Council on Family Relations „Fatherhood and motherhood in a diverse and changing world". Arlington, 7-10.11.1997

Coltrane, S./Ishii-Kuntz, M.: Men's housework: A life course perspective. Journal of Marriage and the Family 1992, 54, S. 43-58

Coverman, S.: Explaining husbands' participation in domestic labor. Sociological Quarterly 1985, 26, S. 81-97

Cowan, P.A.: Meta-thoughts on the role of meta-emotion in children's development: Comment on Gottman et al. (1996). Journal of Family Psychology 1996, 10, S. 277-283

Cowan, C.P./Cowan, P.A.: Men's involvement in parenthood. In: Berman, P.W./Pedersen, F.A. (Hrsg.): Men's transition to parenthood. Hillsdale: Erlbaum 1987, S. 145-174

Cowan, C.P./Cowan, P.A.: When partners become parents: The big life change for couples. New York: Basic Books 1992

Crouter, A.C./Crowley, M.S.: School-age children's time alone with fathers in single- and dual-earner families: Implications for the father-child relationship. Journal of Early Adolescence 1990, 10, S. 296-312

Crouter, A.C./Perry-Jenkins, M./Huston, T.L./McHale, S.M.: Processes underlying father involvement in dual-earner and single-earner families. Developmental Psychology 1987, 23, S. 431-440

Daly, K.J./Dienhart, A.: Stepping in time: The dance of father involvement. Vortrag auf der 59. Annual Conference of the National Council on Family Relations „Fatherhood and motherhood in a diverse and changing world". Arlington, 7-10.11.1997

Depner, C.E./Bray, J.H.: Nonresidential parenting: Multidimensional approaches in research, policy, and practice. In: Depner, C.E./Bray, J.H. (Hrsg.): Nonresidential parenting. New vistas in family living. Newbury Park: Sage 1993, S. 182-202

Deutsch, F.M./Lozy, J.L./Saxon, S.: Taking credit: Couples' reports of contributions to child care. Journal of Family Issues 1993, 14, S. 421-437

Doherty, W.J./Kouneski, E.F./Erickson, M.F.: Responsible fathering: An overview and conceptual framework. Report delivered to the Administration for Children and Families. Washington: Department of Health and Human Services 1996

Dollahite, D.C.: A conceptual ethic or responsible fathering as generative work. Vortrag auf der 59. Annual Conference of the National Council on Family Relations „Fatherhood and motherhood in a diverse and changing world". Arlington, 7-10.11.1997

Dollahite, D.C./Hawkins, A.J./Brotherson, S.E.: Fatherwork: A conceptual ethic of fathering as generative work. In: Hawkins. A.J./Dollahite, D.C. (Hrsg.): Generative fathering: Beyond deficit perspectives. Thousand Oaks: Sage 1997, S. 17-35

Douthitt, R.A.: The division of labor within the home: Have gender roles changed? Sex Roles 1989, 20, S. 693-704

Eisenberg, N.: Meta-emotion and socialization of emotion in the family – A topic whose time has come: Comment on Gottman et al. (1996). Journal of Family Psychology 1996, 10, S. 269-276

Erikson, E.: Childhood and Society. New York: Norton 1963

Fassinger, P.A.: Meanings of housework for single fathers and mothers. In: Hood, J.C. (Hrsg.): Men, work, and family. London: Sage 1994, S. 195-216

Feldman, S.S./Nash, S.C./Aschenbrenner, B.G.: Antecedents of fathering. Child Development 1983, 54, S. 1628-1636

Ferree, M.M.: The gender division of labor in two earner marriages: Dimensions of variability and change. Journal of Family Issues 1991, 12, S. 158-180

Fthenakis, W.E.: Väter. 2 Bde. München: Urban/Schwarzenberg 1985

Fthenakis, W.E.: Ehescheidung als Transition im Familienentwicklungsprozess. In: Perrez, M./Lambert, J.-L./Ermert, C./Plancheral, B. (Hrsg.): Familie im Wandel. Freiburger Beiträge zur Familienforschung. Bern: Huber 1995, S. 63-95

Fthenakis, W.E.: Intergenerative familiale Beziehungen nach Scheidung und Wiederheirat aus Sicht der Großeltern. Zeitschrift für Sozialisationsforschung und Erziehungssoziologie 1998, 18, S. 152-167

Fthenakis, W.E./Eckert, M.: Präventive Hilfen für Familien in Familienbildung und Beratung. In: Macha, H./Mauermann, L. (Hrsg.): Brennpunkte der Familienerziehung. Weinheim: Deutscher Studien Verlag 1997, S. 219-239

Fthenakis, W.E./Niesel, R./Kunze, H-R.: Ehescheidung – Konsequenzen für Eltern und Kinder. München: Urban/Schwarzenberg 1982

Fthenakis, W.E./Oberndorfer, R.: Alleinerziehende Väter. In: Ries, R. von/Fiedler, K. (Hrsg.): Die verletzlichen Jahre. Handbuch zur Seelsorge an Kindern und Jugendlichen. München: Kaiser 1992

Gershuny, J./Robinson, J.P.: Historical changes in the household division of labor. Demography 1988, 25, S. 537-552

Goldberg, W.A./Easterbrooks, M.A.: The role of marital quality in toddler development. Developmental Psychology 1984, 20, S. 504-514

Greenstein, T.N.: Husbands' participation in domestic labor: Interactive effects of wives' and husbands' gender ideologies. Journal of Marriage and the Family 1996, 58, S. 585-595

Griebel, W.: Aufgabenteilung in der Familie: Was übernehmen Mutter, Vater, Kind (und Großmutter)? Zeitschrift für Familienforschung 1991, 3, S. 21-53

Gottman, J.M./Katz, L.F./Hooven, C.: Meta-emotion. How families communicate emotionally. Mahwah: Erlbaum 1997

Harris, K.M./Morgan, S.P.: Fathers, sons and daughters: Differential paternal involvement in parenting. Journal of Marriage and the Family 1991, 53, S. 531-544

Hawkins, A.J./Dollahite, D.C.: Generative fathering: Beyond deficit perspectives. Thousand Oaks: Sage 1997

Hawkins, A.J./Palkovitz, R.: Beyond ticks and clicks: The need for more diverse and broader conceptualizations and measures of father involvement. Vortrag auf der 59. Annual Conference of the National Council on Family Relations „Fatherhood and motherhood in a diverse and changing world". Arlington, 7-10.11.1997

Herlth, A.: Die Bedeutung von Partnerbeziehungen für die Qualität der Familienerziehung. Aus Politik und Zeitgeschichte 1993, B17, S. 23-39

Herlth, A.: Ressourcen der Vaterrolle – familiale Bedingungen der Vater-Kind-Beziehung. In: Walter, H. (Hrsg.): Männer als Väter. Konstanz: Universitätsverlag 2001

Herlth, A./Böcker, S./Ossyssek, F.: Ehebeziehungen und Kompetenzentwicklung von Kindern. In: Nauck, B./Onnen-Isemann, C. (Hrsg.): Familie im Brennpunkt von Wissenschaft und Forschung. Neuwied: Luchterhand 1995, S. 221-235

Hiller, D.V./Philliber, W.W.: The division of labor in contemporary marriage: Expectations, perceptions, and performance. Social Problems 1986, 33, S. 191-201

Hochschild, A.R.: The economy of gratitude. In: Franks, D.D./McCarthy, E.D. (Hrsg.): The sociology of emotions: Original essays and research papers. Greenwich: JAI Press 1989a, S. 95-113

Hochschild, A.R.: The second shift: Working parents and the revolution at home. New York: Viking 1989b

Höpflinger, F./Charles, M.: Innerfamiliale Arbeitsteilung. Mikro-soziologische Erklärungsansätze und empirische Beobachtung. Zeitschrift für Familienforschung 1990, 2, S. 87-113

Hosley, C.A./Montemayor, R.: Fathers and adolescents. In: Lamb, M.E. (Hrsg.): The role of the father in child development. New York: Wiley 1997, S. 162-178

Ihinger-Tallman, M./Pasley, K./Buehler, C.: Developing a middle-range theory of father involvement postdivorce. Journal of Family Issues 1993, 14, S. 550-571

Jain, A./Belsky, J./Crnic, K.: Beyond fathering behaviors: Types of dads. Journal of Family Psychology 1996, 10, S. 431-442

Kamo, Y.: Determinants of household division of labor. Journal of Family Issues 1988, 9, S. 177-200

Katz, L.F./Gottman, J.M./Hooven, C.: Meta-emotion philosophy and family functioning: Reply to Cowan (1996) and Eisenberg (1996). Journal of Psychology 1996, 10, S. 284-291

Keddi, B./Seidenspinner, G.: Arbeitsteilung und Partnerschaft. In: Bertram, H. (Hrsg.): Die Familie in Westdeutschland. Stabilität und Wandel familialer Lebensformen. Opladen: Leske/Budrich 1991, S. 159-192

Kössler, R.: Arbeitsbedingungen ausgewählter privater Haushalte in Baden-Württemberg. Materialien und Berichte der Familienwissenschaftlichen Forschungsstelle, Heft 12. Stuttgart: Statistisches Landesamt Baden-Württemberg 1984

Kotelchuck, M.: The infant's relationship to the father: Experimental evidence. In: Lamb, M.E. (Hrsg.): The role of the father in child development. New York: Wiley 1976, S. 329-344

Krüsselberg, H.G./Auge, M./Hilzenbrecher, M.: Verhaltenshypothesen und Familienzeitbudgets. Die Ansatzpunkte der "Neuen Haushaltsökonomik" für Familienpolitik. Schriftenreihe des Bundesministers für Jugend, Familie und Gesundheit, Bd. 182. Stuttgart: Kohlhammer 1986

Künzler, J.: Familiale Arbeitsteilung. Die Beteiligung von Männern an der Hausarbeit. Bielefeld: Kleine 1994

Künzler, J.: Geschlechtsspezifische Arbeitsteilung: Die Beteiligung von Männern im Haushalt im internationalen Vergleich. Zeitschrift für Frauenforschung 1995, 13, S. 115-132

Kurdek, L.A./Berg, B.: Children's Beliefs About Parental Divorce Scale: Psychometric characteristics and concurrent validity. Journal of Consulting and Clinical Psychology 1987, 55, S. 712-718

Lamb, E.M. (Hrsg.): The role of the father in child development. New York: Wiley 1976

Lamb, E.M.: Father-infant and mother-infant interaction in the first year of life. Child Development 1977, 48, S. 167-181

Lamb, M.E.: Fathers and child development: An integrative overview. In: Lamb, M.E. (Hrsg.): The role of the father in child development. New York: Wiley 1981, S. 1-70

Lamb, M.E.: The changing roles of fathers. In: Lamb, M.E. (Hrsg.): The father's role. Applied perspectives. New York: Wiley 1986, S. 3-28

Lamb, M.E.: The father's role: Cross-cultural perspectives. Hillsdale: Erlbaum 1987

Lamb, M.E./Elster, A.B.: Adolescent mother-infant-father relationships. Developmental Psychology 1985, 21, S. 768-773

LaRossa, R.: Fatherhood and social change. Family Relations 1988, 37, S. 451-457

LaRossa, R.: The modernization of fatherhood. Chicago: University of Chicago Press 1997

Lerman, R.L./Ooms, T.J.: Young unwed fathers. Philadelphia: Temple University Press 1993

Levine, J.A./Pitt, E.W.: New expectations: Community strategies for responsible fatherhood. New York: Families and Work Institute 1995

Lewis, C.: Fathers and preschoolers. In: Lamb, M.E. (Hrsg.): The role of the father in child development. New York: Wiley 1997, S. 121-142

Marsiglio, W.: Parental engagement activities with minor children. Journal of Marriage and the Family 1991, 53, S. 973-986

Metz-Göckel, S./Müller, U.: Der Mann. Die BRIGITTE-Studie. Weinheim: Beltz 1986

Meyer, S./Schulze, E.: Nichteheliche Lebensgemeinschaften. Eine Möglichkeit zur Veränderung des Geschlechterverhältnisses? Kölner Zeitschrift für Soziologie und Sozialpsychologie 1988, 40, S. 337-356

Minton, C./Pasley, K.: Father's parenting role identity and father involvement: A comparison of nondivorced and divorced nonresident fathers. Journal of Family Issues 1996, 17, S. 26-45

Mott, F.L.: When is a father really gone? Paternal-child contact in father-absent homes. Demography 1990, 27, S. 499-517

Nauck, B.: Erwerbstätigkeit und Familienstruktur. Eine empirische Analyse des Einflusses familiärer Ressourcen auf die Familien und die Belastung von Vätern und Müttern. München: DJI-Verlag 1987

Nave-Herz, R.: Die Bedeutung des Vaters für den Sozialisationsprozess seiner Kinder – Eine Literaturexpertise. HG-Materialien zur Frauenforschung, Bd. 3. Hannover: Institut Frau und Gesellschaft 1985, S. 45-75

Nugent, J.K.: Cultural and psychological influences on the father's role in infant development. Journal of Marriage and the Family 1991, 53, S. 475-485

Oberndorfer, R.: Aufgabenteilung in Partnerschaften. In: Nauck, B. (Hrsg.): Lebensgestaltung von Frauen. Eine Regionalanalyse zur Integration von Familien- und Erwerbstätigkeit im Lebensverlauf. München: Juventa 1993, S. 145-175

ÖAKT (Hrsg.): Elternberufstätigkeit und Kindesentwicklung. Wien: Selbstverlag 1988

ÖSTZ (Hrsg.): Haushalt – Kinder – Beruf. Ergebnisse des Mikrozensus 1983. Beiträge zur österreichischen Statistik, Heft 775. Wien: Selbstverlag 1985

Palkovitz, R.: Predictors of Involvement in first time fathers. Dissertation Abstracts International 1980, 41, 096

Palkovitz, R.: Parental attitudes and fathers' interactions with their 5-month-old infants. Developmental Psychology 1984, 20, S. 1054-1091

Palkovitz, R.: Men's perceptions of the effects of fathering on their adult development and lifecourse. Vortrag beim National Council on Family Relations in Minneapolis, November 1994

Palkovitz, R.: Parenting as a generator of adult development: Conceptual issues and implications. Journal of Social and Personal Relationships 1996a, 13, S. 571-592

Palkovitz, R.: Provisional balances: Fathers' perceptions of the politics and dynamics of involvement in family and career development. Vortrag auf der Annual Conference des National Council on Family Relations. Kansas City, November 1996b

Palkovitz, R.: Reconstructing „involvement": Expanding conceptualizations of men's caring in contemporary families. In: Hawkins, A.J./Dollahite, D.C. (Hrsg.): Generative fathering: Beyond deficit perspectives. Thousand Oaks: Sage 1997, S. 200-216

Palkovitz, R./Christiansen, S./Dunn, C.: Provisional balances: Fathers' perceptions of the politics and dynamics of involvement in family and career development. Michigan Family Review 1998, 3, S. 45-64

Parke, R.D.: Fathers and families. In: Bornstein, M.H. (Hrsg.): Handbook of parenting, Bd. 3: Status and social conditions of parenting. Mahwah: Erlbaum 1995, S. 27-63

Parsons, T./Bales, R.F.: Family socialization and interaction process. Glencoe: Free Press 1955

Pasley, K./Minton, C.: Generative fathering after divorce and remarriage: Beyond the „disappearing dad". In: Hawkins, A.J./Dollahite, D.C. (Hrsg.): Generative fathering: Beyond deficit perspectives. Thousand Oaks: Sage 1997, S. 118-133

Perry-Jenkins, M./Crouter, A.C.: Men's provider-role attitudes: Implications for household work and marital satisfaction. Journal of Family Issues 1990, 11, S. 136-156

Petzold, M./Nickel, H.: Grundlagen und Konzept einer entwicklungspsychologischen Familienforschung. Psychologie in Erziehung und Unterricht 1989, 36, S. 241-257

Pleck, J.H.: Working wives/working husbands. London: Sage 1985

Pleck, J.H.: Are „family-supportive" employer policies relevant to men? In: Hood, J.C. (Hrsg.): Men, work, and family. London: Sage 1993, S. 217-237

Pleck, J.H.: Paternal involvement: Levels, sources, and consequences. In: Lamb, M.E. (Hrsg.): The role of the father in child development. New York: Wiley 1997, S. 66-103

Popenoe, D.: Life without father. Compelling new evidence that fatherhood and marriage are indispensable for the good of children and society. New York: The Free Press 1996

Presser, H.B.: Employment schedules among dual-earner spouses and the division of household labor by gender. American Sociological Review 1994, 59, S. 348-364

Pross, H.: Die Männer. Eine repräsentative Untersuchung über die Selbstbilder von Männern und ihr Bild von der Frau. Reinbek: Rowohlt 1978

Radin, N.: Primary-caregiving fathers in intact families. In: Gottfried, A.E./Gottfried, A.W. (Hrsg.): Redefining families: Implications for children's development. New York: Plenum 1994, S. 11-54

Radin, N./Russell, G.: Increased father participation and child development outcomes. In: Lamb, M.E./Sagi, A. (Hrsg.): Fatherhood and social policy. Hillsdale: Erlbaum 1983, S. 191-218

Rhoden, J.L./Robinson, B.E.: Teen dads: A generative fathering perspective versus the deficit myth. In: Hawkins, A.J./Dollahite, D.C. (Hrsg.): Generative fathering: Beyong deficit perspectives. Thousand Oaks: Sage 1997, S. 105-117

Risman, B./Schwartz, P. (Hrsg.): Gender in intimate relationships: A microstructural approach. Belmont: Wadsworth 1989

Robinson, J.P.: Who's doing the housework? American Demographics 1988, 10, S. 24-28

Robinson, P./Andreyenkov, V.G./Patrushev, V.D.: The rhythm of everyday life: How Soviet and American citizens use time. Boulder: Westview 1988

Ross, C.E.: The division of labor at home. Social Forces 1987, 65, S. 816-833

Russell, G.: Problems in role-reserved families. In: Lewis, C./O'Brien, M. (Hrsg.): Reassessing fatherhood: New observations on fathers and the modern family. London: Sage 1987, S. 161-182

Ryffel-Gericke, C.: Männer in Familie und Beruf. Diesenhofen: Rüegger 1983

Schmidt-Denter, U.: Die soziale Umwelt des Kindes. Berlin: Springer 1984

Schulz, R.: Unterschiede in der Zeiteinteilung von erwerbstätigen Frauen und deren Entlastung durch Partner und/oder Kinder. Zeitschrift für Bevölkerungswissenschaft 1990, 16, S. 207-236

Snarey, J.: How fathers care for the next generation: A four decade study. Cambridge: Harvard University Press 1993

Strümpel, B./Prenzel, W./Schulz, J. et al.: Teilzeit arbeitende Männer und Hausmänner. Beiträge zur Sozialökonomik der Arbeit, Band 16. Berlin: Ed. Sigma 1988

Thiessen, V./Rohlinger, H.: Die Verteilung von Aufgaben und Pflichten im ehelichen Haushalt. Kölner Zeitschrift für Soziologie und Sozialpsychologie 1988, 40, S. 640-658

Thompson, L./Walker, A.J.: Gender in families. Journal of Marriage and Family 1989, 51, S. 845-871

US Bureau of Census: Who's minding the kids? Child care arrangement: Winter 1986-1987. Current Population Reports, Series TP-70, Nr. 20. Washington: Selbstverlag 1990

van der Lippe, T./Siegers, J.J.: Division of household and paid labor between partners: Effects of relative wage rates and social norms. Kyklos 1994, 47 (1), S. 109-136

Volling, B.L./Belsky, J.: Multiple determinants of father involvement during infancy in dual-earner and single-earner families. Journal of Marriage and the Family 1991, 53, S. 461-474

Volling, B.L./Belsky, J.: The contribution of mother-child relationships to the quality of sibling interaction: A longitudinal study. Child Development 1992, 63, S. 1209-1222

Werneck, H.: Belastungsaspekte und Gratifikationen beim Übergang zur Vaterschaft. Psychologie in Erziehung und Unterricht 1997, 44, S. 276-288

West, C./Zimmermann, D.: Doing gender. Gender and Society 1987, 1, S. 125-151

Wicki, W.: Übergänge im Leben der Familie. Veränderungen bewältigen. Bern: Huber 1997

Woodworth, S./Belsky, J./Crnic, K.: The determinants of fathering during the child's second and third years of life: A developmental analysis. Journal of Marriage and the Family 1996, 58, S. 679-692

James A. Levine und Todd L. Pittinsky[*]

Vaterschaft und Erwerbstätigkeit

Der Eintritt von Frauen in den Arbeitsmarkt war in vielen Staaten eine der wichtigsten Veränderungen der sozialen und ökonomischen Landschaft, die sich in den letzten 50 Jahren zugetragen haben. Vor allem die Berufstätigkeit von Müttern mit kleinen Kindern bedeutet eine signifikante Veränderung – mit einschneidenden Konsequenzen für Frauen, ihre Familien und die Arbeitsplätze. In der Folge befasste sich eine Unmenge an Forschungsarbeiten und Publikationen mit der Schnittstelle zwischen Mutterschaft und Erwerbstätigkeit sowie den wechselseitigen Auswirkungen.

Erst seit kürzerem beschäftigen sich wissenschaftliche und andere Publikationen mit dem Schnittpunkt zwischen Vaterschaft und Beruf. Obwohl es keine revolutionierende Veränderung hinsichtlich des Prozentsatzes erwerbstätiger Väter gegeben hat, fand ein wichtiger evolutionärer Wandel bei dem statt, was Männer heute fühlen: einen zunehmenden Grad an Konflikt zwischen Beruf und Familie. Dieser Konflikt ist das Ergebnis von evolutionären Veränderungen bei dem, was Väter heute hinsichtlich ihrer beruflichen und familialen Verpflichtungen wollen und was sie heute tun. Diese Veränderungen machen es dringend notwendig, dass Wissenschaft und Praxis, die sich den Erfahrungen und Bedürfnissen erwerbstätiger Väter widmen, gefördert und vorangebracht werden.

In diesem Kapitel untersuchen wir „berufstätige Väter". Wir diskutieren drei Themen an der Schnittstelle zwischen Vaterschaft und Beruf. Zuerst behandeln wir, wie Männer Vaterschaft und Erwerbstätigkeit heute erfahren, insbesondere den Grad an Konflikt, den Männer erleben, wenn sie diese vielfältigen Verpflichtungen managen. Als Nächstes diskutieren wir die unsichtbare Natur dieses Konfliktes, wobei wir mehrere Gründe herausfinden, weshalb Wissenschaftler und Praktiker oft die Schnittstelle von Vaterschaft und Beruf übersehen haben. Als Drittes und Letztes fassen wir die Gründe zusammen, weshalb Forscher und Praktiker Väter in die Beruf-Familie-Gleichung einbringen und den Schnittpunkt von Vaterschaft und Erwerbstätigkeit angehen sollten. Diese drei Themen wurden als Schwerpunkte für das Kapitel ausgesucht, weil sie der Leserin/dem Leser eine wertvolle Einführung

---

[*] Übersetzt aus dem Amerikanischen von Martin R. Textor. Teile dieses Kapitels erschienen zuvor in dem Buch „Working fathers: New strategies for balancing work and family" (Levine/Pittinsky 1997).

in die Thematik und einen Überblick bieten. An anderer Stelle (siehe Levine/ Pittinsky 1997) werden weitere wichtige Dynamiken hinsichtlich Vaterschaft und Beruf detailliert behandelt, z.b. praktische Strategien, wie Männer und Frauen ihre beruflichen und familialen Anforderungen besser managen können. Ferner werden dort praxisbezogene Strategien diskutiert, wie Arbeitgeber „väterfreundliche" Arbeitsplätze schaffen können. Schließlich werden in diesem Buch besonders komplexe Aspekte behandelt, z.b. die Anforderungen an allein erziehende Väter.

Das vorliegende Kapitel greift auf Ergebnisse eines bedeutenden Forschungsprojekts über Männer, Beruf und Familie zurück: „The Fatherhood Project®", das vom Families and Work Institute (FWI) durchgeführt wurde. Es wurden sowohl qualitative als auch quantitative Forschungsmethoden eingesetzt. Qualitative Daten wurden durch Interviews mit einer Stichprobe erwerbstätiger Väter und durch Fallstudien anhand einer Stichprobe von Arbeitsplätzen gesammelt. Die Untersuchungsstichprobe der Väter war vielfältig und ausbalanciert, sodass sie Männer verschiedenen Alters, aus unterschiedlichen Ethnien und mit verschiedenen Berufen umfasste. Die Stichprobe der Arbeitsplätze war ebenfalls vielfältig und ausbalanciert, sodass sie unterschiedlich große Organisationen aus verschiedenen Sektoren enthielt, einschließlich for-profit, non-profit und öffentliche Arbeitsplätze. Quantitative Daten wurden aus der Analyse der „National Study of the Changing Workforce" (NSCW) des Families and Work Institute gewonnen. Hierbei handelt es sich um die Untersuchung einer für die USA repräsentativen Stichprobe von Arbeitskräften. Die Befragung wurde erstmalig 1992 durchgeführt, 1997 wiederholt und wird nun alle fünf Jahre wiederholt werden, um Trends ermitteln zu können. Die Untersuchung ist die umfassendste ihrer Art, die seit dem „Quality of Employment Survey" des U.S. Department of Labor von 1977 in den USA durchgeführt wurde. Eine detaillierte Darstellung des Forschungsprojekts und seiner Ergebnisse findet sich an anderer Stelle (siehe Bond/Galinsky/Swanberg 1998; Levine/Pittinsky 1997).

Vaterschaft und Erwerbstätigkeit: arbeitende Väter und der Beruf-Familie-Konflikt

Wie erleben Männer heute Vaterschaft und Berufstätigkeit? Von Konflikten, die aus den Anforderungen resultieren, sowohl berufliche als auch familiale Verpflichtungen zu managen, wird oft angenommen, dass sie nur erwerbstätige Frauen betreffen. Tatsächlich ist die Vorstellung, dass die Vereinbarkeit von Familie und Beruf ein „Frauenthema" sei, so tief verwurzelt, dass Wissenschaftler und Arbeitgeber, die mehr über ihre Arbeitskräfte erfahren wollten, traditionell nur ihre weiblichen Arbeitskräfte nach dem Konflikt zwischen Beruf und Familie gefragt haben. Wenn jedoch Unternehmen einmal ihre männlichen Arbeitnehmer befragen – womit sie kürzlich begonnen haben – ist das Ausmaß des von erwerbstätigen Vätern berichteten Konflikts zwischen Beruf und Familie genauso groß wie das von erwerbstätigen Müttern genannte Ausmaß. Beispielsweise befragte die Firma Merck & Co. Mitte der 80er Jahre ihre Arbeitnehmer/innen und fand heraus, dass 40 % der Männer und

37 % der Frauen mit minderjährigen Kindern großen Konflikt zwischen Beruf und Familie erlebten (nach Friedman 1991). Als 1987 ein öffentliches Versorgungsunternehmen seine 1.600 Arbeitnehmer/innen befragte, berichteten 36 % der Väter (im Vergleich zu 37 % der Mütter) von viel Stress hinsichtlich des Ausbalancierens von Beruf und Familienleben (nach Pleck 1993). Ein Jahr später, 1998, ergab auch eine Mitarbeiterbefragung bei DuPont, dass sich eine vergleichbare Zahl von Männern und Frauen Sorgen wegen der Vereinbarkeit von Beruf und Familie machte (nach Levine/Pittinsky 1997).

Die Ergebnisse dieser Untersuchungen sind beeindruckend, jedoch bezogen sie sich alle nur auf einzelne Unternehmen, die möglicherweise progressiver gestaltete Arbeitsplätze anbieten. Ist dieser überraschend hohe Grad an Konflikt zwischen Beruf und Familie charakteristisch für Väter in der gesamten Arbeitnehmerschaft? Dieser Frage ging das Families and Work Institute mit „The National Study of the Changing Workforce" (NSCW) nach, bei der eine nach dem Zufallsprinzip zusammengestellte Stichprobe von mehr als 3.500 US-amerikanischen Arbeitskräften befragt wurde. Hinsichtlich des Ausmaßes an Konflikt zwischen Beruf und Familie, wie er von Frauen und Männern in Doppelverdiener-Familien erlebt wird, wurden keine signifikanten Unterschiede zwischen Müttern und Vätern mit mindestens einem minderjährigen Kind im Haushalt gefunden: 1992 berichteten fast 20 % der erwerbstätigen Väter und Mütter von „viel Konflikt" und mehr als 40 % von „etwas Konflikt", zusammen also 60 %. Im Jahr 1997 lag dieser Wert schon bei 70 %, und wieder gab es keine signifikanten Unterschiede zwischen Müttern und Vätern hinsichtlich des Ausmaßes des Konfliktes.

Interessanterweise ergab eine weitere Analyse des NSCW, dass der von einem Vater erlebte Konflikt zwischen Beruf und Familie nicht dadurch beeinflusst wird, ob seine Frau Vollzeit oder Teilzeit beschäftigt ist oder überhaupt nicht arbeitet. Das ist außerordentlich aufschlussreich: Wenn wir einen signifikant niedrigeren Grad an Konflikt bei Vätern ermittelt hätten, deren Frauen nur zu Hause arbeiten, ließe dies vermuten, dass der Konflikt zwischen Beruf und Familie bei Männern weitgehend durch den Mangel an Zeit und Ressourcen bestimmt ist. Die Tatsache, dass wir das gleiche Ausmaß an Konflikt zwischen Beruf und Familie bei Vätern, deren Frauen nicht außerhäuslich arbeiten, wie auch bei Vätern, deren Frauen Vollzeit oder Teilzeit erwerbstätig sind, beobachten, lässt vermuten, dass dieser Konflikt heute wenigstens zum Teil das Ergebnis eines zugrunde liegenden Wertewandels bei Männern und nicht einfach nur das Resultat von Zeitmangel ist. Heute erleben 67 % der Väter in „traditionellen" Familien – wo die Mutter ganztags zu Hause ist – „viel Konflikt" oder „etwas Konflikt". Ganze 31 % der Väter aus diesen Familien erfahren „viel Konflikt". Der Konflikt zwischen Arbeit und Familie ist nicht begrenzt auf „gestresste" Doppelverdiener-Familien, sondern ist für die Gesamtheit der Väter charakteristisch.

Die falsche Annahme, dass Männer keinen Konflikt zwischen ihren beruflichen und familialen Verpflichtungen empfinden, hat – für zu lange – Wissenschaftler beim Konzipieren ihrer Untersuchungen und Praktiker beim Planen und Durchführen von arbeitsplatzbezogenen Maßnahmen fehlgeleitet. Selbst wenn diese Annahme jemals korrekt war, so ist sie nun zu Beginn des 21. Jahrhunderts endgültig veraltet. Zwei bedeutende Trends tragen zum zunehmenden Konflikt zwischen Beruf und Familie bei, den Väter heute erleben: evolutionäre Veränderungen bei dem, was Männer wollen, und evolutionäre Veränderungen bei dem, was Männer tun. Mit Ersterem sind Veränderungen bei den Werten von Männern gemeint. Einfach gesagt, wollen Väter zunehmend die Möglichkeit haben, Zeit mit ihren Kindern zu verbringen und sie zu versorgen. Es ist wichtig, diesen historischen Wandel in der Beziehung zwischen Vaterschaft und Berufstätigkeit wahrzunehmen. Zu einem früheren Zeitpunkt trennte die Arbeit einen Vater nicht von seiner Familie. Die Industrialisierung veränderte dann Institutionen, Werte und Gebräuche, die mit der Erwerbstätigkeit zusammenhängen, und führte – wie Googins (1991) beobachtete – zur Trennung und geschlechtsbezogenen Zuordnung von beruflichen und familialen Sphären. Bedeutet die heute zu beobachtende Entwicklung nun, dass Väter weniger an Beruf und Karriere interessiert sind? Mit Sicherheit ist dies nicht der Fall. Die Analyse des NSCW ergab, dass Männer mit Kindern genauso bereit wie andere Männer sind, sich am Arbeitsplatz steigenden Anforderungen zu stellen und Verantwortung zu übernehmen: 53 % der Männer mit Kindern unter 18 wollen mehr Verantwortung im Vergleich zu 50 % der Männer ohne Kinder oder derjenigen mit Kindern über 18.

Ferner führen evolutionäre Veränderungen bei dem, was Väter heute tun, zu dem zunehmenden Konflikt, den berufstätige Väter empfinden. In einem einflussreichen Buch prägten die Soziologinnen Arlie Hochschild und Anne Machung (1989) den Begriff „zweite Schicht", um den disproportionalen Anteil an Hausarbeit und Kinderbetreuung zu beschreiben, den Mütter in Doppelverdiener-Familien üblicherweise übernehmen. Seit kurzem ist aber der Unterschied zwischen dem, was berufstätige Mütter und was erwerbstätige Väter zu Hause tun, signifikant geringer geworden. Der Zeitaufwand konvergiert, den berufstätige Mütter und den Väter aufbringen, um ihre Kinder zu betreuen und etwas mit ihnen gemeinsam zu tun (siehe die Literaturübersicht bei Barnett/Rivers 1998 und bei Levine/Pittinsky 1997). Abgesehen von dieser Entwicklung wird in neueren Forschungsarbeiten vertreten, dass die Größe der Kluft, wie sie in „The Second Shift" und ähnlichen Publikationen beschrieben wurde, unangemessen übertrieben worden war (siehe die kritische Literaturübersicht von Pleck 1992, 1993).

Der Konflikt zwischen Beruf und Familie bei Männern: ein unsichtbares Dilemma

Weshalb bleiben in Forschung und Praxis die gerade beschriebenen Trends verborgen – trotz der Belege für einen großen Konflikt zwischen Beruf und Familie bei Vätern und trotz der Belege für bedeutende Veränderungen bei dem, was Männer heute wollen und tun? Warum handelt es sich hier so oft um ein unsichtbares Dilemma? Die Geschichte von Vaterschaft und Beruf wird oft als eine „neue" diskutiert. Wir haben in unserer Forschungsarbeit und bei der Durchsicht bisher vorgelegter Publikationen vier zentrale Gründe ermittelt, weshalb der Konflikt zwischen Beruf und Familie bei Männern so oft für Wissenschaftler und Praktiker in Organisationen unsichtbar ist:

Der erste Grund betrifft die Mütter und Väter selbst. Die Geschlechtsrollen verhindern oft sowohl bei Männern als auch bei Frauen, dass sie offen über den Konflikt zwischen Beruf und Familie von Vätern diskutieren. Männer meinen häufig, dass es „unmännlich" sei, über diesen Konflikt zu sprechen. In der Folge verheimlichen sie ihn oft – aus Angst, dem „Mythos der Männlichkeit" zu schaden. Auch Frauen vermeiden vielfach ein Gespräch über dieses Thema; z.B. wollen sie nicht die Rolle diskutieren, die ihr Ehepartner in der Familie spielen könnte. Wie die Soziologinnen Arlie Hochschild und Anne Machung (1989) eindrucksvoll demonstrierten, konstruieren Individuen und Familieneinheiten häufig „geschlechtsbezogene Ideologien" – Überzeugungen hinsichtlich der Angemessenheit mütterlicher und väterlicher Rollen. Sobald diese entwickelt wurden, legen wir ein Lippenbekenntnis zu diesen geschlechtsbezogenen Ideologien ab, selbst wenn diese im Widerspruch zur gelebten Realität stehen.

Der zweite Grund, weshalb der Konflikt zwischen Beruf und Familie oft unsichtbar ist, liegt in den starken Auswirkungen von Einstellungen, die an vielen Arbeitsplätzen vertreten werden. Beispielsweise berichten Männer, dass ihr Engagement für die Firma infrage gestellt wird, wenn sie ihre Verpflichtung gegenüber ihrer Familie erwähnen. Interessanterweise wird ein Familienfoto auf dem Schreibtisch eines Mannes als ein positives Anzeichen von Verlässlichkeit gesehen, aber alles Weitere, wie die Bitte, an einem Nachmittag früher gehen zu dürfen, um sich eine Schulaufführung anschauen zu können, wird als eine Bedrohung für die Arbeitsleistung wahrgenommen. Die Verherrlichung eines heroischen Arbeitseinsatzes, bei dem oft Familienbedürfnisse ignoriert werden, und der damit verbundene Ruhm sind besonders wichtige Hinweise für Männer und Frauen, ihre familialen Verpflichtungen aktiv zu verheimlichen. Bei einer Firma ist ein respektierter Marketing-Manager für „macho Sitzungen" berüchtigt – der Tag beginnt mit einer Sitzung um 07.00 Uhr und endet mit einer um 20.00 Uhr. In einem anderen Unternehmen stellt ein Rundschreiben die Leistungen eines Ingenieurs heraus, der 36 Stunden am Stück arbeitete, um ein Projekt abzuschließen, dann nach Hause zum Duschen fuhr, nur um anschließend an den Arbeitsplatz zurückzukehren. Solche Hinweise haben starke Auswirkungen auf Männer und Frauen, die in diesen Firmen arbeiten. Sie sind so machtvoll, dass wir in unserer Forschungsarbeit feststellten, dass Männer nahezu alles Denkbare unternehmen, um ihr Familienleben unsichtbar zu halten. Ein Manager berichtete beispielsweise, dass er sein Auto am anderen Ende des Parkplatzes abstellt. So muss er am Abend nicht am Büro seines Vorgesetzten vorbeigehen, um zu seinem Wagen zu gelangen.

Ein dritter Grund, weshalb der Konflikt zwischen Beruf und Familie oft unsichtbar bleibt, hängt mit den Medien zusammen. Die erwerbstätige Mutter wurde schnell zu einer Ikone, der in vielen Formen populärer Medien – von Unterhaltungsprogrammen bis hin zu Werbespots – eine führende Rolle zukommt. Es hat bedeutend länger gedauert, bis der berufstätige Vater erschien. Beispielsweise parodiert die Werbung für eine neue kommerzielle Website für Besitzer kleiner Unternehmen einen Vater, der an einer Quizshow teilnimmt. Er versucht, die Namen seiner Kinder zu behalten, um den großen Preis zu gewinnen. Dieselbe Werbung mit einer weiblichen Hauptperson wäre nicht humorvoll; bei erwerbstätigen Müttern wird davon ausgegangen, dass sie stark in ihr Familienleben investiert haben. Diese Unausgeglichenheit ändert sich langsam: Berufstätige Väter sind derzeit die Lieblinge der Medien und tauchen immer häufiger in allem auf – von Werbeanzeigen über TV-Komödienserien bis hin zu Nachrichtenprogrammen. Aber selbst wenn die Medien mehr und mehr Aufmerksamkeit erwerbstätigen Vätern widmen, bleibt die Berichterstattung in einem wichtigen Bereich defizitär: Die Medien werfen ein Schlaglicht auf die Situation einer Handvoll Männer – nahezu immer sehr prominenter und erfolgreicher Männer wie z.B. des Präsidenten von American Express, der bei seinem Rücktritt seinen Wunsch erwähnte, mehr Zeit mit seiner Familie zu verbringen. Ähnliches gilt für die Berichterstattung über den britischen Premier Tony Blair hinsichtlich der Option eines Erziehungsurlaubs nach der Geburt seines vierten Kindes. Jedoch wird nicht die Situation der Masse von Vätern systematisch berücksichtigt, die weniger herausragende Positionen haben und möglicherweise über bei weitem weniger Ressourcen verfügen. Die streiflichtartige Berichterstattung über berühmte Väter mag ermutigend sein, ist aber erst ein Anfang.

Der vierte und letzte Grund, weshalb der Konflikt zwischen Arbeit und Beruf bei Männern häufig unsichtbar bleibt, ist das Resultat des Handelns – oder besser: der Untätigkeit – vieler akademischer Forscher. Zu oft haben diese den Mythos aufrechterhalten, dass der Konflikt zwischen Beruf und Familie ein Phänomen ist, dass von Müttern, aber nicht von Vätern, erlebt wird. Ein Grund für die Schräglage in der akademischen Literatur ist die von vielen Wissenschaftlern gemachte Vorannahme, dass Väter eine Population sind, die schwieriger zu erreichen und zu untersuchen ist als diejenige der Mütter. Egal ob dies zutreffend ist oder nicht, bleibt dieses Argument ein schwaches und kann nicht als Grund für das Ignorieren einer wichtigen Population verwendet werden.

Erwerbstätige Väter: ein Aufruf zum Handeln

Die bisher vorgestellten Daten belegen den Konflikt, mit dem Männer beim Managen ihrer familialen und beruflichen Verpflichtungen konfrontiert sind. Die wichtigsten Gründe, weshalb der Grad dieses Konflikts bei Vätern heute so hoch ist und weshalb diese Fakten oft unsichtbar bleiben, wurden besprochen. Ein natürlicher Abschluss einer solchen Diskussion wäre ein Aufruf zum Handeln – eine Herausforderung an Wissenschaftler und Praktiker, Forschungsprogramme und Interventionen in Organisationen zu entwickeln, bei denen Männer als Faktor in der Beruf-Familie-Gleichung berücksichtigt werden. Bevor jedoch solch ein Aufruf gemacht wird, ist es sinnvoll, die Gründe zu analysieren, weshalb ein Handeln wichtig ist. Es gibt viele einleuchtende Gründe und Vorteile für verschiedene Gruppierungen:

Als Erstes profitieren Kinder, wenn Väter ihre vielfachen Verpflichtungen hinsichtlich Beruf und Familie besser managen können. Entwicklungspsychologen fanden heraus, dass Väter einen wichtigen Einfluss auf die psychische, soziale und schulische Entwicklung in jeder Entwicklungsphase eines Kindes ausüben (siehe die Literaturübersicht bei Levine/Pittinsky 1997).

Zum Zweiten werden Arbeitsplätze profitieren, wenn Väter ihre multiplen Pflichten besser bewältigen können. Wenn auf die Bedürfnisse von männlichen und weiblichen Beschäftigten hinsichtlich der Vereinbarkeit von Familie und Beruf reagiert wird, wirkt sich dies auf verschiedene Weise positiv auf die Bilanz aus: von weniger Verspätungen über seltenere Abwesenheiten bis hin zu besseren Arbeitsleistungen. Zu diesem Ergebnis kamen sowohl unternehmenseigene Untersuchungen als auch Studien über mehrere Firmen (siehe die Literaturübersicht bei Levine/ Pittinsky 1997). Vor kurzem wurde dies auch in einer nationalen Untersuchung herausgefunden: „The National Study of the Changing Workforce" ergab, dass Arbeitnehmer/innen, die einen Konflikt zwischen Beruf und Familie erleben, eher kündigen als andere. Ein weiterer wichtiger Vorteil, wenn Arbeitgeber die Bedürfnisse erwerbstätiger Väter berücksichtigen, liegt in dem Beitrag, den elterliche Fähigkeiten am Arbeitsplatz leisten. Die in der Familiensphäre entwickelten Fertigkeiten – z.B. das Jonglieren mit vielfältigen Aufgaben und das klare Kommunizieren – können zum Unternehmenserfolg beitragen. Aus diesem Grund argumentiert der Managementexperte Peter Senge (1990), dass die Anhänger der „lernenden Organisation" dazu beitragen werden, das Tabu aufzulösen, das Arbeitswelt und Familie voneinander trennt.

Es ist wichtig zu beachten, dass die Einflüsse wechselseitig sind. Was Männern am Arbeitsplatz passiert, wird auf signifikante Weise prägen, wie sie auf ihre Familien zugehen. Und es spielt nicht nur eine Rolle, wie viel Zeit Väter arbeitenderweise verbringen, sondern auch, was während dieser Zeit passiert. Beispielsweise untersuchten die Psychologinnen Maureen Perry-Jenkins und Ann C. Crouter (1990) von der Universität von Illinois Väter mit Kindern zwischen acht und 12 Jahren aus der Arbeiterschaft. Sie stellten fest, dass das Erziehungsverhalten der Väter dadurch beeinflusst wird, wie sie am Arbeitsplatz behandelt werden. Väter, die dort nicht gut behandelt werden, hatten eine niedrigere Selbstachtung und tendierten zu einem strengen, strafenden Erziehungsstil. Andere Forscher haben eine Beziehung hergestellt zwischen der Autonomie am Arbeitsplatz und der Berufszufriedenheit eines Vaters auf der einen sowie der Länge und Qualität der Interaktionen mit seinen Kindern auf der anderen Seite (siehe Levine/Pittinsky 1997).

Zum Dritten profitieren Frauen, wenn Väter ihre vielfältigen beruflichen und familialen Verpflichtungen besser managen können. Als ein neues Thema mag der Konflikt zwischen Beruf und Familie bei Männern ein großes Interesse hervorrufen. Es wäre unangemessen und gefährlich, wenn diese Aufmerksamkeit diejenige für die beruflichen und familialen Bedürfnisse von Frauen in den Schatten stellen würde. Selbst wenn man die sich gerade abspielenden evolutionären Veränderungen berücksichtigt, übernehmen Frauen immer noch einen disproportionalen Anteil der „zweiten Schicht". Ein zunehmendes Interesse an erwerbstätigen Vätern berechtigt jedoch zu großen Hoffnungen für berufstätige Mütter: Zum einen werden Männer am Arbeitsplatz freier sein, wenn wir mehr die beruflichen und familialen Fragen von

Männern angehen. Sie werden besser positioniert sein, um zu Hause eher ihren vollen Anteil zu leisten. Wenn mehr und mehr Väter Regelungen und Programme zur Vereinbarkeit von Beruf und Familie an ihren Arbeitsplätzen nutzen, wird es zum anderen wahrscheinlich, dass diese zum Standard werden, also nicht mehr als Ausnahmen und als ein Entgegenkommen für erwerbstätige Mütter gesehen werden. Dies wird ein wichtiger Wandel sein, da derzeit noch Arbeitskräfte – in der Regel Frauen – berichten, dass sie in ihrer Karriere behindert werden, wenn sie Regelungen und Programme zur Vereinbarkeit von Beruf und Familie nutzen. Je mehr Männer *und* Frauen von solchen Angeboten Gebrauch machen, umso mehr werden diese akzeptiert und umso weniger wird ihre Inanspruchnahme stigmatisiert.

Letztlich werden auch Männer profitieren, wenn ihre Probleme hinsichtlich Beruf und Familie besser verstanden und angegangen werden. Zu Beginn dieses Kapitels haben wir den hohen Grad an Konflikt beschrieben, den erwerbstätige Väter erleben. Die Forschung hat einen solchen Stress mit vielen negativen Auswirkungen in Verbindung gebracht – mit negativen Folgen sowohl für die Psyche als auch für die Gesundheit. Beispielsweise fanden Rosalind Barnett und Caryl Rivers (1998) im Auftrag der U.S. National Institutes of Mental Health bei einer Untersuchung über Doppelverdiener-Paare heraus, dass Männer, die sich die wenigsten Sorgen bezüglich der Beziehung zu ihren Kindern machten, auch die wenigsten gesundheitlichen Probleme hatten. Ein Vater zu sein, der sich mit seinen Kindern intensiv beschäftigt – dies wirkt sich positiv auf die Gesundheit des Mannes aus.

Aus all diesen Gründen und zum Vorteil für all diese Gruppen sind Vaterschaft und Berufstätigkeit ein reizvoller Bereich, dem sich Wissenschaftler und Praktiker intensiver widmen sollten. In der nächsten Zeit sollten wir „bejahende Aufmerksamkeit" auf die Thematik von Vaterschaft und Beruf richten, erwerbstätige Väter herausstellen und Interesse an den Erfahrungen von Männern mit Kindern und an einer Vielzahl anderer Themen bezüglich Arbeit und Leben wecken (z.B. die Versorgung alter Menschen). Auf längere Sicht – wenn sich die Erfahrungen sowohl von Männern als auch von Frauen deutlicher abzeichnen – sollten wir Diskussionen, bei denen eine Gruppe auf Kosten der anderen gesehen wird, durch solche ersetzen, bei denen wir das ganze System der Arbeitswelt und Familie betrachten: Kinder, Mütter und Väter, Arbeitsplätze und wichtige Institutionen wie z.B. Schulen. Auf ähnliche Weise, wie die Herausgeber dieses Buchprojekt konzipiert haben, ist jedes ein wichtiges Kapitel, aber erst alle zusammengenommen erzählen die ganze Geschichte.

Literatur

Barnett, R.C./Rivers, C.: She works/he works: How two-income families are happy, healthy, and thriving. Boston: Harvard University Press 1998

Bond, J.T./Galinsky, E./Swanberg, J.E.: The 1997 National Study of the Changing Workforce. New York: Families and Work Institute 1998

Friedman, D.: Linking work-family issues to the bottom line. New York: The Conference Board 1991

Googins, B.K.: Work/family conflicts: Private lives, public responses. New York: Auburn House 1991

Hochschild, A./Machung, A.: The second shift: Working parents and the revolution at home. New York: Viking 1989

Levine, J.A./Pittinsky, T.L.: Working fathers: New strategies for balancing work and family. Boston: Addison-Wesley 1997

Perry-Jenkins, M./Crouter, A.C.: Men's provider role attitudes: Implications for household work and marital satisfaction. Journal of Family Issues 1990, 11, S. 136-156

Pleck, J.H.: Families and work: Small changes with big implications. Qualitative Sociology 1992, 15, S. 427-432

Pleck, J.H.: Are „family-supportive" employer policies relevant to men? In: Hood, J.C. (Hrsg.): Men, work, and family. Newbury Park: Sage 1993, S. 217-237

Senge, P.M.: The fifth discipline: The art and practice of the learning organisation. New York: Doubleday/Currency 1990

Wassilios E. Fthenakis und Arndt Ladwig

Homosexuelle Väter

Zu keinem anderen Zeitpunkt in der Geschichte war es homosexuellen Vätern und lesbischen Müttern möglich, so offen und uneingeschränkt über ihr Selbstverständnis, ihre sexuelle Orientierung und ihren Wunsch nach Elternschaft zu sprechen wie heute. Wesentlich zu dieser Entwicklung beigetragen haben Veränderungen in den Bürgerrechten sowie gesellschaftliche Bewegungen des späten 20. Jahrhunderts, die ihren Anfang in den USA nahmen (z.B. die Bürgerrechtsbewegung „Gay Liberation Movement", gegründet 1969 in New York City; vgl. D'Emilio/Freedman 1988). Homosexuelle aller Schichten schlossen sich damals zusammen, um einerseits auf ihre Rechte und andererseits auf verschiedene Formen der Unterdrückung und Demütigung durch Gesellschaft und Polizei aufmerksam zu machen (a.a.O.). Immer mehr Homosexuelle zogen in die Städte, gaben Zeitungen heraus, gründeten Gemeindezentren und entwickelten Nachbarschaftsangebote (Faderman 1991). Die American Psychiatric Association ersetzte 1973 den Begriff „Homosexualität" im DSM II durch die Kategorie „sexuelle Orientierungsstörung" und 1980 im DSM III durch die Bezeichnung „egodystone Homosexualität" – mit Verweis darauf, dass von einer Sexualstörung im psychiatrischen Sinne nur dann die Rede sein soll, wenn der/die Homosexuelle an seiner/ihrer Sexualität oder deren Auswirkungen leidet. Und schließlich hob die Bürgerrechtskommission der Vereinigten Staaten 1975 das Verbot auf, homosexuellen Menschen eine Arbeit zu geben.

Erst mit Beginn der 80er Jahre wurden homosexuelle Familien auch in der Öffentlichkeit stärker wahrgenommen (Pies 1988). Das Interesse an dieser Thematik wurde zudem durch das Auftreten der Krankheit AIDS verstärkt, welche 1981 in den USA bekannt wurde. Die Folgen dieser Krankheit und die Ohnmacht ihr gegenüber mobilisierten viele Homosexuelle, sich insbesondere für die Verbesserung von Partnerschaftsrechten einzusetzen, da diese im Zuge der Krankheit vermehrt zur Sprache kamen.

Die 90er Jahre stellten für Homosexuelle eine zwiespältige Zeit dar. Auf der einen Seite fanden sich Bemühungen, homosexuelle Familienformen zu legitimieren, da immer mehr Menschen mit einer Gleichstellung dieser Gruppe innerhalb der Bevölkerung einverstanden waren (Eskridge 1996). Homosexuelle begannen mehr und mehr, wichtige Aspekte sowohl ihrer sexuellen Identität als auch ihrer Lebensweise zu offenbaren und sich für das Sorgerecht ihrer Kinder vor Gericht einzusetzen. Auf der anderen Seite mussten sie auch häufig Rückschläge hinnehmen, allen voran im

Bereich der Elternschafts- oder Partnerschaftsrechte (so z.B. bei Sorgerechtsentscheidungen).

Hintergründe

Die Entwicklung in den vergangenen 30 Jahren zeigt deutlich die Ambivalenzen, mit welchen sich Homosexuelle konfrontiert sehen. Viele politische und juristische Entscheidungen unterlagen starken Schwankungen und waren vielfach mit Skepsis und Unsicherheiten verknüpft. Nicht zuletzt sind wichtige Lebensaspekte und Rechte homosexueller Menschen zu einem Großteil das Ergebnis folgender Sachverhalte:

1. Homosexuelle Menschen stellen eine Minorität dar: Sie sind ein untergeordneter Teil der komplexen Gesellschaft eines Staates (Paul et al. 1982). Sie verfügen über Charakteristika, die vom Großteil der Gesellschaft als gefährlich oder unwürdig betrachtet werden (a.a.O.). Aufgrund ihrer Unterschiedlichkeit haben sie selbst eine Gemeinschaft gebildet (Altman 1982; D'Emilio 1983; Levine 1979b). Sie werden in und durch die Gesellschaft unterschiedlich behandelt (Gross/ Aurand/Addessa 1988; Herek 1989; Herek/Berrill 1990; Levine 1979a; Levine/ Leonard 1984; Paul 1982). Eine Gruppe, welche diese (z.T. attribuierten) Merkmale aufweist, unterliegt der erhöhten Gefahr von Vorurteils- und Stigmatisierungsprozessen.

2. Das Leben der Homosexuellen ist mit vielen Stigmata und Vorurteilen behaftet. Das Ausmaß dieser Vorurteilshaltungen manifestiert sich im Alltagsgeschehen z.B. in Form von öffentlich-verbalen Beschimpfungen oder Abwertungen bis hin zu körperlichen Misshandlungen. Dabei bezieht sich das Ablehnungsverhalten auf die unterschiedlichsten Lebensbereiche, wie z.B. Arbeitsplatz, Wohnungssuche, Herkunftsfamilie oder den medizinischen Bereich (Herek 1991; Pollack/Vaughn 1987; Weston 1991). In Bezug auf das hier zu diskutierende Thema sehen sich beispielsweise homosexuelle Väter mit folgenden Befürchtungen und Vorwürfen konfrontiert: (a) Ihre Kinder würden einer erhöhten Gefahr für die Entwicklung von Verhaltensauffälligkeiten unterliegen (z.B. Formen der kindlichen Depression, geringes Selbstbewusstsein u.Ä.); (b) sie hätten Schwierigkeiten mit der Gestaltung und Aufrechterhaltung sozialer Beziehungen (vor allem von ihren Peers würden sie nicht ernst genommen); (c) die Anwesenheit eines homosexuellen Vaters erhöhe das Risiko der sexuellen Belästigung bis hin zum Missbrauch des Kindes; und (d) Kinder homosexueller Väter würden später selbst homosexuell. Es erscheint offensichtlich, dass auf dieser Basis vielen Homosexuellen die Auseinandersetzung mit dem Thema Elternschaft regelrecht Angst macht, was häufig zur Folge hat, dass die eigenen Fähigkeiten als Eltern bereits im Vorfeld zu stark hinterfragt werden (Bozett 1987b). Unter ungünstigen Umständen kann es so weit kommen, dass das Erleben von Elternschaft als etwas Beschämendes und nicht als etwas Schönes und Bereicherndes erfahren wird.

3. Insbesondere in Deutschland gibt es bislang zu wenig Forschung bezüglich homosexueller Männer – geschweige denn Väter: Zillich (1993) führt lediglich sieben Studien an (Bochow 1988, 1989; Dannecker 1990; Dannecker/Reiche 1974; Pingel/Trautwetter 1987; Starke 1992; Zillich 1988), welche zum einen die Gemeinsamkeiten und Verschiedenheiten im Leben homosexueller Männer betonen (z.B. Coming out, Leben in einer spezifischen Subkultur) und sich zum anderen – vor allem im Zuge der AIDS-Forschung – mit dem Sexualverhalten homosexueller Männer beschäftigen. Forschungsergebnisse hinsichtlich gleichgeschlechtlicher Beziehungen und homosexueller Elternschaft liegen in erster Linie aus den USA vor. Doch auch aus Dänemark, Schweden, den Niederlanden und England liegen mehr Studien als aus Deutschland vor. Im Allgemeinen zeigt sich jedoch, dass Stigmata und Vorurteile durch fortschrittliche und aufklärende Forschungsergebnisse weder schnell noch unumstößlich aus der Welt zu schaffen sind. Dies liegt z.T. daran, dass negative Stereotype über homosexuelle Menschen auch das Ergebnis sich historisch entwickelnder kultureller Ideologien sind – welche eine hohe Stabilität aufweisen, da sie u.a. die Unterdrückung von Minoritäten „rechtfertigen", indem der „Außenseitergruppe" bestimmte Merkmale zugeschrieben werden (z.B. sexuelle Hyperaktivität; mit körperlichen oder psychischen Krankheiten versehen u.Ä.).

Wie oben bereits angedeutet, werden im nun folgenden Text vornehmlich Untersuchungen aus den USA vorgestellt. Die ersten Untersuchungen wurden ca. 1970 durchgeführt, wobei es sich hier um Fallstudien handelt (z.B. Mager 1975; Osman 1972; Weeks/Derdeyn/Langman 1975). Erst gegen Ende der 70er und in den frühen 80er Jahren wurden größere empirische Studien realisiert, deren Stichproben im absoluten Vergleich jedoch immer noch klein ausfielen. An diesen Studien nahmen junge homosexuelle Väter aus der Mittelschicht teil, welche über einen gehobenen Bildungsstatus verfügten, in städtischen Gebieten wohnten und eine offene Einstellung hinsichtlich ihrer Homosexualität zeigten. Die Untersuchungen beziehen sich folglich auf einen kleinen – und damit nicht repräsentativen – Ausschnitt aus der heterogenen Gruppe der homosexuellen Väter. Die Leserin/der Leser sollte sich zudem stets vor Augen halten, dass bei den Teilnehmern solcher Untersuchungen die Gefahr besteht, sich in einer „sozial erwünschten" Art und Weise zu verhalten – zumal es sich um eine Gruppe handelt, von welcher angenommen werden darf, dass sie darauf bedacht ist, bestehende Vorurteile und Diskriminierungen abzuschwächen bzw. aus der Welt zu schaffen.

Auftretenshäufigkeit von homosexueller Vaterschaft

Das Konzept der heterosexuellen Elternschaft ist so tief in unserer kulturellen Geschichte verwurzelt, dass der Gedanke an eine homosexuelle Elternschaft nur schwer zu fassen ist. Ein Ausdruck dieser Einstellung zeigt sich in der Tatsache, dass Homosexualität üblicherweise mit Kinderlosigkeit gleichgesetzt wird (Streib 1991).

Tatsächlich gibt es jedoch eine nicht geringe Anzahl von Männern, welche sich mit der Aufgabe konfrontiert sehen, zwei Identitätsaspekte in Einklang sowohl mit sich selbst als auch mit ihrer Umwelt zu bringen: Homosexualität und Vaterschaft.

In Deutschland wird dieser Thematik öffentlich wie institutionell sehr wenig Beachtung geschenkt. Dies zeigt sich bereits darin, dass für die Prävalenz homosexueller Väter bisher keine Daten vorliegen. Ähnlich wie in anderen Staaten lassen sich vermutlich auch für Deutschland als zwei wesentliche Gründe für dieses Informationsdefizit aufseiten der Befragten die Angst vor Diskriminierungen oder dem Verlust bestimmter Rechte (z.B. Sorgerecht, Besuchsrecht) anführen (Blumenfeld/Raymond 1988; Campbell 1994; Pagelow 1980). Diese Ängste veranlassen viele homosexuelle Väter, ihre sexuelle Identität hinter der Fassade der gesellschaftlich akzeptierten Form der Kleinfamilie zu verbergen (Dunne 1987; Robinson/Barret 1986). Auf der anderen Seite nimmt im Zuge einer wachsenden Offenheit gegenüber sexuellen Orientierungen die Wahrscheinlichkeit zu, dass immer weniger homosexuelle Männer den „offiziellen Weg" der Vaterschaft wählen: heiraten, um Kinder zu bekommen (Golombok et al. 1995; Martin 1993; Pies 1985). Derartige durch den Zeitgeist bedingte Trends können somit das Auftreten homosexueller Vaterschaft und spezifische Charakteristika homosexueller Väter beeinflussen und machen numerische Einschätzungen instabil.

Ebenso sind spezifische Definitionsschwierigkeiten zu beachten, da unklar ist, welche Kriterien eine Familie als „homosexuell" kennzeichnen – wobei in diesem Zusammenhang darauf verwiesen werden soll, dass das Konzept der „Familie" im Allgemeinen vielerlei Definitionsschwierigkeiten unterliegt (für eine Übersicht vgl. Petzold 1998). Welche Funktion oder Rolle spielen beispielsweise „Stiefeltern", der Partner eines homosexuellen Vaters oder andere Mitglieder des Haushalts? Laird (1993) verwies in diesem Zusammenhang auf den Begriff der „dual-orientierten Familie": Eine duale Orientierung würde sich beispielsweise auf ein lesbisches Elternpaar mit einem heterosexuellen Sohn beziehen. Ebenso werden in diesem Bereich „weite" und „enge" Formen der Definition diskutiert. So setzt sich beispielsweise Patterson (1994a) für eine weit gefasste Definition homosexueller Familien ein und versteht darunter jede Familienkonstellation, welche mindestens ein homosexuelles Mitglied beinhaltet.

Trotz dieser Schwierigkeiten kommt man in den USA zu der Schlussfolgerung, dass ca. 8 bis 10% der männlichen Population in ihrer sexuellen Orientierung überwiegend homosexuell ist. Man schätzt des Weiteren, dass 10% der Männer dieser Gruppe Väter sind. Von daher müsste es heute in den USA zwischen einer und drei Millionen homosexueller Väter geben. Wenn jeder dieser Väter im Durchschnitt zwei Kinder hat, resultiert daraus eine Anzahl von zwei bis sechs Millionen Kindern (Editors of the Harvard Law Review 1990; Gottman 1990; Laumann et al. 1994; Martin 1993). Für Deutschland liegen ebenso nur Schätzungen vor, welche die Zahl der homosexuellen Eltern auf ca. ein bis zwei Millionen beziffern (Thiel 1996, zit. in Wieners 1999, S. 64; http://www.gayserver.de/homoeltern.htm).

Wer sind nun diese Väter? Welchen besonderen Belastungen und Herausforderungen im alltäglichen Leben stehen sie und ihre Kinder gegenüber und wie gehen sie damit um? Wie sind diese Männer überhaupt Eltern geworden? Können sie „gute" Eltern sein? Wie entwickeln sich ihre Kinder? Solche und ähnliche Fragen sind in diesem Bereich häufig anzutreffen. Sie alle verfügen auch über das Potenzial, wichtige Antworten auf eine übergeordnete Fragestellung zu geben: Was kann die Beschäftigung mit diesem Thema für das bisherige Verständnis von Elternschaft, Kinderentwicklung und Familienleben leisten? Zunächst soll in diesem Kapitel jedoch die Frage verfolgt werden, welche Formen homosexueller Vaterschaft es gibt und wie es bei den betroffenen homosexuellen Männern zur Vaterschaft kam bzw. welche Motive den Wunsch nach Elternschaft begründet haben.

Die heterogene Gruppe homosexueller Väter

Vorwegnehmend sei erwähnt, dass es bezüglich des Begriffs „homosexueller Vater" beträchtliche Unklarheiten gibt. So identifizieren sich viele Männer, die sexuelle Beziehungen mit anderen Männern unterhalten, *nicht* als homosexuell. Im Folgenden geht es ausschließlich um Männer, die eine homosexuelle Identität gegenüber sich selbst und ihrer Umwelt akzeptieren. Innerhalb dieser Gruppe gibt es sehr große Unterschiede hinsichtlich des Alters, des Bildungsstandes, der ethnischen Herkunft und anderer demografischer Faktoren. In mehreren amerikanischen Studien (Bozett 1982, 1989; Green/Bozett 1991; Patterson 1994a; Seligman 1990) zeigte sich jedoch deutlich, dass der größte Anteil homosexueller Väter geschieden ist, d.h., diese Männer gingen zunächst eine heterosexuelle Beziehung mit anschließender Heirat ein und hatten in dieser Beziehung auch Kinder. Erst zu diesem Zeitpunkt offenbarten sie ihre homosexuelle Identität. Die Gründe für eine Heirat waren bei diesen Männern vielschichtig: der Wunsch nach Kindern, sozialer und kultureller Druck, die Hoffnung, dass mit einer Heirat die homosexuellen Fantasien verschwinden würden, Unsicherheiten hinsichtlich ihrer sexuellen Identität u.Ä. (Golombok/Spencer/Rutter 1983; Hoeffer 1981; Patterson 1995; Patterson/Chan 1997; Ross 1983; Strommen 1989).

Auf das Coming-out der Väter – die Enthüllung der Homosexualität vor sich selbst wie auch vor anderen – folgte in den meisten Fällen die Trennung von Frau und Kindern (Buxton 1999). Bei einer eingereichten Scheidung wird das Sorgerecht für die Kinder üblicherweise der Mutter übertragen (Rivera 1991). Dennoch ergibt sich für homosexuelle Väter eine weite Bandbreite von Möglichkeiten, mit ihren Kindern in Kontakt zu bleiben (z.B. Besuchsvereinbarungen), doch muss der geschiedene Vater meist mit einem stark reduzierten Kontakt zu seinen Kindern auskommen und sich gleichzeitig an sein „neues" Leben als homosexueller Mann anpassen.

Lediglich ein sehr kleiner Teil geschiedener homosexueller Väter erhält das Sorgerecht für seine Kinder. Dies ist jedoch meist nur dann der Fall, wenn schwerwiegende Gründe dagegen sprechen, dass die Mutter das Sorgerecht allein ausführt (z.B. bei einer schweren Krankheit). Diese Situation ist für die Väter insofern schwer, als sie sich das erste Mal in der Rolle des primären Fürsorgers befinden, (meist) als

Alleinerziehende fungieren und sich an die neuen sozialen Umstände eines homosexuellen Mannes gewöhnen müssen.

Eine weitere Gruppe homosexueller Väter wurde nach dem Coming-out Pflege- oder Adoptivelternteil. Dies ist jedoch bisher nur in den USA möglich. Dabei stehen die Kinder meist in einem biologischen Verhältnis zum Vater, indem beispielsweise das Kind über eine Leihmutter ausgetragen wird (Patterson 1995). Da hierzu nur zwei Studien aus den USA vorliegen, sollen diese inhaltlich kurz referiert werden (Sbordone 1993 und McPherson 1993, beide zit. in Patterson/Chan 1999, S. 203f.). In der Studie von Sbordone wurden 78 homosexuelle Männer, welche Väter durch Adoption oder mit Hilfe einer Leihmutter wurden, mit 83 homosexuellen Männern verglichen, welche keine Väter waren. Ein besonders auffälliges Ergebnis betrifft die Tatsache, dass über die Hälfte aller homosexuellen Nicht-Väter gerne ein Kind großziehen würde – insbesondere die jüngeren Befragten. Zwischen den Gruppen zeigten sich keine Unterschiede hinsichtlich der Beziehungen zu den eigenen Eltern. Die homosexuellen Väter berichteten darüber hinaus über eine höhere Selbsteinschätzung und weniger negative Einstellungen zur Homosexualität als jene Homosexuellen, welche nicht Vater wurden. In der zweiten Studie (McPherson 1993) wurde die Arbeitsaufteilung, die Zufriedenheit mit der Arbeitsteilung sowie die Zufriedenheit mit der Partnerschaft bei 28 homosexuellen und 27 heterosexuellen Elternpaaren untersucht. Die homosexuellen Paare berichteten von einer ausgewogeneren Aufteilung der Verantwortlichkeiten im Haushalt und hinsichtlich der Kinderbetreuung. Diese Paare berichteten auch über mehr Zufriedenheit im Hinblick auf die Kinderbetreuung und ihre eigene Partnerschaft, insbesondere in den Bereichen „Zusammenhalt" und „emotionaler Ausdruck".

Bezüglich der Adoptions- oder Pflegeelternschaft sei noch erwähnt, dass in den USA homosexuelle Männer die biologischen Kinder ihrer homosexuellen Partner adoptieren können (Patterson 1995; Seligman 1990). Häufig ist dies jedoch erst nach harten (und meist jahrelangen) juristischen Auseinandersetzungen möglich (Patterson 1995; Ricketts 1991). Anderen Vätern wird das Recht zur Adoption oder Pflege nur in spezifischen Fällen zugesprochen, so z.B. bei Kindern mit Krankheiten oder Behinderungen, bei Geschwisterkindern oder Kindern mit gemischtem ethnischen Hintergrund. Eine Anzahl homosexueller Männer hat auch interrassische oder internationale Adoptionen vollzogen. In welcher Art und Weise in Deutschland das Verhältnis zur Homosexualität den Umgang mit Fragen zur Adoptiv- oder Pflegeelternschaft dominiert, zeigt eindrucksvoll das Beispiel von Sasse (1995, S. 26/27, zit. in Wieners 1999), wonach in der Stadt Berlin homosexuellen Männern ausschließlich aidskranke Kinder als Pflegekinder vermittelt werden. Adoptionen sind für homosexuelle Männer grundsätzlich nicht möglich – es sei denn, sie verschweigen ihre Homosexualität und berufen sich auf Paragraph 1741 Abs. 3 BGB, wonach die Adoption eines Kindes bei Alleinstehenden genehmigt werden kann. Die Aussichten sind hierbei jedoch gering, da üblicherweise heterosexuelle Paare bevorzugt werden.

Eine weitere in den USA vorkommende und in Deutschland mit hoher Wahrscheinlichkeit nur äußerst selten anzutreffende Form der Familiengründung besteht für homosexuelle Männer darin, Kinder mit einer Frau zu zeugen und aufzuziehen, mit welcher sie zwar zusammenleben, jedoch ansonsten in keinerlei Weise sexuellen Kontakt haben. Dies bezeichnet man als homosexuelles „Co-parenting" (Rosenthal/Keshet 1981), wobei alle möglichen Formen des Zusammenlebens vorstellbar sind (z.B. eine Lesbe und ein homosexueller Mann oder eine Lesbe und ein heterosexueller Mann). Aufseiten der Männer wie Frauen können hierfür unterschiedliche Beweggründe existieren, wie z.B. finanzielle Belange, das Umgehen schwieriger Behördenformalitäten oder schlichtweg gegenseitige Sympathie (Pies 1988). Eines dieser Arrangements wird dabei als „Vierfach-Elternschaft" („quadra-parenting") bezeichnet. Dabei lebt jeweils ein homosexuelles und ein lesbisches Paar zusammen. Das Kind lebt dabei teilweise in einem, teilweise im anderen Haushalt. Wie bereits erwähnt, können homosexuelle Männer derartige Arrangements mit heterosexuellen oder lesbischen Frauen sowie mit allein stehenden oder in Beziehung lebenden Frauen aufbauen (Martin 1993; Van Gelder 1991).

Schließlich besteht noch eine weitere Möglichkeit der Elternschaft für homosexuelle Väter: das Arrangement mit einer „Leihmutter". Dabei ist es in Deutschland dem homosexuellen Mann jedoch nur möglich, durch heterosexuellen Geschlechtsverkehr oder künstliche Befruchtung ohne die Inanspruchnahme eines Arztes Vater zu werden. Dagegen ist in den USA die Möglichkeit der künstlichen Befruchtung in diesem Zusammenhang gegeben (Martin 1993). Mit der Geburt des Kindes verliert dann die Mutter jeglichen Anspruch an das Kind, und der biologische Vater wird der alleinige legale Elternteil. Das Kind wird schließlich von den beiden Männern aufgezogen und eventuell von dem nicht biologischen Vater adoptiert.

Zu welchen Diskussionen und Entscheidungsschwierigkeiten diese Form der Zeugung in den USA führte, soll hier kurz angerissen werden. Dabei sind vor allem zwei Ambiguitäten homosexueller Vaterschaft betroffen. Erstere betrifft den Grad, zu welchem die biologische Abstammung Einfluss nehmen soll auf die Etablierung von Elternschaft. Wichtig ist in diesem Zusammenhang z.B. der Status des Samenspenders. Ist ein Homosexueller, welcher seinen Samen spendet, als Vater des Kindes zu betrachten? In einigen Staaten der USA ist dies nur dann der Fall, wenn die Insemination von einem Arzt überwacht wird und der Samenspender der Ehemann der Empfängerin ist. Erst dann erhält der Samenspender sämtliche elterlichen Rechte als auch Pflichten. In anderen Fällen ist der „anonyme" homosexuelle Samenspender bereits der zukünftigen Mutter bekannt oder die Insemination wird nicht von einem Arzt überwacht. Die Klärung derartiger Fragen ist deshalb von Relevanz, da in einigen Fällen anonyme Samenspender Kontakt zu ihrem Kind aufnehmen möchten oder versuchen, legale Rechte zu erhalten.

Die zweite Ambiguität betrifft den Status des Partners des homosexuellen Vaters. Wie ist dessen Rolle gegenüber dem Kind/den Kindern definiert? Einige Autoren argumentieren, dass er in dieser Hinsicht mit einem Stiefelternteil vergleichbar ist (z.B. Baptiste 1987; Crosbie-Burnett/Helmbrecht 1993). Beachtung muss dabei auch das Alter des Kindes erhalten. So wird derjenige Partner eines homosexuellen Vaters, der bereits ab einem sehr frühen Alter des Kindes (z.B. ein Jahr) im Haushalt lebt, mit höherer Wahrscheinlichkeit als eine Elternfigur betrachtet als ein neuer Partner, der einem Teenager gegenübertritt.

Anhand all dieser zum Teil noch ungeklärten Fragen und Debatten wird deutlich, dass die Gruppe der homosexuellen Väter (oder jener, die es werden wollen) sehr heterogen ist – und ebenso deren Familienstrukturen. Meist sind es die spezifischen Umstände der jeweiligen Situation, welche die Möglichkeiten einer Vaterschaft einschränken oder erweitern.

Im folgenden Abschnitt soll auf die große Gruppe der geschiedenen homosexuellen Väter noch spezifischer eingegangen werden. Wie bereits erwähnt, verhält es sich vielfach so, dass homosexuelle Männer zunächst eine Partnerschaft mit einer Frau eingehen, diese heiraten, Kinder zeugen und erst viel später ihre Homosexualität gegenüber der Familie offenbaren. Welche Dynamik derartigen Entwicklungsprozessen zugrunde liegt und welche Konsequenzen dies für die Väter und deren Familie mit sich bringt, soll hier dargestellt werden.

Die Gruppe der geschiedenen homosexuellen Väter: ein Entwicklungsmodell

Miller (1979) und Bozett (1980, 1981a, b, 1987b) haben versucht, jene Schritte zu rekonstruieren, welche einen Mann, der sich innerhalb einer Ehe jahrelang als heterosexuell betrachtet hat, schließlich dazu führen, sich gegenüber der Öffentlichkeit und der Familie als homosexuell zu bekennen. Die Autoren betonen im Hinblick auf den Prozess des Identitätserwerbs die zentrale Bedeutung der Identitätsaufdeckung („Coming-out") und der Reaktionen darauf seitens für den Mann bedeutsamer Personen. Indem er seinen Status als homosexueller Mann gegenüber der heterosexuellen Umwelt aufdeckt, seinen Status als Vater gegenüber den Mitgliedern der homosexuellen Gemeinde enthüllt und wertschätzende Reaktionen von bedeutsamen Bezugspersonen erhält, sei ein homosexueller Vater dazu fähig, die vormals negierten Aspekte seiner Identität zunehmend zu integrieren.

Miller (1979) hat in einem Interview mit 50 Vätern folgendes Vier-Stufen-Modell der Identitätsanpassung erarbeitet:

1. Geheimhaltung: Ein verheirateter homosexueller Mann zeigt „verdecktes Verhalten" und sucht heimlich schnelle, anonyme Begegnungen mit anderen Männern (auch Sexualkontakte). Dabei verwendet er oft Ausreden, wie z.B. „Trunkenheit", für sein eigenes Verhalten. Männer in diesem Stadium (und es mag sein, dass sie darin verweilen) sehen ihr Familienleben meist als „Verpflichtung" an – und ein Leben als homosexueller Mann nicht als mögliche Option.
2. Marginales Engagement: Der Kontakt zur Homosexuellengemeinschaft nimmt stärker zu. Allerdings präsentiert sich der Mann in der Öffentlichkeit und gegenüber seiner Familie nach wie vor als heterosexuell. Er fühlt sich zunehmend darin schuldig, wichtige Aspekte seiner Persönlichkeit vor seiner Frau und seinen Kindern zu verbergen, was z.B. durch eine Überhäufung derselben mit Geschenken kompensiert wird. Dies ist eine Stufe, auf welcher der Mann möglicherweise das erste Mal darüber nachdenkt, wie es wohl wäre, von Frau und Kindern getrennt zu leben.

3. Transformierte Partizipation: Auf dieser dritten Stufe nehmen die Männer ihre homosexuelle Identität das erste Mal an. Viele verlassen Frau und Kinder und offenbaren ihre sexuelle Orientierung auch gegenüber anderen Leuten außerhalb der Familie. Auf dieser Stufe machen sich viele dieser Männer auch erstmals ernsthafte Sorgen darüber, wie sich nun wohl die Beziehungen zu den eigenen Kindern (auch gerichtlich) gestalten werden. Insgesamt fühlen sie sich jedoch wesentlich besser, zeigen mehr Selbstbewusstsein und eine bessere psychische Gesundheit.

4. Offene Zustimmung: Zu diesem Zeitpunkt hat sich die Identität der Männer gefestigt, und viele von ihnen befinden sich entweder freiwillig oder beruflich in einer homosexuellen Gemeinschaft. Sehr viele von ihnen leben zu diesem Zeitpunkt mit einem festen Partner zusammen. Nunmehr haben die Männer ihre homosexuelle Identität gegenüber ihren Exfrauen und ihren Kindern enthüllt. Die Beziehungen sind meist unbelastet, da die psychische Distanz wegfällt, die vormals infolge der Geheimnisse bezüglich ihrer sexuellen Orientierung entstanden war. Die meisten homosexuellen Väter beschreiben als eine wesentliche Schwierigkeit auf dieser Stufe die Integration ihrer Identität als Vater und als homosexueller Mann, da der Großteil der Welt nur eine der beiden Identitäten wertschätzt.

Sowohl Miller (1979) als auch Bozett (1987b) betonen, dass es verschiedene Faktoren sind, die bestimmen, wie schnell ein Mann seine homosexuelle Identität vor anderen enthüllt. Als einen der wichtigsten Faktoren sehen dabei die Autoren die Erfahrung des Vaters an, sich in einen anderen Mann zu verlieben. Diese Erfahrung ist deshalb so bedeutsam, da sie dem Vater wesentlich dabei helfen kann, die bisher unterdrückten Aspekte seiner Identität zu integrieren. Diese Hypothese ist jedoch noch nicht empirisch untersucht worden. Modelle wie jenes von Miller (1979) weisen einige Schwächen auf: Es können damit beispielsweise keine prospektiven (langfristigen) Aussagen getroffen werden – so z.B. welche Männer ihre homosexuelle Identität weiterhin verdeckt halten werden. In ähnlicher Weise kann dieses Modell nicht dabei helfen, Faktoren, die für das Verständnis homosexueller Väter zusätzlich relevant sind (z.B. demografische oder geografische Faktoren), zu identifizieren. Auch sagt dieses Modell nur sehr wenig über das aktuelle Verhalten als Elternteil oder hinsichtlich anderer Rollen aus.

Die Entscheidung homosexueller Männer für Elternschaft

Viele Jahre lang glaubte man, dass homosexuelle Männer nur im Kontext vormaliger heterosexueller Beziehungen Vater werden können. Heute streben hingegen Männer und Frauen in gleichgeschlechtlichen Partnerschaften immer häufiger an, die Aufgaben der Elternrolle zu übernehmen. Dabei stellt die Entscheidung für ein Kind sowohl für gleichgeschlechtliche als auch für gegengeschlechtliche Paare sicher eine der aufregendsten und bedeutungsvollsten Entscheidungen im Leben dar. Gleichgeschlechtliche Paare haben hierbei jedoch – wie oben bereits beschrieben – mit verschiedenen Schwierigkeiten zu kämpfen. Anhand des aktuellen Forschungsstandes auf diesem Gebiet kann man verfolgen, inwieweit diesem Ereignis und Stadium im Lebenszyklus Beachtung geschenkt wird. Dabei ist der Übergang zur Elternschaft bei heterosexuellen Paaren ausführlich diskutiert und beschrieben worden (z.B. Cowan/Cowan 1992). Für gleichgeschlechtliche Paare gibt es hierüber keinerlei Forschung, obwohl diese von vielen ähnlichen Fragestellungen betroffen sind (z.B. inwiefern Kinder Einfluss nehmen auf die weitere Gestaltung der Partnerschaft; ökonomische Probleme u.a.), aber auch von erweiterten Fragestellungen, die sich automatisch für Mitglieder einer stigmatisierten Minorität ergeben (Martin 1993; Patterson 1994a; Weston 1991).

Homosexuelle Männer sind bei ihrem Wunsch nach Vaterschaft mit zahlreichen Fragen und Problemen konfrontiert. Allein die reine Vorgehensweise, um Vater zu werden, kann sehr entmutigend erscheinen. Potenzielle homosexuelle Väter brauchen deshalb genaue aktuelle Informationen darüber, wie sie Eltern werden können, wie sich ihre Kinder wahrscheinlich entwickeln werden und welche Unterstützungsmöglichkeiten verfügbar sind. Sie müssen entscheiden, ob sie biologische Kinder in einem gemeinsam erziehenden oder in einem Ersatzarrangement betreuen wollen oder ob sie anstreben, Pflege- bzw. Adoptiveltern zu werden, sowie welches die Wege sind, um eines dieser Ziele zu erreichen.

In den USA und möglicherweise in Zukunft auch in Deutschland sehen sich homosexuelle Männer, die eine biologische Elternschaft anstreben, zudem mit verschiedenen gesundheitsbezogenen Fragen konfrontiert, wie z.B. das medizinische Screeningverfahren zur Auswahl einer möglichen Leihmutter, Techniken der künstlichen Befruchtung, pränatale Betreuung und Vorbereitung auf die Geburt. Weitere Fragestellungen betreffen rechtliche Belange wie Sorgerecht und Verantwortlichkeiten aller beteiligten Parteien sowie die Abklärung finanzieller Belange. Schließlich sind auch soziale und emotionale Fragen der verschiedensten Art zu diskutieren (z.B. wie Freunde oder die Herkunftsfamilie auf die Situation reagieren werden) (Patterson 1994b; Pies 1985, 1990; Pollack/Vaughn 1987; Rohrbaugh 1988).

Für die Forschung bleiben vor allem folgende wichtige Fragen noch unbeantwortet:

- Welche Faktoren beeinflussen homosexuelle Männer beim Schritt in die Elternschaft?
- Wie beeinflusst die Elternschaft homosexuelle Väter und welche Gemeinsamkeiten/Unterschiede lassen sich dabei im Vergleich mit heterosexuellen Paaren aufzeigen?
- Welche speziellen Unterstützungsangebote gibt es für homosexuelle Väter und inwiefern helfen sie diesen?
- Welche Elemente müsste ein soziales bzw. gesellschaftliches Klima aufweisen, das sich als förderlich für homosexuelle oder lesbische Paare und deren Kinder erweist?

Mit der Entscheidung eines homosexuellen Mannes, die primäre Bezugsperson für ein Kind darstellen zu wollen, sind natürlich längerfristige Überlegungen verknüpft. Damit verbundene Bedenken werden mitunter durch gesellschaftliche Vorurteile bedingt, welche ihren Niederschlag auch in der Rechtssprechung finden.

Die amerikanische Rechtssprechung ging diesbezüglich sehr rüde mit homosexuellen Vätern um (Editors of the Harvard Law Review 1990; Falk 1989; Polikoff 1990; Rivera 1991). Sie erhielten üblicherweise kein Sorge- und Besuchsrecht für ihre Kinder (Falk 1989) – was ebenso für Deutschland zutrifft. Obwohl man inzwischen eingesehen hat, dass die sexuelle Orientierung eines Menschen kein geeigneter Maßstab zur Entscheidung für oder gegen das Sorgerecht ist, wird nicht nur in einigen Staaten der USA davon ausgegangen, dass homosexuelle Paare ihre Elternaufgaben nicht angemessen erfüllen können. Eine andersartige sexuelle Orientierung wurde mit „mentaler Krankheit" gleichgesetzt. Bei lesbischen Müttern wurde davon ausgegangen, dass sie weniger „Mütterlichkeit" besitzen und somit ihre Aufgabe nicht zufriedenstellend bewältigen können. Häufig wird auch die Ansicht vertreten, dass eine homosexuelle Partnerschaft wenig Zeit für andauernde Eltern-Kind-Beziehungen lässt (Editors of the Harvard Law Review 1990; Falk 1989). Wie sicherlich nicht unschwer zu erkennen ist, sehen sich homosexuelle Väter mit deutlichen Schwierigkeiten konfrontiert, wenn es darum geht, ein Kind zu adoptieren oder als Pflegeelternteil zu fungieren (Ricketts 1991; für einen aktuellen Überblick vgl. Buxton 1999).

Es sind im Wesentlichen die folgenden Ängste, welche die Rechtssprechung hinsichtlich der Sorgerechts- und Adoptionsregelungen bei homosexuellen Paaren maßgeblich beeinflusst haben:

- Die sexuelle Orientierung eines Kindes mit homosexuellen Eltern wird beeinträchtigt. Die Kinder werden selbst homosexuell werden, was als etwas grundsätzlich Negatives bewertet wird.
- Die Eltern üben einen negativen Einfluss auf andere Aspekte der Persönlichkeitsentwicklung des Kindes aus. Insbesondere seien die Kinder anfälliger für die Entwicklung von Verhaltensproblemen.
- Die Kinder werden Schwierigkeiten in der Gestaltung und Aufrechterhaltung von sozialen Beziehungen haben. Sie werden von Gleichaltrigen nicht ernst genommen oder stigmatisiert.

Cameron und Cameron (1998a) haben in diesem Zusammenhang 40 Sorgerechtsfälle untersucht (wobei stets ein homosexueller Elternteil involviert war) und festgestellt, dass entlang ihrer Ergebnisse viele der bestehenden Urteile und Meinungen über homosexuelle Eltern und deren Defizite im Umgang mit Kindern bestätigt werden konnten. In diesem Zusammenhang sollten die folgenden Punkte nicht unerwähnt bleiben: Die Sichtweise und Argumentation der Autoren Cameron und Cameron (1998a) wird vom Krankheitsbild und einem impliziten Defizitmodell der Homosexualität geleitet (S. 1190), wonach es die Entwicklung von Homosexualität unter allen Umständen zu vermeiden gilt. Besonders betonen sie dabei die Rolle der Eltern und schreiben diesen die Verantwortung und implizit die Fähigkeit zu, den Verlauf einer homosexuellen Entwicklung bei ihren Kindern abwenden zu können (Cameron/Cameron 1999, S. 799/800). In diesem Kontext scheuen sie sich beispielsweise nicht, Homosexualität mit Drogensucht gleichzusetzen und auf die Verantwortung seitens der Eltern zu verweisen (Cameron/Cameron 1999, S. 799). Darüber hinaus ist zu beachten (insbesondere bei der Auswertung vergangener Sorgerechtsfälle, welche bis ins Jahr 1975 zurückreichen), dass die Rechtssprechung in mindestens fünf Staaten der USA heute folgenden Richtlinien folgt und damit an der „unfitness" homosexueller Eltern festhält: „Homosexualität wurde für weit mehr als zweitausend Jahre als der menschlichen Moral widersprechend betrachtet. Sie wurde und wird als ein unnatürliches und amoralisches Handeln angesehen" (Fitzgerald 1999, S. 59). Auf die Diskussion über die Objektivität und Validität der Untersuchung von Cameron und Cameron (1998a) soll in diesem Zusammenhang nur verwiesen werden, zumal sich diese Untersuchung fast ausschließlich mit lesbischen Müttern beschäftigt (vgl. Cameron/Cameron 1999; Duncan 1999).

Im Folgenden wird anhand aktueller Forschungsergebnisse der Frage nachgegangen, ob die spezifische sexuelle Orientierung homosexueller Eltern verschiedene Entwicklungsaspekte der Kinder negativ beeinflusst.

Auswirkungen auf die Entwicklung und den Umgang mit Kindern

Beschäftigt man sich mit den Kindern homosexueller Väter, so muss man sich verdeutlichen, dass die meisten von ihnen bereits die Scheidung ihrer Eltern miterlebt haben. Andere wuchsen in Single-Haushalten auf, und wieder andere befinden sich im Kreuzfeuer ihrer Eltern, Großeltern und vielleicht auch der Gemeinde, welche darüber diskutieren, ob der homosexuelle Vater des Kindes seine Rolle angemessen erfüllen kann. In den meisten Fällen wird aber die emotionale Belastung, die ein Kind möglicherweise erlebt, ausschließlich auf das Zusammenleben mit dem homosexuellen Vater zurückgeführt. Dem komplexen Zusammenspiel von Familiendynamiken, Scheidungsanpassung und dem Prozess des Coming-out des Vaters wird dabei wenig Beachtung geschenkt.

Das Coming-out des Vaters

Das Coming-out des Vaters gegenüber dem Kind ist üblicherweise ein sehr emotionales Ereignis. Die Offenbarung der eigenen Homosexualität legt beim Vater Ängste hinsichtlich Zurückweisung, Verletzung oder Schädigung des kindlichen Selbstvertrauens frei. Einigen Vätern gelingt es nicht, diese Aufgabe jemals zu bewältigen. Sie führen häufig ein sehr konflikthaftes Leben und zeigen vermehrt distanzierende Erziehungsstile (Bozett 1980; Corley 1990; Humphreys 1979; Miller 1979; Spada 1979). Diejenigen Väter, welchen dieser Schritt gelingt, sehen sich oftmals mit der weiteren Fragestellung konfrontiert, wie offen sie hinsichtlich ihrer sexuellen

Beziehungen gegenüber dem Kind sein sollen und wie weit sie ihr Kind mit der Gemeinschaft der Homosexuellen konfrontieren sollen (Robinson/Barret 1986).

Bigner und Bozett (1990) geben an, dass einer der Hauptgründe für das Coming-out der Väter darin liegt, dass sie sich ihren Kindern gegenüber so darstellen möchten, wie sie wirklich sind. Die meisten Väter haben jedoch Bedenken, ob sich dies negativ auf bestimmte Entwicklungsaspekte oder die Gesundheit des Kindes auswirken könnte. Deshalb nehmen viele Väter die Hilfe von Fachmännern in Anspruch. Andere Väter zeigen ihre sexuelle Identität den Kindern auf indirekte Weise, indem sie Zuneigungen gegenüber Männern vor ihren Kindern demonstrieren oder indem sie Kinder auf Veranstaltungen der Homosexuellen-Vereinigungen mitnehmen. Wieder andere Väter offenbaren sich ihren Kindern gegenüber sehr direkt in einem offenen Gespräch (Maddox 1982).

In diesem Zusammenhang sollte man stets bedenken, dass es sich beim Coming-out um einen Prozess und nicht so sehr um ein diskretes Ereignis handelt. Faktoren, welche den Zeitpunkt und die Art und Weise des Coming-out beeinflussen, sind der Grad an Intimität, der zwischen Vater und Kind herrscht, sowie die Offensichtlichkeit der Homosexualität (Bozett 1988). Die Forschung konnte belegen, dass Kinder, welche in einem frühen Alter über die Homosexualität ihres Vaters Bescheid wissen, weniger Schwierigkeiten im Umgang damit haben (Bozett 1989). Im Gegensatz hierzu hat sich die frühe Adoleszenz der Kinder als besonders kritischer Zeitpunkt erwiesen, über die Homosexualität ihrer Eltern zu erfahren (Baptiste 1987; Lewis 1980). Der Großteil der Kinder aus allen Altersgruppen erwähnt in diesem Zusammenhang jedoch auch, dass es nicht das Coming-out ihres Vaters oder ihrer Mutter sei, das für sie die größte Krise darstellt, sondern der damit häufig einhergehende Scheidungsprozess ihrer Eltern, resultierend in dem „Verlust" eines Elternteils – meist des Vaters. Es wird diesbezüglich leicht übersehen, dass sich der Einfluss der Homosexualität auf die Paarbeziehung signifikant von seinen Auswirkungen auf die Eltern-Kind-Beziehung unterscheidet. Während nach dem Coming-out sozioemotionale Neuregelungen in der Paarbeziehung getroffen werden müssen, behalten Eltern und Kinder ihre distinktiven Rollen und Bindungen bei, die unabhängig von der sexuellen Orientierung des Elternteils sind (Buxton 1999). Ergänzend sei in diesem Zusammenhang erwähnt, dass es einigen Familien durchaus gelingt, nach dem Coming-out des Vaters die bestehende Familienform zu wahren (Patterson/Chan 1999; http://www.gayserver.de/homoeltern.htm).

Im Allgemeinen kann davon ausgegangen werden, dass ein selbstsicherer und selbstverständlicher Umgang der Eltern mit ihrer Homosexualität eine gute Ausgangsbasis für die Entwicklung eines offenen und unterstützenden Familienklimas darstellt. Je früher und selbstverständlicher dabei das Kind mit der Homosexualität seiner Eltern konfrontiert wird, umso weniger Schwierigkeiten wird die gesamte Familie im Umgang damit haben (Bozett 1989; Patterson 1992). Den Kindern stehen in einem derartigen Kontext auch wesentlich bessere Möglichkeiten zur Verfügung, spezifische Probleme zu diskutieren, mit welchen sie sich konfrontiert sehen (Soll ich es meinen Freunden sagen? Wie werden sie reagieren?). Die positiven Auswirkungen eines offenen und unterstützenden Umgangs zeigen sich beispielsweise auch bei der Integration des homosexuellen „Stiefvaters". In der Untersuchung von Crosbie-Burnett und Helmbrecht (1993), an welcher 48 geschiedene homosexuelle Väter und deren Kinder im Jugendalter teilnahmen (die jedoch größtenteils bei ihrer Mutter wohnten), wurde deutlich, dass das Ausmaß an „family happiness" und die Qualität der Vater-Kind-Beziehung dann besonders positiv ausgeprägt waren, wenn der Partner des Vaters in das Familienleben aktiv integriert wurde und daran teilnahm.

Verheimlichungen jeder Art vor den Kindern – und insbesondere bezüglich der sexuellen Orientierung – sind dagegen in mehrfacher Hinsicht bedenklich. Zum einen stehen sie im Widerspruch zum Aufbau einer offenen und responsiven Familienatmosphäre, welche die Möglichkeit eröffnet, über spezifische familiale oder außerfamiliale Probleme zu diskutieren. Zum anderen erfordert eine Verheimlichung die ständige Aufrechterhaltung psychischer Energien, was familiendynamisch mit hoher Wahrscheinlichkeit vonseiten der Kinder nicht unbemerkt bleibt und sich negativ auf deren Verhalten auswirken kann. Des Weiteren birgt eine Verheimlichung stets die potenzielle Gefahr in sich, dass – beispielsweise im Zuge eines Familienstreits oder versehentlich – ein Spontan-Coming-out erfolgt, welches aufseiten der Kinder zu besonders großer Enttäuschung und Vertrauensentzug führen und langfristig in einem verstärkten Misstrauen und der Suche nach weiteren „Geheimnissen" seinen Ausdruck finden kann.

Zu betonen ist in diesem Zusammenhang, dass sich die meisten homosexuellen Eltern für ein Coming-out vor ihren Kindern entscheiden, und dieses wird von den Eltern wie auch den Kindern vorrangig als positives Erlebnis geschildert (Lewis 1980; Wyers 1987). Viele Kinder in oben genannten Studien berichten zudem, dass sich ihre Freunde neugierig und sehr unterstützend ihnen gegenüber verhielten. Dennoch benötigen die meisten Väter, Kinder und deren Freunde Zeit, um diese Informationen verarbeiten zu können sowie um ihre Gefühle und Einstellungen der Akzeptanz, des Verständnisses und/oder der Konfusion bzw. Angst zu erfassen und damit umgehen zu lernen.

Der Erziehungsstil homosexueller Väter

Der Erziehungsstil homosexueller Väter unterscheidet sich von dem allein erziehender Väter insbesondere dadurch, dass homosexuelle Väter eine stabilere Umwelt für ihre Kinder schaffen, eine höhere Responsivität aufweisen, mehr Erklärungen geben und stärker Grenzen setzen, als dies bei heterosexuellen Eltern der Fall ist (Bigner/Jacobsen 1989, 1992; Bozett 1989). Insgesamt vertreten homosexuelle Väter einen deutlich autoritativen Erziehungsstil.

In einer Studie von Scallen (1982; zitiert in Flaks 1994) kam man zu dem Ergebnis, dass homosexuelle Väter weniger Wert auf die Rolle des „Familienernährers" legen und prinzipiell eine weniger traditionelle Einstellung hinsichtlich ihrer Elternrolle hegen. In Bezug auf ihre Kinder fördern homosexuelle Väter deutlich weniger als heterosexuelle Väter traditionelle Klischees und geschlechtsspezifisches Verhalten (Turner/Scadden/Harris 1990).

Im Allgemeinen konnten Untersuchungen belegen, dass bei homosexuellen Vätern die Tendenz besteht, besonderen Wert auf ihr Erziehungsverhalten zu legen, da sie wissen, dass ihre Homosexualität für viele andere Menschen ein Anlass ist, ihr Erziehungsverhalten genauer zu beobachten (Barret/Robinson 1990). Die Kinder profitieren dabei insbesondere von der geringeren Fixierung auf traditionelle Rollenschemata sowie von einem offenen und demokratischen Familienklima, was häufig die Ausbildung besonders wünschenswerter Haltungen ermöglicht. So konnte beispielsweise Bozett (1987b) belegen, dass sich Kinder homosexueller Eltern gegenüber Personen, die ihnen unähnlich sind, wesentlich toleranter verhalten als Kinder heterosexueller Eltern.

So weit konnte verdeutlicht werden, dass Unterschiede im Erziehungsstil zwischen homosexuellen Vätern und heterosexuellen Vätern oder Müttern bestehen. Die Frage, ob diese Unterschiede im Erziehungsverhalten oder möglicherweise andere Faktoren die sexuelle Entwicklung der Kinder nachhaltig beeinflussen, soll im folgenden Abschnitt erörtert werden.

Die Entwicklung der sexuellen Identität bei Kindern homosexueller Väter

Im Wesentlichen lassen sich drei Aspekte der sexuellen Identität eines Menschen differenzieren (vgl. Fitzgerald 1999, S. 61): Die Geschlechtsidentität beschreibt die Selbst-Identifikation einer Person als Mann oder Frau. Unter dem Begriff des Geschlechtsrollenverhaltens werden Verhaltensweisen und Einstellungen verstanden, welche von einer bestimmten Kultur als angemessen „männlich" oder „weiblich" beschrieben werden. Die sexuelle Orientierung einer Person bezieht sich ausschließlich auf die empfundene Attraktivität und die damit verbundene Wahl der Sexualpartner, z.B. heterosexuell, homosexuell oder bisexuell.

Alle bisherigen Forschungsergebnisse legen nahe, dass die Entwicklung der Sexualität nicht primär von der sexuellen Orientierung der Eltern abhängt – was sich u.a. darin zeigt, dass viele Homosexuelle die Kinder heterosexueller Eltern sind. Darauf wird jedoch in entsprechenden Debatten die Entwicklung von Sexualität meist reduziert (neben dem Hinweis darauf, dass eine gesunde sexuelle Entwicklung nur im Kontext der traditionellen Kernfamilie erfolgen kann). Ergebnisse empirischer Studien könnten hier weiterhelfen, doch fallen diese im Hinblick auf homosexuelle Väter sehr spärlich aus. So liegen ausschließlich aus dem Bereich der „sexuellen Orientierung" Untersuchungen vor. Hierzu mag u.a. die Meinung beigetragen haben, dass Kinder homosexueller Eltern der erhöhten Gefahr unterlägen, selbst einmal homosexuell zu werden. Alle vorliegenden Forschungsergebnisse – mit Ausnahme der Studie von Cameron und Cameron (1996) – zeigen jedoch, dass die Ausbildung einer homosexuellen Orientierung bei Kindern homosexueller Väter zwischen 6 und 9% liegt (Bailey et al. 1995; Bozett 1980, 1982, 1987b, 1989; Miller 1979; Patterson 1992). Diese Prozentangaben aus den amerikanischen Studien entsprechen der Verteilung in der Gesamtbevölkerung (welche üblicherweise für die USA mit ca. 10% angegeben wird). Interessanterweise konnte die Studie von Bailey et al. (1995) belegen, dass die homosexuelle oder bisexuelle Orientierung der Söhne unabhängig davon war, wie viele Jahre die Söhne im Haushalt des Vaters lebten oder welche Qualität die Vater-Sohn-Beziehung aufwies.

Die bisher vorliegenden Ergebnisse sprechen für die Schlussfolgerung, dass die Tatsache, in einem Haushalt mit einem homosexuellen Elternteil aufgewachsen zu sein, das Kind nicht dafür prädisponiert, ebenfalls homosexuell zu werden. Ergänzend sei hinzugefügt, dass (die zahlenmäßig weit überlegenen) Studien bezüglich der Geschlechtsidentität und des Geschlechtsrollenverhaltens bei Kindern lesbischer Mütter keinerlei Nachteile oder Unterschiede im Vergleich zu Kindern heterosexueller Mütter aufzeigen konnten (z.B. Golombok/Spencer/Rutter 1983; Green et al. 1986; Hoeffer 1981; Kirkpatrick/Smith/Roy 1981).

Werden Kinder und Jugendliche durch Homosexuelle vermehrt belästigt?

Homosexuelle unterliegen – insbesondere in sozialen Berufen – der erhöhten Gefahr, dass ihnen die sexuelle Belästigung der eigenen Kinder oder ihnen anvertrauter Kinder (z.B. im Kontext eines Heimes) unterstellt wird. Derartige Argumentationen resultieren meist aus Unwissenheit und/oder aus einer Vermengung der beiden Begriffe „Pädophilie" und „Homosexualität". Dennoch scheint dieses Argument schlagkräftig zu sein und kann zu schlimmen Diskriminierungen führen (Rauchfleisch 1994).

Der bisherige Forschungsstand auf diesem Gebiet kann hierzu jedoch ein differenzierteres Bild vermitteln. Beispielsweise waren in der Untersuchung von Jenny, Roesler und Poyer (1994) in nur 2 von 269 Fällen wiederholten sexuellen Kindesmissbrauchs eine homosexuelle Person involviert. Ebenso konnte bereits ab Mitte der 70er Jahre durch Untersuchungen ermittelt werden, dass die Mehrheit sexuellen Missbrauchs auf heterosexueller Basis geschieht, wobei in über 90% der Fälle junge Mädchen und männliche Erwachsene involviert sind (DiLapi 1989; Groth/Birnbaum 1978; Hall 1978; Richardson 1981; Riley 1975). Dennoch verweisen einige amerikanische Studien darauf, dass Kinder auch von Homosexuellen (beispielsweise von homosexuellen Lehrer/innen) missbraucht und belästigt werden (Cameron 1985; Hechinger/Hechinger 1978; Rubin 1988, zit. in Cameron/Cameron 1998b, S. 868), jedoch in geringerem Ausmaße als durch Heterosexuelle. Dagegen konnten zwei Studien aufzeigen, dass im Kontext einer Kinderbetreuungseinrichtung homosexuelle Frauen (64%) häufiger als heterosexuelle Frauen in Fälle des Kindesmissbrauchs und der -belästigung involviert sind (Cameron/Cameron 1998b; Faller 1987).

Prinzipiell muss jedoch betont werden, dass es sich um eine Fehlannahme handelt, wenn davon ausgegangen wird, dass es ein weit verfolgtes Ziel von Homosexuellen sei, Jugendliche zu verführen. Zum einen haben nach Rauchfleisch (1994, S. 38) „gesunde schwule Männer und lesbische Frauen im Allgemeinen gar kein Interesse daran …, Beziehungen zu Jugendlichen aufzunehmen", zum anderen „wären sie gar nicht in der Lage, bei ihnen derartige Veränderungen in der Geschlechtsidentität herbeizuführen" (S. 38). Letztgenannter Punkt begründet sich darin, dass es eine weit verbreitete Fehlannahme ist, dass sich eine homosexuelle Orientierung aufgrund von „Lernprozessen in der Jugendzeit" (z.B. durch eine Verführung) etabliert. Im Zusammenhang mit biologischen Determinanten (Hamer et al. 1993; Hamer/Copeland 1998, S. 188ff.) spricht wesentlich mehr für die Annahme, dass sich die Geschlechtsidentität und die sexuelle Orientierung bereits in der frühen Kindheit als relativ stabile Strukturen etablieren. Das Kind ist in dieser Hinsicht primär ein „Selbstsozialisierer" (Fthenakis 1988, S. 107). Weiterführende Bedeutung erhält dabei nicht die Sexualität der Eltern (abgesehen von stark pathologischen Abweichungen), sondern die Qualität der Eltern-Kind-Beziehung, wobei die Studie von Bailey et al. (1995) sogar diesen Punkt ausschließt.

Viele Autoren der angeführten Studien verweisen in diesem Zusammenhang auf das wohl weit unterschätzte Potenzial, welches heutzutage z.B. vom Fernsehen, von der Schule und den Freundschaften der Kinder ausgeht. Insbesondere von den Auswirkungen der Freundschaftsbeziehungen und der Gefahr einer sozialen Stigmatisierung der Kinder homosexueller Väter durch Gleichaltrige soll im Folgenden die Rede sein.

Die soziale Entwicklung der Kinder

Häufig wird befürchtet, dass Kinder homosexueller Väter die Zielscheibe von Diskriminierungen durch Gleichaltrige darstellen. Dabei sollte man sich zunächst verdeutlichen, dass dies für eine gewisse Anzahl der Kinder in diesen Haushalten zutreffen mag, ebenso wie dies bei Kindern in anderen ungewöhnlichen Familiensituationen der Fall sein kann (z.B. Kinder mit einem geistig behinderten Geschwisterkind oder Kinder aus Scheidungsfamilien).

Auch wenn man davon ausgehen könnte, dass es sich bei Formen der sozialen Stigmatisierung um außerfamiliale soziale Konfliktquellen handelt, kann die Gestaltung der Eltern-Kind-Beziehung auf diesen Prozess Einfluss nehmen. Schließlich ist es ein zentraler Aspekt homosexueller Familien, mit der „Welt da draußen" klar zu kommen. Die meisten Familien leben in einem sozialen System, welches homosexuelle Elternschaft nicht unterstützt. So besteht z.B. ein wesentliches Ziel vieler homosexueller Väter darin herauszufinden, wie sie sich geschickt in der Schule, bei außerschulischen Aktivitäten, in der Kirche und im sozialen Netzwerk der Kinder engagieren können und auch akzeptiert werden. Wenn sie sich tatsächlich damit auseinander setzen, sehen jedoch viele dieser Männer oftmals keine andere Möglichkeit, als ein relativ zurückgezogenes Leben zu führen (Bozett 1988; Miller 1979).

Wieder andere Väter kämpfen damit, ihren Kindern eine positive Einstellung gegenüber Homosexuellen zu vermitteln und sie gleichzeitig von einer zu offenen Haltung gegenüber Lehrern und Gleichaltrigen zurückzuhalten (Morin/Schultz 1978; Riddle 1978). Dieses Beschützen der Kinder vor einer „zu offenen Einstellung" liegt zu einem Teil sicherlich in der Angst vor einer sozialen Stigmatisierung begründet.

Deren Konsequenzen werden hier besonders hoch bewertet, obwohl Formen der Stigmatisierung – wie bereits erwähnt – natürlich auch auf andere Kinder in anderen ungewöhnlichen Familiensituationen zutreffen. Obwohl die Anzahl bisheriger Studien zu diesem Thema sehr spärlich ausfällt, ist es von Bedeutung, diesen Punkt zu erörtern, da Formen der sozialen Stigmatisierung u.a. ein wesentliches Kriterium im Hinblick auf die Sorgerechtsentscheidung darstellen (Kraft 1983).

In einer Studie von Susoeff (1985) gaben nur 5 % der Kinder von bekennenden homosexuellen Eltern an, unter Vorurteilen, Missverständnissen und negativen Reaktionen Gleichaltriger zu leiden. In allen anderen Studien fallen die Ergebnisse deutlicher aus, so z.B. in jener von Riddle und Arguelles (1981), in welcher 63 % der Familien irgendeine Form „negativen Inputs" bezüglich ihrer Homosexualität erfahren haben – 79 % dieses Inputs von gleichaltrigen Freunden des Kindes.

In einer umfangreicheren Studie von Crosbie-Burnett und Helmbrecht (1993) wurden 48 Stieffamilien mit einem homosexuellen Vater untersucht, d.h., die Familie setzte sich aus einem homosexuellen Vater, seinem Freund bzw. Partner und mindestens einem Kind zusammen, das in dieser Familie lebt oder den Vater zumindest regelmäßig besucht. Ein interessantes Ergebnis war, dass 54 % der Kinder bzw. Jugendlichen ihren gleichaltrigen Freunden nichts über die sexuelle Orientierung ihres Vaters erzählten. Demgegenüber gaben nur 4 % der homosexuellen Väter an, heterosexuellen Freunden nichts über ihre sexuelle Orientierung zu erzählen. Die Kinder verhalten sich also wesentlich verschlossener als ihre Väter im Hinblick darauf, dass sie Mitglieder einer Homosexuellenfamilie sind.

Am meisten zum Verständnis der Gleichaltrigenbeziehungen der Kinder von homosexuellen Vätern hat Bozett (1980, 1987b) beigetragen. In seinen Interviews mit Jugendlichen und jungen Erwachsenen kommt deutlich zum Ausdruck, dass die Kinder von homosexuellen Vätern zwar die elterliche Rolle ihres Vaters und die Beziehung zu diesem als überwiegend positiv beschrieben, aber auch einige Vorbehalte äußerten. Das zentrale Bedenken der Kinder und Jugendlichen bestand darin, ebenfalls als homosexuell betrachtet zu werden. So hatten die Kinder eine Reihe von Vermeidungsstrategien entworfen: Sie waren z.B. sehr darauf bedacht, vor ihren Freunden die sexuellen Identität des Vaters zu verheimlichen und gleichzeitig Versuche des Vaters, seine sexuelle Identität zum Ausdruck zu bringen, zu unterbinden (z.B. wurde der Vater aufgefordert, seine Homosexuellenzeitschriften aufzuräumen, wenn Besuch von einem Freund erwartet wurde). Freunde wurden nicht mit nach Hause gebracht, wenn wahrscheinlich war, dass der Partner des Vaters anwesend war. Oder der Vater wurde gebeten, nicht seinen Freund einzuladen, wenn der Sohn vorhatte, am Abend eine Party zu veranstalten. Bozett (1980, 1987b) geht davon aus, dass die Form und Intensität der Leugnung vor allem vom Alter des Kindes, von der Vater-Kind-Beziehung sowie von der Offenheit abhängig ist, mit welcher der Vater seine Homosexualität darstellt. Deutlich wird hierbei auch, dass das eigentliche Problem nicht die sexuelle Orientierung des Vaters darstellt, sondern die diesbezüglich produzierten gesellschaftlichen Homophobien.

Somit gibt es deutliche Hinweise darauf, dass Kinder homosexueller Väter Formen sozialer Stigmatisierung unterliegen und entsprechende Vermeidungsstrategien entwerfen. In diesem Zusammenhang wird es wichtig sein, auf die möglichen Konsequenzen von Stigmatisierungen hinzuweisen und entsprechende Interventionsangebote bereitzustellen. Um zu schnellen Fehlentscheidungen und -handlungen vorzubeugen, sollte man sich stets vergegenwärtigen, dass das Kind nicht von allen seinen Freunden geärgert wird und dass Stigmatisierungen nicht bei jeder Gelegenheit schwerwiegende Konsequenzen für die Entwicklung des Selbstbildes und der sozialen Beziehungen nach sich ziehen. Die Auswirkungen der Stigmatisierung hängen dabei – wie von Richardson (1981) beschrieben – von vielerlei Faktoren ab, z.B.: Welche Form nimmt die Stigmatisierung an, wie oft und unter welchen Umständen tritt sie auf, wer stigmatisiert und wie reagiert das individuelle Kind darauf? In ähnlicher Weise verweist Bozett (1987b) darauf, dass Stigmatisierungsprozesse einigen Mediatoren unterliegen, wobei z.B. das Alter des Kindes, das Vertrauen in der Vater-Kind-Beziehung sowie die Offenheit, mit welcher die Eltern ihre sexuelle Identität preisgeben, eine wesentliche Rolle spielen dürften.

In diesem Zusammenhang sei darauf verwiesen, dass Kinder homosexueller Väter üblicherweise keinen Kontakt haben zu Kindern, die sich in der gleichen Situation befinden. Es liegt in der Hand von Homosexuellen-Organisationen wie auch homosexuellen Familien, ihren Kindern derartige Kontakte zu ermöglichen. Diese könnten Eltern wie Kindern den Austausch über Probleme und die Möglichkeit zur Entwicklung eines stärkeren Wir-Gefühls ermöglichen, was dass Selbstbewusstsein stärken und Diskriminierungen Einhalt gebieten kann.

Forschungsrichtlinien und -perspektiven

Als abschließendes Resümee erfolgt der Versuch einer Erstellung zukünftiger Forschungsrichtlinien und -perspektiven.

Normative und ipsative Fragestellungen

Forschung im Bereich der Homosexualität sollte und kann normativ wie ipsativ sein, wodurch eine hinreichend große Zahl von Personen beobachtet wird und gleichzeitig grundlegende Informationen erhalten werden, die wir zum Verständnis der Entwicklung und des Umgangs mit Homosexualität benötigen.

Eine zentrale Aufgabe normativ orientierter Forschung würde darin bestehen, Informationen über das aktuelle Elternverhalten homosexueller Väter mit Säuglingen, Kindern, Jugendlichen und erwachsenen Kindern bereitzustellen. Gibt es Unterschiede in Erziehungsstilen? Welche Auswirkungen lassen sich für die Entwicklung der Kinder beschreiben? Wichtig ist in diesem Zusammenhang auch die Beschreibung familialer Organisationsmuster und des Familienklimas, welches in diesen Familien möglicherweise ganz typisch ausfällt.

Ein weiterer wichtiger Aspekt betrifft die Erforschung des Verhältnisses zwischen Homosexuellenfamilien und Bildungs-, kulturellen und religiösen Institutionen.

Welche Fragestellungen und Bedenken treten hier immer wieder auf und wie wird damit umgegangen? Werden Aspekte, Wünsche und Äußerungen von homosexuellen Vätern hier anders behandelt als die Wünsche von lesbischen Müttern oder Mitgliedern anderer stigmatisierter Minderheiten?

Hinsichtlich der ipsativen oder intraindividuellen Perspektive sollte ein wesentliches Ziel darin bestehen, individuelle Reaktions- und Bewältigungsmuster in unterschiedlichen Situationskontexten zu beschreiben. Hier wird entsprechende qualitative Forschung benötigt, welche als Ergänzung zur nomothetischen Vorgehensweise betrachtet werden sollte.

Beachtung sollte des Weiteren die Arbeit von spezifischen homosexuellen Arbeitsgemeinschaften finden. Vorurteile und Diskriminierungen müssen ernst genommen werden. Ein wesentlicher Faktor sind auch Gesundheitsfragen, vor allem hinsichtlich der HIV-Erkrankung (Paul/Hays/Coates 1995) – eine Krankheit, welche ebenfalls stigmatisiert ist.

Forschung auf diesem Gebiet ermöglicht auch die Erfassung der Bedeutung von Geschlecht und sexueller Orientierung in der Elternschaft. Hier könnte es zur Hinterfragung einiger bisher akzeptierter Einstellungen und Haltungen kommen.

Forschungsdesign zukünftiger Studien

Wie anfangs bereits erwähnt, mangelt es vielen Studien daran, über repräsentative, randomisierte Stichproben zu verfügen, da sie sich auf eine nahezu unsichtbare Population beziehen müssen. Viele homosexuelle Eltern nehmen aus unterschiedlichen Gründen nicht an solchen Untersuchungen teil, und die wenigen, die es tun, zeigen üblicherweise einen relativ offenen und selbstverständlichen Umgang mit ihrer Homosexualität. Nach Fitzgerald (1999, S. 69) haben diese Studien somit in erster Linie einen deskriptiven und andeutenden Charakter und weniger einen schlussfolgernden. Insbesondere ist zu betonen, dass vor allem Studien über homosexuelle Väter fehlen – ein Spiegelbild der Tatsache, dass Väter, ob homosexuell oder nicht, mit geringerer Wahrscheinlichkeit das Sorgerecht erhalten (Bozett 1987a).

Anhand des aktuellen Forschungsstandes erscheinen die nun folgenden Ableitungen für zukünftige Forschungsstrategien und -designs als wesentlich:

- Es werden vermehrt Langzeitstudien benötigt, um das Familiengeschehen auf einer prozessualen wie auch strukturellen Ebene betrachten zu können und um zu verstehen, wie sich verändernde Lebensumstände auf die Entwicklung von Eltern und Kindern auswirken (Patterson 1992). Beispielsweise wäre bei geschiedenen homosexuellen Vätern die Frage zu klären, welche Unterschiede sich in Bezug auf die Besuchsvereinbarungen feststellen lassen und welche Auswirkungen diese Unterschiede auf die Vater-Kind-Beziehung haben.
- Es werden Studien benötigt, die über größere Stichproben verfügen und damit stärker die demografische Diversität homosexueller Familien repräsentieren. In

den meisten Untersuchungen wurden weiße, gebildete Mittelschichtfamilien aus städtischen Gebieten der USA befragt. Mehr Forschung hinsichtlich ethnischer Herkunft, familial-ökonomischer Unterschiede und kultureller Umwelten wird benötigt (Fitzgerald 1999; Patterson 1995).

- Es sollte verstärkt ein systemökologischer Untersuchungsansatz vertreten werden. In den meisten Untersuchungen wurden nur die Kinder oder die Eltern befragt. Vernachlässigt wurden dabei die Paar- oder die Familienebene. Wenn Familien auf unterschiedlichen Ebenen untersucht werden (Paar, Familie, Nachbarschaft, Region, Kultur), entwickelt sich daraus sicherlich ein differenzierteres Verständnis homosexueller Familien (Patterson 1995).
- Intergenerationale Forschungsansätze mit Kindern und Erwachsenen verschiedener Altersgruppen sind notwendig (Fitzgerald 1999). Dies könnte zudem zu einem besseren Verständnis des Zusammenspiels biologischer und sozialer Faktoren führen.
- Besondere Beachtung sollten bei zukünftigen Forschungsarbeiten die unterschiedlichen Familienformen erhalten, allen voran Adoptionen, Pflegschaften, Stieffamilien sowie von Anfang an geplante homosexuelle Familienformen.
- Die Konzeptualisierung der sexuellen Identität der Eltern sollte stärkere Aufmerksamkeit erfahren. Bisher wurde einer gewissen Fluidität der sexuellen Identität keine Beachtung geschenkt (Brown 1995). Es ist anzunehmen, dass z.B. die Zahl bisexueller Eltern höher ist als bisher angenommen (Fox 1995). Die zukünftige Forschung könnte von der Berücksichtigung derartiger Aspekte profitieren.

Zusammenfassung

Die bisherigen Forschungsergebnisse in Bezug auf homosexuelle Väter verweisen darauf, dass der Großteil dieser Väter geschieden ist und mit spezifischen Schwierigkeiten zu kämpfen hat, beginnend mit dem Prozess des Coming-out bis hin zur Übernahme von Pflegschaften oder Adoptionen.

Vielerlei Befürchtungen bezüglich einer intellektuellen, sozialen oder emotionalen Benachteiligung der Kinder homosexueller Väter haben sich laut den vorliegenden Studien als unbegründet erwiesen. Eine Ausnahme hiervon bildet die Tatsache, dass viele Kinder homosexueller Väter Schwierigkeiten in der Darstellung und im Umgang mit der Homosexualität ihres Vaters vor allem gegenüber ihren Freunden haben. Hier erfolgreich zu intervenieren erfordert die Betrachtung des spezifischen Einzelfalles, insbesondere der Form der Stigmatisierung oder des Vermeidungsverhaltens aufseiten des Kindes.

Insgesamt lässt sich festhalten, dass sich homosexuelle Väter als kompetente Väter erweisen, deren Kinder von einer autoritativen Erziehung häufiger profitieren können als Kinder in heterosexuellen Partnerschaften. Besondere Betonung soll nochmals die Tatsache erfahren, dass es für die Kinder von geringerer Bedeutung ist, ob ihr Vater oder ihre Mutter homosexuell ist. Wichtiger ist vielmehr, ob es ihren Eltern gelingt, einen gemeinsamen weiteren Lebensweg zu finden oder ob sie die Unterschiede in ihrer sexuellen Orientierung zur Trennung veranlassen.

Zusammenfassend lässt sich festhalten, dass homosexuelle Familien viel Stärke und Resilienz beweisen. Durch ihre Existenz fordern sie die angenommene Normalität traditioneller Geschlechtsrollen heraus. Sie verweisen auf neue Wege des familialen Zusammenlebens und auf eine differenziertere Sichtweise, kindliche Entwicklungsaspekte zu verstehen. Damit fordern sie Wissenschaftler dazu auf, vorurteilsfrei die Definitionen von familialen Prozessen und Strukturen zu präzisieren und zu erweitern.

Literatur

Altman, D.: The homosexualization of America, the Americanization of the homosexual. New York: St. Martin's 1982

Bailey, J.M./Bobrow, D./Wolfe, M./Mikach, S.: Sexual orientation of adult sons of gay fathers. Developmental Psychology 1995, 31, S. 124-129

Baptiste, A.D.: Psychotherapy with gay/lesbian couples and their children in „stepfamilies": A challenge for marriage and family therapists. In: Coleman, E. (Hrsg.): Integrated identity for gay men and lesbians: Psychotherapeutic approaches for emotional well-being. New York: Harrington Park Press 1987, S. 223-238

Barret, R.L./Robinson, B.E.: Gay fathers. Lexington: Lexington 1990

Bigner, J.J./Bozett, F.W.: Parenting by gay fathers. In: Bozett, F.W./Sussman, M.B. (Hrsg.): Homosexuality and family relations. New York: Harrington Park Press 1990, S. 155-176

Bigner, J.J./Jacobsen, R.B.: Parenting behaviors of homosexual and heterosexual fathers. In: Bozett, F.W. (Hrsg.): Homosexuality and the family. New York: Harrington Park Press 1989, S. 173-186

Bigner, J.J./Jacobsen, R.B.: Adult responses to child behavior and attitudes towards fathering: Gay and nongay fathers. Journal of Homosexuality 1992, 23, S. 99-112

Blumenfeld, W.J./Raymond, D.: Looking at gay and lesbian life. Boston: Beacon 1988

Bochow, M.: AIDS: Wie leben schwule Männer heute? Bericht über eine Befragung im Auftrag der Deutschen AIDS-Hilfe. AIDS-Forum DAH 2. Berlin: Deutsche AIDS-Hilfe 1988

Bochow, M.: AIDS und Schwule: individuelle Strategien und kollektive Bewältigung. Zweite Befragung im Auftrag der Deutschen AIDS-Hilfe. AIDS-Forum DAH 4. Berlin: Deutsche AIDS-Hilfe 1989

Bozett, F.W.: Gay fathers: How and why they disclose their homosexuality to their children. Family Relations 1980, 29, S. 173-179

Bozett, F.W.: Gay fathers: Evolution of the gay-father identity. American Journal of Orthopsychiatry 1981a, 51, S. 552-559

Bozett, F.W.: Gay fathers: Identity conflict resolution through integrative sanctioning. Alternative Lifestyles 1981b, 4, S. 90-107

Bozett, F.W.: Heterogeneous couples in heterosexual marriages: Gay men and straight women. Journal of Marital and Family Therapy 1982, 8, S. 81-89

Bozett, F.W.: Gay and lesbian parents. New York: Praeger 1987a

Bozett, F.W.: Children of gay fathers. In: Bozett, F.W. (Hrsg.): Gay and lesbian parents. New York: Praeger 1987b, S. 39-57

Bozett, F.W.: Social control of identity of gay fathers. Western Journal of Nursing Research 1988, 10, S. 550-565

Bozett, F.W.: Gay fathers: A review of the literature. In: Bozett, F.W. (Hrsg.): Homosexuality and the family. New York: Harrington Park Press 1989, S. 137-162

Brown, L.: Lesbian identities: Conceptual issues. In: D'Augelli, A.R./Patterson, C.J. (Hrsg.): Lesbian, gay and bisexual identities across the lifespan. New York: Oxford University Press 1995, S. 3-23

Buxton, A.P.: The best interest of children of gay and lesbian parents. In: Galatzer-Levy, R.M./Kraus, L. (Hrsg.): The scientific basis of child custody decisions. New York: John Wiley/Sons 1999, S. 319-356

Cameron, P.: Homosexual child molestation/sexual interaction of teacher and pupil. Psychological Reports 1985, 57, S. 1227-1236

Cameron, P./Cameron, K.: Homosexual parents. Adolescence 1996, 31, S. 757-776

Cameron, P./Cameron, K.: Homosexual parents: A comparative forensic study of character and harms to children. Psychological Reports 1998a, 82, S. 1155-1191

Cameron, P./Cameron, K.: What proportion of newspaper stories about child molestation involves homosexuality? Psychological Reports 1998b, 82, S. 863-871

Cameron, P./Cameron, K.: Homosexual parents: Why appeals cases approximate the „gold standard" for science – A reply to Duncan. Psychological Reports 1999, 84, S. 793-802

Campbell, K.: A gay father's quiet battle. Washington Blade 18.11.1994, S. 5

Corley, R.: The final closet: The gay parent's guide to coming out to their children. Miami: Editech Press 1990

Cowan, C.P./Cowan, P.A.: Wenn Partner Eltern werden. München: Piper 1992

Crosbie-Burnett, M./Helmbrecht, L.: A descriptive empirical study of gay male stepfamilies. Family Relations 1993, 42, S. 256-262

Dannecker, M.: Homosexuelle Männer und AIDS: eine sexualwissenschaftliche Studie zu Sexualverhalten und Lebensstil. Stuttgart: Kohlhammer 1990

Dannecker, M./Reiche, R.: Der gewöhnliche Homosexuelle. Frankfurt/Main: Fischer 1974

D'Emilio, J.: Sexual politics, sexual communities: The makings of a homosexual minority in the United States, 1940-1970. Chicago: University of Chicago Press 1983

D'Emilio, J./Freedman, E.B.: Intimate matters: A history of sexuality in America. New York: Harper/Row 1988

Diagnostisches und Statistisches Manual psychischer Störungen – DSM-III-R. Weinheim: Beltz 1989

DiLapi, E.M.: Lesbian mothers and the motherhood hierarchy. Journal of Homosexuality 1989, 18, S. 101-121

Duncan, D.F.: Homosexual parents and questions of character: A response to Cameron and Cameron. Psychological Reports 1999, 84, S. 791-792

Dunne, E.J.: Helping gay fathers come out to their children. Journal of Homosexuality 1987, 13, S. 213-222

Editors of the Harvard Law Review: Sexual orientation and the law. Cambridge: Harvard University Press 1990

Eskridge, W.N., Jr.: The case for same-sex marriage: From sexual liberty to civilized commitment. New York: Free Press 1996

Faderman, I.: Odd girls and twilight lovers: A history of lesbian life in twentieth century America. New York: Columbia University Press 1991

Falk, P.J.: Lesbian mothers: Psychosocial assumptions in family law. American Psychologist 1989, 44, S. 941-947

Faller, K.C.: Women who sexually abuse children. Violence and Victims 1987, 2, S. 263-276

Fitzgerald, B.: Children of lesbian and gay parents: A review of the literature. Marriage and Family Review 1999, 29, S. 57-75

Flaks, D.: Gay and lesbian families: Judicial assumptions, scientific realities. William and Mary Bill of Rights Journal 1994, 3, S. 345-372

Fox, R.C.: Bisexual identities. In: D'Augelli, A.R./Patterson, C.J. (Hrsg.): Lesbian, gay and bisexual identities over the lifespan: Psychological perspectives. New York: Oxford University Press 1995, S. 48-86

Fthenakis, W.E.: Väter. Zur Vater-Kind-Beziehung in verschiedenen Familienstrukturen, Band 2. München: PVU 1988

Golombok, S./Cook, R./Bish, A./Murray, C.: Families created by the new reproductive technologies: Quality of parenting and social and emotional development of the children. Child Development 1995, 66, S. 285-298

Golombok, S./Spencer, A./Rutter, M.: Children in lesbian and single-parent households: Psychosexual and psychiatric appraisal. Journal of Child Psychology and Psychiatry 1983, 24, S. 551-572

Gottman, J.S.: Children of gay and lesbian parents. In: Bozett, F.W./Sussman, M.B. (Hrsg.): Homosexuality and family relations. New York: Harrington Park Press 1990, S. 177-196

Green, G.D./Bozett, F.W.: Lesbian mothers and gay fathers. In: Gonsiorek, J.C./Weinrich, J.D. (Hrsg.): Homosexuality: Research implications for public policy. Thousand Oaks: Sage 1991, S. 197-214

Green, R./Mandel, J.B./Hotvedt, M.E./Gray, J./Smith, L.: Lesbian mothers and their children: A comparison with solo parent heterosexual mothers and their children. Archives of Sexual Behavior 1986, 15, S. 167-184

Gross, L./Aurand, S.K./Addessa, R.: Violence and discrimination against lesbian and gay people in Philadelphia and the Commonwealth of Pennsylvania. Philadelphia: Philadelphia Lesbian and Gay Task Force 1988

Groth, A.N./Birnbaum, H.J.: Adult sexual orientation and attraction to underage persons. Archives of Sexual Behavior 1978, 7, S. 175-181

Hall, M.: Lesbian families: Cultural and clinical issues. Social Work 1978, 23, S. 380-385

Hamer, D./Copeland, P.: Das unausweichliche Erbe. Wie unser Verhalten von unseren Genen bestimmt ist. Bern: Scherz 1998

Hamer, D.H./Hu, S./Magnuson, V.L./Hu, N./Pattatucci, A.M.L.: A linkage between DNA markers on the X chromosome and male sexual orientation. Science 1993, 261, S. 321-327

Hechinger, G./Hechinger, F.M.: Should homosexuals be allowed to teach? McCall's 1978, 105 (6), S. 100-101

Herek, G.M.: Hate crimes against lesbians and gay men: Issues for research and policy. American Psychologist 1989, 44, S. 948-955

Herek, G.M.: Stigma, prejudice, and violence against lesbians and gay men. In: Gonsiorek, J.C./Weinrich, J.D. (Hrsg.): Homosexuality: Research implications for public policy. Newbury Park: Sage 1991, S. 60-80

Herek, G.M./Berrill, K.T. (Hrsg.): Violence against lesbians and gay men: Issues for research, practice, and policy. Special issue. Journal of Interpersonal Violence 1990, 5, Heft 3

Hoeffer, B.: Children's acquisition of sex-role behavior in lesbian-mother families. American Journal of Orthopsychiatry 1981, 5, S. 536-544

Humphreys, L.: Tearoom trade. Chicago: Aldine 1979

Jenny, C./Roesler, T.A./Poyer, K.L.: Are children at risk for sexual abuse by homosexuals? Pediatrics 1994, 94, S. 41-44

Kirkpatrick, M./Smith, C./Roy, R.: Lesbian mothers and their children: A comparative survey. American Journal of Orthopsychiatry 1981, 51, S. 545-551

Kraft, P.: Recent developments: Lesbian child custody. Harvard Women's Law Journal 1983, 6, S. 183-192

Laird, J.: Lesbians and lesbian families: Multiple reflections. Smith College Studies in Social Work 1993, 63, S. 209-213

Laumann, E.O./Gagnon, J.H./Michael, R.T./Michaels, S.: The social organization of sexuality: Sexual practices in the United States. Chicago: University of Chicago Press 1994

Levine, M.P.: Employment discrimination against gay men. International Review of Modern Sociology 1979a, 9 (5-7), S. 151-163

Levine, M.P.: Gay ghetto. In: Levine, M.P. (Hrsg.): Gay men: The sociology of male homosexuality. New York: Harper/Row 1979b, S. 182-204

Levine, M.P./Leonard, R.: Discrimination against lesbians in the work force. Signs 1984, 9, S. 700-710

Lewis, K.G.: Children of lesbians: Their point of view. Social Work 1980, 25 (3), S. 198-203

Maddox, B.: Homosexual parents. Psychology Today 1982, Februar, S. 62-69

Mager, D.: Faggot father. In: Jay, K./Young, A. (Hrsg.): After you're out. New York: Links Books 1975, S. 128-134

Martin, A.: The lesbian and gay parenting handbook: Creating and raising our families. New York: Harper & Collins 1993

McPherson, D.: Gay parenting couples: Parenting arrangements, arrangement satisfaction, and relationships satisfaction. Unveröffentlichte Dissertation. Palo Alto: Pacific Graduate School of Psychology 1993

Miller, B.: Gay fathers and their children. Family Coordinator 1979, 28, S. 544-552

Morin, S./Schultz, S.: The gay movement and the rights of children. Journal of Social Issues 1978, 34, S. 137-148

Osman, S.: My stepfather is a she. Family Process 1972, 11, S. 209-218

Pagelow, M.D.: Heterosexual and lesbian single mothers: A comparison of problems, coping and solutions. Journal of Homosexuality 1980, 5, S. 198-204

Patterson, C.J.: Children of lesbian and gay parents. Child Development 1992, 63, S. 1025-1042

Patterson, C.J.: Children of the lesbian baby boom: Behavioral adjustment, self-concepts, and sex-role identity. In: Greene, B./Herek, G. (Hrsg.): Contemporary perspectives on lesbian and gay psychology: Theory, research, and applications. Beverly Hills: Sage 1994a, S. 156-175

Patterson, C.J.: Lesbian and gay couples considering parenthood: An agenda for research, service and advocacy. Journal of Gay and Lesbian Social Services 1994b, 1, S. 33-55

Patterson, C.J.: Lesbian and gay parenthood. In: Bornstein, M.H. (Hrsg.): Handbook of parenting, Bd. 3. Status and social conditions of parenting. Mahwah: Erlbaum 1995, S. 255-274

Patterson, C.J./Chan, R.W.: Gay fathers. In: Lamb, M.E. (Hrsg.): The role of the father in child development. New York: John Wiley/Sons 1997, S. 245-260

Patterson, C.J./Chan, R.W.: Families headed by lesbian and gay parents. In: Lamb, M.E. (Hrsg.): Parenting and child development in „nontraditional" families. Mahwah: Erlbaum 1999, S. 191-219

Paul, J.P./Hays, R.B./Coates, T.J.: The impact of the HIV epidemic on U.S. gay male communities. In: D'Augelli, A.R./Patterson, C.J. (Hrsg.): Lesbian, gay and bisexual identities over the lifespan: Psychological perspectives. New York: Oxford University Press 1995, S. 347-397

Paul, W.: Minority status for gay people: Majority reactions and social context. In: Paul, W./Weinrich, J.D./Gonsiorek, J.C./Hotvedt, M.E. (Hrsg.): Homosexuality: Social, psychological, and biological issues. Beverly Hills: Sage 1982, S. 351-369

Paul, W./Weinrich, J.D./Gonsiorek, J.C./Hotvedt, M.E. (Hrsg.): Homosexuality: Social, psychological, and biological issues. Beverly Hills: Sage 1982

Petzold, M.: The concept of „the family" in family psychology. In: L'Abate, L. (Hrsg.): Family psychopathology. The relational roots of dysfunctional behavior. New York: Guilford 1998, S. 60-74

Pies, C.: Considering parenthood. San Francisco: Spinsters/Aunt Lute 1985

Pies, C.: Considering parenthood. San Francisco: Spinsters/Aunt Lute, 2. Aufl. 1988

Pies, C.: Lesbians and the choice to parent. In: Bozett, F.W./Sussman, M.B. (Hrsg.): Homosexuality and family relations. New York: Harrington Park Press 1990, S. 137-154

Pingel, R./Trautwetter, W.: Homosexuelle Partnerschaften. Berlin: Verlag Rosa Winkel 1987

Polikoff, N.: This child does have two mothers: Redefining parenthood to meet the needs of children in lesbian mother and other nontraditional families. Georgetown Law Review 1990, 78, S. 459-575

Pollack, S./Vaughn, J. (Hrsg.): Politics of the heart: A lesbian parenting anthology. Ithaca: Firebrand 1987

Rauchfleisch, U.: Schwule, Lesben, Bisexuelle. Göttingen: Vandenhoeck & Ruprecht 1994

Richardson, D.: Lesbian mothers. In: Hart, J./Richardson, D. (Hrsg.): The theory and practice of homosexuality. London: Routledge/Kegan Paul 1981, S. 149-158

Ricketts, W.: Lesbians and gay men as foster parents. Portland: National Child Welfare Ressource Center for Management and Administration 1991

Riddle, D.: Relating to children: Gays as role models. Journal of Social Issues 1978, 34, S. 38-58

Riddle, D./Arguelles, M.: Children of gay parents: Homophobia's victims. In: Stuart, I./Abt, L. (Hrsg.): Children of separation and divorce: Management and treatment. New York: Van Nostrand Reinhold 1981, S. 174-197

Riley, M.: The avowed lesbian mother and her right to child custody: A constitutional challenge that can no longer be denied. San Diego Law Review 1975, 12, S. 799-864

Rivera, R.: Sexual orientation and the law. In: Gonsiorek, J.C./Weinrich, J.D. (Hrsg.): Homosexuality: Research implications for public policy. Newbury Park: Sage 1991, S. 81-100

Robinson, B./Barret, R.: The developing father. New York: Guilford Press 1986

Rohrbaugh, J.B.: Choosing children: Psychological issues in lesbian parenting. Women and Therapy 1988, 8, S. 51-63

Rosenthal, K.M./Keshet, H.F.: Fathers without partners. Mahwah: Erlbaum 1981

Ross, M.: The married homosexual male. Boston: Routledge/Kegan Paul 1983

Rubin, S.: Sex education: Teachers who sexually abuse students. Vortrag auf dem 24th International Congress of Psychology in Sydney, 1988

Sasse, B.: Ganz normale Mütter. Lesbische Frauen und ihre Kinder. Frankfurt/Main: Fischer 1995

Sbordone, A.J.: Gay men choosing fatherhood. Unveröffentlichte Dissertation. New York: City University of New York 1993

Scallen, R.M.: An investigation of paternal attitudes and behaviors in homosexual and heterosexual fathers. Dissertation Abstracts International 1982, 42 (9-B), S. 3809

Seligman, J.: Variations on a theme. Newsweek (Special ed.: The 21st Century Family) 1990, Winter/Spring, S. 38-46

Spada, J.: The Spada report. New York: Signet Books 1979

Starke, K.: Partner, Band 3. Homosexuelle Männer. Leipzig: Gesellschaft für Sexualwissenschaft 1992

Streib, U.: Von nun an nannten sie sich Mütter. Lesben und Kinder. Berlin: Orlanda Frauenverlag 1991

Strommen, E.F.: „You're a what?": Family member reactions to the disclosure of homosexuality. Journal of Homosexuality 1989, 18, S. 37-58

Susoeff, S.: Assessing children's best interests when a parent is gay or lesbian: Toward a rational custody standard. UCLA Law Review 1985, 32, S. 852-903

Thiel, A.: Kinder? Na klar! Ein Ratgeber für Lesben und Schwule. Frankfurt/Main: Campus 1996

Turner, P.H./Scadden, L./Harris, M.B.: Parenting in gay and lesbian families. Journal of Gay and Lesbian Psychotherapy 1990, 1 (3), S. 55-66

Van Gelder, L.: A lesbian family revisited. Ms. Magazine 1991, March/April, S. 44-47

Weeks, R.B./Derdeyn, A.P./Langman, M.: Two cases of children of homosexuals. Child Psychiatry and Human Development 1975, 6, S. 26-32

Weston, K.: Families we choose: Lesbians, gays, kinship. New York: Columbia University Press 1991

Wieners, T.: Familientypen und Formen außerfamilialer Kinderbetreuung heute. Opladen: Leske + Budrich 1999

Wyers, N.L.: Homosexuality in the family – lesbian and gay spouses. Social Work 1987, 32, S. 143-148

Zillich, N.: Homosexuelle Männer im Arbeitsleben. Frankfurt/Main: Campus 1988

Zillich, N.: Gegenwärtige Homosexuellenforschung in Deutschland. In: Lautmann, R. (Hrsg.): Homosexualität. Handbuch der Theorie- und Forschungsgeschichte. Frankfurt/Main: Campus 1993, S. 353-361

Elternschaft

Rob Palkovitz und Loren Marks*

Die Kultivierung von Vaterschaft und Mutterschaft: Eine Analyse von Trends in der Familienerziehung

Das letzte Vierteljahrhundert ist gekennzeichnet durch ein sich schnell ausbreitendes Interesse hinsichtlich Mutterschaft und Vaterschaft sowohl in den Sozialwissenschaften als auch in der allgemeinen Kultur. Dies zeigt sich in der zunehmenden Zahl von Artikeln und Büchern, die Themen bezüglich der Mutter- und Vaterrollen ansprechen. Solche Fragestellungen umfassen, wie Mütter Kindererziehung, Hausarbeit und finanzielle Beiträge für ihre Familien ausbalancieren, wie Väter die materielle Versorgung, Hausarbeit und die Beteiligung am Aufziehen der Kinder miteinander vereinbaren und wie sich verschiedene Muster des Engagements oder der Abwesenheit von Elternteilen auf die kindliche Entwicklung auswirken können. Dieses Kapitel bietet einen Überblick über die Kindererziehung in Amerika während der letzten 50 Jahre, einschließlich einer Diskussion zeitgenössischer kultureller Trends und rollenbezogener Fragen, mit denen Mütter und Väter heutzutage konfrontiert werden.

Es gibt bedeutsame Fragen hinsichtlich unserer Fähigkeit, genau den Grad an Veränderung zu messen, der sich bezüglich des Ausmaßes elterlichen Engagements im Verlauf der amerikanischen Geschichte ergeben hat. Während grobe Charakterisierungen primärer Schwerpunkte bei der Ausübung von Elternrollen und einige Verallgemeinerungen hinsichtlich typischer Verhaltensmuster während verschiedener Abschnitte unserer historischen Entwicklung gemacht werden können, ist es praktisch unmöglich, detaillierte, sinnvolle Vergleiche zwischen zeitgenössischen und früheren Mustern elterlichen Engagements zu ziehen. Obwohl Wissenschaftler und Journalisten oft schnell bereit sind, solche Vergleiche anzustellen, ist unsere Fähigkeit begrenzt, irgendetwas anderes als Veränderungen auf der Makroebene von Elternschaft im Verlauf der Zeit zu messen.

Außerdem verschleiert die Diskussion von Mustern der Familienerziehung individuelle Variationen im Erziehungsstil und im Grad des Engagements. Dennoch, obgleich jedes Individuum einzigartig ist, sind Verallgemeinerungen über „Mütter"

---

* Aus dem Amerikanischen übersetzt von Martin R. Textor.

und „Väter" bis zu einem gewissen Maße legitim, da die meisten Eltern einige generelle Charakteristika miteinander teilen. Wenn wir Subgruppen von Müttern und Vätern betrachten, sollten wir bedenken, dass Eltern trotz derselben allgemeinen Klassifizierung (z.B. „Väter von Teenagern") einzigartige Biografien, Entwicklungsverläufe, Interaktionsstile und Involviertheitsgrade aufweisen. Somit wird bei Verallgemeinerungen über Mütter und Väter die interindividuelle Variabilität unberücksichtigt gelassen. Beschreibungen von verschiedenen Stilen oder Arten von Eltern sind „Idealtypen" im Sprachgebrauch Max Webers: „Sie sind jedoch nicht ideal im normativen Sinn, noch sind sie genaue Beschreibungen der Realität. Als ein heuristisches Mittel bilden Idealtypen logische Übertreibungen der Wirklichkeit; als solche dienen sie als Grundlage für Vergleiche und potenzielle Messungen konkreter Trends. Die entgegengesetzten Typen des ‚traditionellen' und des ‚androgynen' Vaters sind ein Bezugspunkt für die empirische Erforschung der gesellschaftlichen Realität: des ‚typischen' Vaters" (Horna/Lupri 1987, S. 55). Obgleich es ein Ziel dieses Kapitels ist, jüngste Trends hinsichtlich Mutterschaft und Vaterschaft zusammenzufassen und die zeitgenössischen Elternrollen darzustellen, müssen wir beachten, dass jedes generalisierende Statement bestenfalls unsicher und schlimmstenfalls falsch ist, wenn es auf die Ebene des Individuums bezogen wird.

Ferner sollten wir berücksichtigen, dass historische Veränderungen fortschreiten, sowohl auf der gesellschaftlichen als auch auf der individuellen (entwicklungsbezogenen) Ebene. Jegliche Transition von einem Muster der Familienerziehung zum nächsten mag unvollständig sein. Während wir dazu tendieren, mütterliche und väterliche Verhaltensstile als konstant zu beschreiben, sind sie in Wirklichkeit vielgestaltig und unbeständig (Horna/Lupri 1987), multikausal bestimmt und dynamisch (Palkovitz 1997). Außerdem mag das Durchlaufen verschiedener Erziehungsstile bzw. eine solche Entwicklung eher die Regel als die Ausnahme sein. Der Erziehungsstil, der sich an irgendeinem Zeitpunkt der Datenerhebung oder -analyse manifestiert, hängt ab von dem Kontext, von der Bewertung des Verhältnisses von Anforderungen und Ressourcen durch den jeweiligen Elternteil und von der relativen Bedeutung, die einzelne Mütter und Väter den verschiedenen Rollen zuschreiben (z.B. Geldverdienen, Geschlechtsrollenleitbild, moralische Erziehung, Versorgung), die sie ihren Kindern gegenüber ausüben (Palkovitz 1997).

Um ein relativ zutreffendes Bild von der Neuausrichtung der Elternrollen präsentieren zu können, ist es notwendig, die vorherrschenden kulturellen, ideologischen, politischen und ökonomischen Kräfte zu diskutieren, die Elternschaft an jedem Punkt des Vergleichs prägen. Eine solche Aufgabe sprengt eindeutig den Rahmen unserer kurzen Analyse. Jedoch gibt es mehrere hervorragende Übersichtsartikel, die zusammengenommen ein relativ umfassendes und übereinstimmendes Bild von den verschiedenen Kräften bieten, die Elternschaft in Amerika von der Kolonialzeit bis heute geprägt haben (siehe z.B. Bernard 1981; Degler 1980; Demos 1982; Hays 1996; LaRossa 1997; Marsh 1990; Rotundo 1985; Ruddick 1989; Thurer 1994).

Die Kultivierung der Mutterschaft

Bevor eine zeitgenössische „Version" der amerikanischen Mutter vorgestellt wird, ist es wichtig festzuhalten, dass diese Rolle oft als dynamisch und fortwährend sich wandelnd betrachtet wird. Hays (1996) argumentiert: „Vorstellungen von Mutterschaft entspringen nicht der Natur, noch sind sie zufällig. Sie sind gesellschaftlich konstruiert" (S. 19). Viele andere zeitgenössische Bücher und Artikel über Bemuttern und Mutterschaft (z.B. Thurer 1994) betonen auf ähnliche Weise, dass Vorstellungen darüber, was Mütter „tun sollten", von der Kultur erschaffen werden. Die Essenz dieses Arguments ist, dass wenn die Kultur das Konzept von Mutterschaft kreiert und definiert, dann kann die Kultur es auch auf angemessenere Weise redefinieren. Dieses Streben nach einer Umdefinition ist zu verstehen vor dem Hintergrund der Widersprüche, die unsere gegenwärtige kulturelle Definition von Mutterschaft in Amerika beinhaltet.

In den 55 Jahren seit Beendigung des Zweiten Weltkrieges hat sich die amerikanische Kultur signifikant verändert. Die 60er Jahre brachten den Vietnamkrieg, die Bürgerrechtsbewegung, nationale Unruhen und bohrende Fragen bezüglich Annahmen, die zuvor weitgehend nicht hinterfragt wurden, einschließlich zentraler Annahmen hinsichtlich der Familien- und Geschlechtsrollen. Der Feminismus erlebte einen Höhepunkt mit der Veröffentlichung von Betty Friedans (1963) Buch „The feminine mystique". Diese Arbeit trug entscheidend dazu bei, aus der romantischen amerikanischen Vorstellung von den „Freuden der Mutterschaft" ein tabuisiertes Thema zu machen. Firestones (1970) „The dialectic of sex" war sogar noch leidenschaftlicher und enthielt die Behauptung, dass Schwangerschaft barbarisch sei. Diese und andere ähnliche Bücher und Artikel aus der damaligen Zeit waren so reaktionär, dass sie seither – nicht ernst gemeint – mit Snitow (1992) als die „dämonischen Texte" bezeichnet werden.

Seit diesen einflussreichen „dämonischen Texten" sind die in den letzten drei Jahrzehnten erschienenen feministischen Schriften im Allgemeinen gemäßigter bezüglich Mutterschaft geworden (Snitow 1992). Jedoch werden amerikanische Mütter heute mit neuen Anforderungen konfrontiert, denen sich viele Mütter aus der Generation von Friedan und Firestone nicht stellen mussten. Eine zentrale Herausforderung für viele Mütter ist heute, dass sie nicht vom Befolgen einer Karriere per se abgehalten werden, sondern vielmehr als erwerbstätige Mütter weiterhin an dem hohen idealistischen Standard der „intensiven Bemutterung" (Hays 1996, S. 50) gemessen werden. Amerikanische Mütter von heute müssen sich nicht nur mit „der Fantasie der perfekten Mutter" (Chodorow/Contratto 1992) auseinander setzen, sondern sie müssen dies tun, während sie zu einem noch nie da gewesenen Prozentsatz berufstätig sind. Im Jahre 1960 waren nur 19% der Mütter mit Kindern bis sechs Jahren Arbeitnehmerinnen. Der vergleichbare Wert lag 1990 bei 59% (Popenoe 1993). In den Worten von Hoffnung (1997): „Die meisten Frauen wollen Mütter werden … Das heutige Problem ist, wie sie Mutterschaft in ihrem Leben unterbringen können, ohne ihre anderen Aktivitäten aufgeben oder ihre Ambitionen einschränken zu müssen" (S. 285).

Von einer anderen Warte aus ist es aufgrund des materiellen Bedarfs notwendig, dass amerikanische Mütter erwerbstätig sind – ob sie wollen oder nicht. Eine Umfrage von 1989 ergab, dass „79 % der erwachsenen Amerikaner der Meinung sind, dass zwei Einkommen nötig sind, um heute eine Familie zu unterhalten" (Popenoe 1993, S. 351). Einige erwerbstätige Mütter berichten von großen Schuldgefühlen, weil sie ihre Kinder während ihrer Arbeitszeit fremdbetreuen lassen müssen. Die Trends hin zu einer zunehmenden Anzahl berufstätiger Mütter, einer wachsenden Zahl von Arbeitsstunden, die jede Woche abgeleistet werden müssen, und einer ansteigenden Erwerbsquote bei Müttern mit Kleinkindern (Popenoe 1993) bedeuten große Herausforderungen für Mütter, die auch Wert darauf legen, qualitativ gute Zeit mit ihren Kindern zu verbringen (Blankenhorn 1995). Zusammenfassend lässt sich sagen, dass amerikanische Mütter oft mit einer Doppelbindungssituation konfrontiert werden, in der „die kulturellen Widersprüche von Mutterschaft stärker ausgeprägt sind als jemals zuvor" (Hays 1996, S. 50).

Die Kultivierung der Vaterschaft

Interessanterweise gibt es sehr konträre Sichtweisen hinsichtlich der Trends beim Wandel der Vaterschaft. Eine Perspektive lässt vermuten, dass wir ein neues, zunehmendes Engagement von Vätern erleben. Eine genauere Beschreibung – im historischen Sinne – wäre, dass einige Muster gegenwärtigen väterlichen Verhaltens eine Rückkehr zu im kolonialen Amerika vorherrschenden Mustern väterlichen Engagements bedeuten, als Väter anerkanntermaßen die Hauptverantwortung für das Wohl ihrer Kinder hatten (Palkovitz 1996). Die dementsprechende Rolle ist heute das, was sowohl in professionellen als auch in Massenmedien als „neue Väter" bezeichnet wird: Männer, die sich im erhöhten Maße der Vaterrolle verpflichtet fühlen und gleichzeitig erfolgreich als Ernährer ihrer Familie und als Mitglieder ihrer Gemeinde sind. Jedoch werden diese Bilder zu einem Zeitpunkt präsentiert, zu dem demografische Daten zeigen, dass amerikanische Männer nun weniger bereit sind als in den letzten Jahrzehnten, Vater zu werden. Und werden sie Väter, dann treten die Tendenzen auf, dass sie weniger Kinder haben, weniger Zeit im Haushalt mit den Kindern verbringen und weniger „Freizeit" erleben (die mit den Kindern verbracht werden *könnte*) als in den letzten 50 Jahren (Johnson 1992). Im gleichen Zeitraum haben Ehescheidungen, Haushalte allein erziehender Mütter und die Verweigerung, gerichtlich angeordnete Alimente bzw. Unterhaltszahlungen für Kinder zu leisten, den allzeit höchsten Wert erreicht oder sich diesem angenähert (Whitehead 1993; Zinsmeister 1991). Diese Indikatoren wurden so interpretiert, dass die gegenwärtigen Muster von Vaterschaft weit davon entfernt wären, eine „neue Art" von Vätern zu belegen – sie würden vielmehr auf Mängel väterlichen Verhaltens hinweisen. Und in der Tat wird in aktuellen Diskussionen oft die Vaterlosigkeit als kritischer Zustand von den Familien der Nation betont.

Wie können nun die sehr widersprüchlichen Vorstellungen von „neuen Vätern" und dem „vaterlosen Amerika" (Blankenhorn 1995) miteinander vereinbart werden?

Es scheint so zu sein, dass in Amerika zwei gegensätzliche Trends gleichzeitig ablaufen: Während einige Männer („deadbeat dads") sich familialen Bindungen und Verpflichtungen entziehen, engagieren sich andere stärker als frühere Kohorten. Derzeit haben wir nicht die Informationen, um zu verstehen, aus welchen Gründen heraus manche Männer „alles hinter sich abbrechen und fortlaufen", sobald die Lebensumstände schwierig werden, während andere zu einem größeren Engagement in ihrer Familie motiviert sind.

Heute ist die Rolle des „guten Ernährers" noch vorherrschend in den Vorstellungen von Männern über Vaterschaft, obgleich sie sich sehr in Transition befindet. Das Umstrukturieren der gesellschaftlichen Grundlage und das neue Ideal, wie ein Mann sein sollte, bilden die Basis für einen „neuen" Stil von Vaterschaft, der unterschiedlich als „involvierte Vaterschaft", „stark beteiligte Vaterschaft", „androgyne Vaterschaft" oder „neue Vaterschaft" bezeichnet wird (Palkovitz 1996). Dieser Stil scheint besonders häufig bei besser gebildeten Personen und Familien aus der Mittel- und Oberschicht aufzutreten. Er entstand in den letzten anderthalb Jahrzehnten und breitet sich erst jetzt aus (Palkovitz/Christiansen/Dunn 1998). Eine umfassende Beschreibung dieses Stils als solchen ist nicht möglich, jedoch „kann diese sich entwickelnde Form von Vaterschaft zumindest skizziert werden. Ein Aspekt des sich ausbildenden Stils ist, dass ein guter Vater aktiv an den Einzelheiten der tagtäglichen Betreuung von Kindern partizipiert. Er beschäftigt sich auf innigere und expressivere Weise mit seinen Kindern und spielt eine größere Rolle im Sozialisationsprozess, die seine männlichen Vorfahren vor langer Zeit an ihre Frauen abgetreten haben. Kurz gesagt, der neue Erziehungsstil verwischt die Unterschiede zwischen Vaterschaft und Mutterschaft ... Bei diesem Stil vermeidet ein guter Vater die geschlechtsbezogene Typisierung seiner Kinder und macht so wenig Unterschiede wie möglich zwischen Söhnen und Töchtern ... Androgyne Vaterschaft umfasst somit eine substanzielle Umformung von Männlichkeit, Weiblichkeit und Familienleben in Amerika. Sie verlangt neue emotionale Stile, beinhaltet andersartige Vorstellungen von männlich und weiblich und verlangt von Männern, sehr viel Autorität an ihre Frauen abzutreten als Gegenleistung für ein größeres Maß an Engagement mit ihren Kindern" (Rotundo 1985, S. 17).

Obwohl man vorsichtig sein muss, wenn man über Väter generalisiert, kann gesagt werden, dass neben dem viel gepriesenen androgynen oder „neuen Vater" der 90er Jahre die Leitbilder des Vaters als Ernährer und als Geschlechtsrolle bedeutende Konkurrenten bleiben. Jedoch „wird die Kritik am distanzierten Ernährer-Vater noch intensiver. Ein neues Leitbild, das unter den Begriff ‚der neue Vater' subsummiert wird, ist eindeutig im Vormarsch bei den Printmedien, in Radio und Fernsehen. Dieser neue Vater unterscheidet sich von älteren Vorstellungen einer involvierten Vaterschaft in mehreren zentralen Aspekten: Er ist bei der Geburt anwesend; er beschäftigt sich mit seinen Kindern, wenn diese noch Säuglinge und nicht schon älter sind; er wirkt an den alltäglichen Tätigkeiten der Kinderbetreuung mit und spielt nicht nur mit den Kindern; er befasst sich mit seinen Töchtern genauso viel wie mit seinen Söhnen" (Pleck 1987, S. 93). Trotz all der Aufmerksamkeit, die allgemeine und professionelle Medien auf den „neuen Vater" gerichtet haben, wundern sich viele, inwieweit dieser Mann überhaupt existiert. Michael Lamb (1987) behauptet, dass „der rhetorische Austausch bezüglich der neuen Vaterschaft überhand nimmt; unglücklicherweise schreitet die Rhetorik weiterhin der strengen Analyse voraus" (S. 3). Ralph LaRossa (1988) meint, dass die Vorstellung, Väter hätten sich radikal geändert, nur eine populäre Idee sei. Insbesondere Untersuchungen, bei denen die Beteiligung heutiger Väter an der Kindererziehung im Vergleich zu Müttern empirisch erfasst wurde, zeigen eine weite und signifikante Kluft zwischen dem Aufwand von Männern und von Frauen auf (Lamb/Pleck/Levine 1987). „Die Diskrepanz zwischen der tatsächlichen Geschwindigkeit von Veränderungen bei Männern und der ungeheuren Menge an Pro-Vaterschafts-Bildern hat einige dazu geführt, die Vorstellung vom neuen, involvierten Vater als reine Übertreibung der Medien zu verwerfen. Während dieses Element eindeutig existiert, ist es auch wichtig anzuerkennen, dass der neue Vater nicht *nur* ein Schwindel ist. Dieses Bild ist letztlich wie die Leitbilder vergangener Perioden in strukturellen Kräften und im Strukturwandel verwurzelt. Frauen *sind* häufiger erwerbstätig und tun weniger in der Familie, wenn sie dies sind; Männer *verbringen* mehr Zeit in der Familie, sowohl absolut als auch relativ zu Frauen (der Anteil von Ehemännern an der ganzen Hausarbeit und Kinderbetreuung nahm zwischen 1965 und 1981 von 20 auf 30 % zu …). Wenn der distanzierte Ernährer-Vater eine soziostrukturelle Grundlage hatte, so trifft dies auch auf den neuen Vater zu" (Pleck 1987, S. 94).

Unterschiede in Kultur und Verhalten

LaRossa (1988; LaRossa/Reitzes 1993) unterscheidet zwischen den Vorstellungen von Vaterschaft und der tatsächlichen Ausübung der Vaterrolle, indem er die Begriffe „Kultur der Vaterschaft" bzw. „Ausübung von Vaterschaft" verwendet. Diese Differenzierung kann insbesondere die Unterschiede in der Geschwindigkeit von Veränderungen bei ideologischen Umschwüngen (Kultur) und der Ausübung von Vaterschaft (Verhalten) erklären. Während diese Verfeinerung unserer Konzeptualisierung von Vaterschaft theoretische und analytische Kraft gibt, die vor LaRossas Beitrag fehlte, hat sie nicht die fortlaufende Debatte über die Realität der vermuteten Veränderung beendet, die in Amerika hinsichtlich der Vaterschaft stattfindet. Wenn überhaupt, dann haben diese Begriffe zu einer klareren konzeptuellen Analyse beigetragen: „Hat sich Vaterschaft infolge der gesellschaftlichen und ökonomischen Veränderungen gewandelt, die sich in Amerika seit der Jahrhundertwende ereignet haben? Obwohl die Belege dürftig sind, scheint es so zu sein, dass die Antwort auf diese Frage sowohl ja als auch nein ist. Ja, Vaterschaft hat sich verändert, wenn man die Kultur der Vaterschaft betrachtet – die Ideologien bezüglich des Erziehungsverhaltens von Männern. Nein, Vaterschaft hat sich nicht verändert (zumindest nicht signifikant), wenn man die Ausübung von Vaterschaft betrachtet – wie sich Väter gegenüber ihren Kindern verhalten" (LaRossa 1988, S. 451).

Da das idealisierte amerikanische Bild von Vaterschaft einen höheren Grad und eine größere Bandbreite von Involviertheit vorschreibt, als tatsächlich verwirklicht wird, kann die daraus resultierende Dissonanz zu intensiven Gefühlen der Ambivalenz, Frustration und Schuld sowohl bei Vätern als auch bei Müttern führen. Wenn die kulturelle Dichotomie für eine Mutter in Amerika darin besteht, sowohl eine „intensive" Mutter als auch eine Karrierefrau zu sein (Hays 1996), dann umfasst die kulturell vorgeschriebene, von einem Vater zu tragende Bürde, dass er ein guter Ernährer (Bernard 1981) und zusätzlich in das Leben seiner Frau und seines/r Kindes/r stark involviert sein soll. Es scheint, dass die amerikanische Kultur hinsichtlich der Vaterschaft – wie bei der Mutterschaft – hohe und oft widersprüchliche Erwartungen entwickelt hat. Zusammenfassend: Während „Wissenschaftler heute den neuen Vater als ein kulturelles Ideal sowohl zu definieren als auch zu befürworten suchen ..., mag er im wahren Leben schwer zu finden sein" (Blankenhorn 1995, S. 97).

Mütter und Väter vs. kulturelle Widersprüche

Amerikanische Mütter und Väter erhalten heute eine Anzahl anspruchsvoller und oft widersprüchlicher kultureller Botschaften. Die Situation wird ferner dadurch kompliziert, dass Amerika in etwas versunken ist, was man als Kult des Konsumverhaltens bezeichnen könnte. Nicht nur sind die Eltern von heute verpflichtet, die physischen Grundbedürfnisse ihrer Kinder zu befriedigen, sondern sie werden auch fortwährend gedrängt, ihren Kindern die Teilhabe an den letzten Freizeit-, technologischen und Modetrends zu ermöglichen. Gleichzeitig sollen sie ein Heim sowohl in materieller als auch in emotionaler Hinsicht schaffen. Bernard (1981) hat das amerikanische Dilemma mit den Worten zusammengefasst, dass Familien auf „Ausstellungsstücke reduziert wurden, die den Erfolg des guten Ernährers" widerspiegeln (S. 5). Auf ähnliche Weise merkten Dienhart und Daly (1997) an, dass „Nordamerikaner/innen in einer Kultur leben, in der ein Paradox zwischen der ideologischen Erhöhung der Familie und einem sich intensivierenden Arbeitsethos besteht, der Familien mit weniger Zeit füreinander lässt als jemals zuvor" (S. 147).

In solch einer Kultur ist es offensichtlich, dass irgendetwas nachgeben muss. In den letzten Jahren haben einige die Statistiken über Scheidungsraten und die Häufigkeit von Teilfamilien dahingehend interpretiert, dass dies den Niedergang der amerikanischen Familie anzeige (Popenoe 1993). Obwohl es sicherlich viele andere Faktoren gibt, die zu dem statistischen Niedergang beigetragen haben, sind Amerikas Hyper-Konsumdenken und die widersprüchlichen kulturellen Kräfte wahrscheinlich keine positiven Einflüsse für viele Familien gewesen. Ist es in solch einer Kultur, wo „Leistung, Status und materielle Aneignung vorherrschen" (Dienhart/Daly 1997, S. 147), möglich, dass beide Elternteile mit ihren Kindern generativ (Erikson 1950) involviert sind? Dienhart und Daly (1997) argumentieren, dass dies der Fall ist, aber betonen, dass „Paare, die sich zum Teilen der Elternschaft verpflichtet haben, sehr überlegt in ihren Bemühungen sein müssen, um die gegenläufigen Kräfte der weiteren Kultur überwinden zu können" (S. 147). Natürlich ist dann die nächste Frage: „Wie kann ein Paar dies schaffen?"

Trends und Themen hinsichtlich der Konvergenz von Geschlechtsrollen

Obwohl der Trend sicherlich nicht universell für Männer und Frauen im Allgemeinen gelten mag, ist es zutreffend, dass Männer und Frauen aus der Mittelschicht einen starken, fortdauernden und zunehmenden Druck in Richtung auf Konvergenz der Geschlechtsrollen erleben. Die zeitgenössischen Muster von Erziehungsrollen befinden sich im Prozess des Übergangs von den geschlechtsspezifisch abgegrenzten Rollen der 50er Jahre hin zu einer egalitären Kultur der Familienerziehung. Normalerweise beteuern Frauen und Männer, die sich in der Transition zum Erwachsenenalter befinden, dass es keine Unterschiede in den Beiträgen von Vätern und Müttern zur Familienarbeit und zum Familienunterhalt geben sollte (abgesehen von biologisch bedingten Angelegenheiten wie Schwangerschaft und Stillen). Jedoch haben die meisten Paare egalitäre Lebensstile ohne geschlechtsspezifische Arbeitsteilung nicht erreicht, selbst wenn sie dies für das Ideal halten. Ferner haben viele Paare die Idee des Egalitarismus nicht als Ideal übernommen, aber sie fühlen, dass trotzdem ein höherer Grad von Rollenkonvergenz zwischen Müttern und Vätern angemessen ist. Es ist oft der Fall, dass das manifestierte Verhalten nicht dem angestrebten Ideal entspricht. Und dort, wo das Ziel niedriger gesetzt wird, ist das gezeigte Verhalten noch „niedriger". Es bleibt eine Tatsache, dass trotz der besten Intentionen egalitär eingestellter Paare die Kindererziehung einen traditionalisierenden Effekt auf die Geschlechtsrollenzuweisung hat (Cowan/Cowan 1988).

Obwohl der gesellschaftliche Druck in Richtung Geschlechtsrollenkonvergenz für Paare charakteristisch ist, die Kinder erziehen, trifft dies noch mehr auf Individuen zu, die allein erziehend sind. Alleinerziehende diskutieren offen die Herausforderung, sowohl Mutter als auch Vater für ihre Kinder zu sein, und das Gefühl, den gleichzeitigen und vielfältigen Anforderungen mütterlicher und väterlicher Rollen nur unangemessen zu entsprechen. Hierdurch sollen allein erziehende Eltern nicht auf irgendeine Weise abgewertet werden, sondern es soll nur der Stress betont werden, den sie empfinden und erleben, wenn sie versuchen, ein Kind allein aufzuziehen. Auf der anderen Seite erwarten Personen in Paarbeziehungen, die Kinder haben, dass die Aufgaben und Rollen im Rahmen der Familienerziehung geteilt werden. Die zeitgenössische Kultur sagt uns, dass Egalitarismus die angemessene Norm ist, obgleich die Kultur der Ausübung von Elternschaft voraus ist und über sie hinausgeht. Anders gesagt, sowohl die Kultur als auch die Ausübung von Elternschaft befinden sich in der gegenwärtigen amerikanischen Kultur im Übergang. Jedoch verlaufen die Transitionen von Kultur und Verhalten – wie zuvor beschrieben – asynchron, was zu neuen Spannungen und Rollenunzufriedenheit führt.

Intergenerationale Herausforderungen

Die Straße hin zum Egalitarismus ist nicht ohne Schlaglöcher. Mit der Pionierarbeit ist oft aus einer Vielzahl von Gründen ein Grad an intergenerationaler Spannung verbunden. Da die Transition noch weitergeht, gibt es nur wenige erfolgreiche

Praktiker/innen, die soziale Unterstützung anbieten können. Hinzu kommt, dass neue Generationen von Eltern die eigenen Eltern als defizitäre, veraltete Rollenmodelle bewerten, weil sich kulturelle Vorschriften für „gute" Eltern fortwährend ändern. Frühere Generationen von Eltern mögen auch ihre eigenen Fähigkeiten bezweifeln oder die Notwendigkeit eines Rollenwandels hinterfragen, wenn die „alten Wege" bei ihnen „funktionierten". Solche Spannungen erleichtern es nicht, positive soziale Unterstützung zu geben.

Intragenerationale Herausforderungen

Rollenkonvergenz führt zu Spannungen, die es in Situationen mit Rollenteilung nicht gibt. Genauer gesagt, wenn verschiedene Rollen unterschieden werden, dann sind Spezialisten für ihren Bereich verantwortlich und zuständig. Sie handeln nach ihren eigenen Methoden und meistens nach ihren eigenen Standards. Bei Rollenkonvergenz interagieren Menschen hingegen in Rollen, die nicht ausschließlich „ihr Bereich" sind. Dies kann zu Auseinandersetzungen oder Meinungsverschiedenheiten hinsichtlich der Vorgehensweise oder qualitativer Aspekte führen, die bei einer Rollenteilung nicht angesprochen werden würden. Die Ambiguität einander überschneidender Rollen führt zu Fragen und Konflikten, wer an der Reihe ist, während bei Rollenteilung „Frauenarbeit" immer Sache der Frau und „Männerarbeit" immer Zuständigkeit des Mannes ist – außer besondere Umstände (z.B. Krankheit, ungewollte Abwesenheit) verlangen etwas anderes.

Konvergenz führt zu Vielfältigkeit

Da die gegenwärtigen Umschwünge eine Diversifikation von Rollen verkörpern, werden diese notwendigerweise weiter – sowohl für Männer als auch Frauen, für Mütter und Väter. Die Möglichkeit, sich auf Kindererziehung oder auf den Familienunterhalt zu spezialisieren, erfährt nicht mehr so viel Wertschätzung und wird nicht so häufig genutzt wie in früheren Zeiten. Der Wandel hin zu vielfältigeren Rollen führt zu Rollenstress und Rollenkonflikt. Wie kann man ein erfolgreicher Fachmann bzw. Familienernährer und gleichzeitig ein involvierter liebevoller Elternteil sein? Der Zeitaufwand, die Mühe, die Erfahrung, die Energie und die Konzentration, die benötigt werden, um entweder ein anerkannter Ernährer oder ein guter Elternteil zu sein, sind beträchtlich. Es ist in der Tat eine gewaltige Aufgabe, die Charakteristika von beiden Rollen zu entwickeln, zu besitzen und konsequent zu manifestieren sowie beide miteinander auszubalancieren.

Die Rollendiversifikation verlangt ein höheres Maß an Energie, Aufmerksamkeit, Fertigkeit und Zeit. Eine Spezialisierung erlaubt hingegen, bestimmte Aspekte eines Bereichs zu ignorieren oder zu delegieren. So verlangen die derzeitigen Muster der egalitären Familienerziehung mehr Zeit, Fähigkeit und Aufmerksamkeit als die „traditionelle", nach Rollen differenzierte Erziehung. Rollenteilung ist mit einem größeren Energieaufwand verbunden, und sowohl Mütter als auch Väter drücken oft Gefühle der Unzulänglichkeit und Frustration aus, wenn sie „alles zu tun versuchen".

Herausforderung der Vorbereitung

Da die Rollenkonvergenz ein relativ neues Phänomen ist, erhalten Kinder nicht die Art von Sozialisation und Vorbereitung, die nötig sind, um den verschiedenen Fassetten konvergierender Elternrollen gerecht werden zu können. Als die heutigen Eltern Kinder waren, erlebten sie Vorbilder, die eine geschlechtsspezifische Arbeitsteilung praktizierten. Im Allgemeinen werden Personen, die in einer Zeit des Übergangs aufwachsen, von Menschen erzogen, deren Verhalten nicht den neuen Normen entspricht. Sie werden zumeist von Menschen sozialisiert, die nach den gegenwärtigen Standards eine traditionelle Rollenzuweisung befolgen. So sind sie schlecht vorbereitet, sich auf nicht traditionelle Aspekte sich wandelnder Rollen einzustellen. Obgleich es seit Jahrzehnten egalitäre Rollenvorschriften gibt, ist es immer noch die Regel, dass die meisten Mädchen mehr auf Kindererziehung und die Jungen mehr auf Wettbewerb und beruflichen Erfolg vorbereitet werden.

Zum Teil aufgrund der Kurzfristigkeit von Rollenveränderungen mangelt es den heutigen Müttern und Vätern an kompetenten, liebevollen Rollenmodellen des eigenen Geschlechts. Diese Situation sollte sich verbessern, wenn die derzeitige Kohorte von Eltern eine Balance zwischen den familienbezogenen Aufgaben des materiellen Unterhalts und der Kindererziehung aushandelt.

Herausforderungen für die eigene Entwicklung

Es ist wichtig zu beachten, dass die Sozialisation nicht das Einzige ist, was hinsichtlich der Entwicklung zu berücksichtigen ist. Eltern sind Individuen, die eine Reihe von Phasen durchschreiten, in denen sie unterschiedliche Fassetten ihrer selbst herausbilden und integrieren. Eine Art, Hürden für eine egalitäre Kindererziehung zu konzeptualisieren, ist, sie als Überreste früherer Entwicklungsstufen zu betrachten. Wir beobachten, dass Jugendliche von ihrem imaginären Publikum beeinflusst werden – aber das Gleiche trifft auch bis zu einem gewissen Grad auf Erwachsene zu: Sie empfinden einen Druck, einer Kultur der Elternschaft zu entsprechen, die im Widerspruch zu ihren offen genannten oder unausgesprochenen Werten und Bedürfnissen steht. Bei einer aktuellen Untersuchung „generativer" Paare verwendeten Dienhart und Daly (1997) den Satz „die Wirkung des externen Zuschauers ausschalten" (S. 157), um erfolgreiche Strategien zu beschreiben, die diese stark involvierten Eltern bei ihren Bemühungen einsetzten, die Bedürfnisse ihrer Kinder zu erfassen und zu befriedigen, anstatt kulturellen Rollenvorschriften zu genügen (d.h., „dem externen Zuschauer" zu gefallen) versuchen.

Neben der Auseinandersetzung mit dem imaginären Publikum oder dem „externen Zuschauer" ist die Identitätsbildung ein anderes Problem von Jugendlichen, das bei Elternschaft wieder virulent wird. Wenn die Identität hinsichtlich der Geschlechtsrolle auf rigide Art – sei es „zu traditionell" oder „zu egalitär" – ausgebildet wurde, dann ist dies eine Herausforderung für die Person, wenn sie sich als Erwachsene den entstehenden und sich fortwährend ändernden Anforderungen der Kindererziehung und des Familienlebens anpassen muss. Die nächste Entwicklungsstufe, die von Intimität vs. Isolation (Erikson 1950), verlangt die Fähigkeit, sich zu öffnen und sein Inneres mitzuteilen. Wenn es nicht genügend Kommunikation hinsichtlich der Rollenzuweisung und -teilung gibt, kann die Intimität beeinträchtigt werden, was die Qualität der Ehebeziehung (oder das Verhältnis der Partner in einer nicht ehelichen Lebensgemeinschaft) verschlechtern wird. Generativität wird durch die Ehequalität beeinflusst. So wird das Ergebnis der kindlichen Entwicklung von der Anpassung der Eltern an Rollen genauso mitbestimmt wie durch Entwicklungskräfte und während des Lebensverlaufs gefällte Entscheidungen. Obgleich gesellschaftliche Kräfte die Manifestation von Geschlechtsrollen, die Arbeitsteilung im Haushalt und das Stellenangebot prägen, sind sie nicht der einzige (oder noch nicht einmal der vorrangige) Einflussfaktor.

In dem Maße, in dem Individuen auf positive Weise die Entwicklungsbahnen der Adoleszenz und des frühen Erwachsenenalters durchlaufen, wird ihre Fähigkeit verbessert, die vielfältigen Anforderungen konvergierender Elternrollen zu bewältigen, gleichzeitig Identität und Intimität zu erhalten und Generativität zu erreichen. Die Balance zwischen diesen Aufgaben ist instabil und zerbrechlich, sodass fortwährend Evaluation und Problemlösung notwendig sind.

Praktische Implikationen für Familien

Die Menschen sollten ermutigt werden, offen und ehrlich miteinander über ihre Werte, Fähigkeiten, Bedürfnisse, Ängste usw. hinsichtlich Rollenspezialisierung vs. Rollenteilung zu kommunizieren. In der zuvor erwähnten Studie von Dienhart und Daly (1997) über generative Paare wurde interessanterweise festgestellt, dass es eine beträchtliche Variation darin gibt, wie Elternrollen ausgeübt werden. Jedoch war die Konstante, dass „Männer und Frauen ... leidenschaftlich hinsichtlich ihres Engagements für familiale Partnerschaft waren" (S. 156).

Amerika hat eine Anzahl anspruchsvoller kultureller Vorschriften für „Supermütter" und „neue Väter" geschaffen, die idealerweise alles tun sollten. Paare benötigen Unterstützung, diese sich im Fluss befindlichen Erwartungen zu analysieren, um zu einer Balance zwischen Rollenkonvergenz und Spezialisierung zu gelangen, die für ihre derzeitige Familienform und das Funktionieren ihrer Familie von Vorteil ist.

Schlussfolgerungen

Amerikanische Väter und Mütter sprechen heute über „sich ändernde Zeiten", über neue Rollen und Trends beim elterlichen Engagement, wobei sie oft die Generation ihrer Eltern als Bezugspunkt erwähnen. Jedoch ist es nicht möglich, den Grad an Veränderung detailliert zu schildern, der sich in den letzten 50 Jahren bei den Elternrollen ergeben hat. Es ist jedoch eindeutig, dass in Übereinstimmung mit einer sich wandelnden Kultur der Vaterschaft, die die Rollen von Vätern als eine Mischung aus involvierter und liebevoller Versorgung porträtiert – die über materiellen Unterhalt, Geschlechtsrollensozialisation und belehrende bzw. moralische Führung hinausgeht –, Väter heute Vaterschaft auf fassettenreiche Weise beschreiben, die jedes dieser Elemente enthält. Parallel hierzu präsentiert die sich wandelnde Kultur der Mutterschaft Rollenvorschriften, durch die Frauen zunehmend ermutigt werden, materielle Versorgung zu leisten – ohne dass Erwartungen hinsichtlich Hausarbeit und Kindererziehung reduziert werden. So können die Rollen im zeitgenössischen Amerika als in Transition von den vorausgegangenen Perioden betrachtet werden. Sie verlangen nun aber ein Ausbalancieren von dem, was in jeder früheren historischen Phase vorherrschende Rollen waren.

Hervorstechende Charakteristika heutiger Eltern, die sich besonders von denen der Eltern vergangener Perioden unterscheiden, sind (1) der Fokus auf den rollenteilenden Aspekten von Elternschaft und (2) die Notwendigkeit, liebevolle und sorgende Elemente der Kindererziehung mit der materiellen Versorgung auszubalancieren. Selbst wenn wir uns wieder daran erinnern, dass wir hinsichtlich Generalisierungen über Eltern vorsichtig sein sollten, scheinen amerikanische Mütter und Väter heute in mancherlei Hinsicht anders zu sein als Mütter und Väter aus vergangenen Zeiten – vor allem aufgrund der Tatsache, dass sich bei ihnen eine Konvergenz der vielfältigen Aspekte von Elternrollen manifestiert. Da Eltern von heute sich so vieler Fassetten der Elternrollen bewusst sind, zeigen sie notwendigerweise eine andere Mischung als Eltern von früher, die oft als Spezialisten charakterisiert wurden (z.B. Vater als Familienernährer und moralischer Aufseher, Mutter als die „gute Seele" der Familie usw.).

Indem sie die Bedeutung einer jeden dieser spezialisierten Rollen anerkennen und versuchen, sie in ein fassettenreiches Ganzes einzufügen, fühlen sich die heutigen Eltern herausgefordert, ihr Engagement für ihre Kinder mit der Erwerbstätigkeit auszubalancieren und dabei die Komponenten beider Rollen angemessen auszudrücken. Weil dies zu jedem beliebigen Zeitpunkt unmöglich ist, entsteht eine solche Balance nur über längere Zeiträume, und die Rolleninvestments irgendeines Elternteils zu einem beliebigen Zeitpunkt sind nur provisorisch. Die Balance wird aufrechterhalten, bis neue Wünsche auftauchen und wahrgenommen werden (oder empfunden werden, selbst wenn es sie nicht gibt). Es ist ein fortwährender Kampf, die Balance zu halten, da die beteiligten Systeme dynamisch sind. Wenn Elemente ihre Stärke oder Position ändern, verändert sich die notwendige Balance. Es ist wahrscheinlich unmöglich, über einen kurzen Zeitraum hinweg die Balance zu halten – viele Mütter und Väter konzentrieren sich für einen Teil des Tages auf die Arbeit und für einen anderen Teil des Tages auf die Erziehung. Dies mag erklären, warum manche „traditionelle" Väter so unglaublich spielerisch und ihr Verhalten so unvorhersehbar ist, wenn sie von der Arbeit nach Hause kommen und das „Spielzeug" oder der „Spielkamerad" ihrer Kinder werden. Ihr lebhafter Versuch, die Kinder mit Aufmerksamkeit zu überschütten, zeigt das Streben nach Ausgleich für ihre lange Abwesenheit.

Androgynität und Egalitarismus sind auf eine Weise als kulturelle Werte vertreten worden, die weit entfernt von Wertfreiheit ist. Die soziale Agenda war nicht auf Kinder und die Suche nach entwicklungsfördernden Mustern von Gemeinsamkeit konzentriert, sondern diente vielmehr dazu, eine bestimmte Sache voranzutreiben. Sowohl mutterorientierte (z.B. Ruddick 1989) als auch vaterorientierte Wissenschaftler/innen (z.B. Hawkins/Dollahite 1997) haben argumentiert, dass Kindererziehung weniger als eine von der Gesellschaft vorgeschriebene Rolle betrachtet werden sollte, sondern mehr als Arbeit, die getan werden muss, um die unzähligen Bedürfnisse von Kindern zu befriedigen. In der Tat bedeuten die gegenwärtigen amerikanischen „Drehbücher" für die Rollen der „perfekten Mutter" und des „neuen Vaters" Fehlbesetzungen für viele Eltern, die nun mit Idealen leben, die ihrer Lebenswirklichkeit nicht entsprechen.

Zu einem gewissen Grad kommt es zu einem effizienten Handeln, wenn die Fähigkeiten den Anforderungen entsprechen und wenn einander ausschließende Rollenaufgaben übernommen werden. Wir leben genau aus diesem Grund in einer Welt der Spezialisten. Jedoch hängt Erfüllung mit der Vielfältigkeit der Interessen und dem Erleben einer Auswahl von Rollen zusammen. Der kulturelle Druck, der zur Konvergenz der Geschlechtsrollen führt, hat ein Mandat für Diversifikation in einem noch nie da gewesenen Maße gegeben. Familien sollten ermutigt werden, offen und kreativ die einzigartige Balance von Spezialisierung und Diversifikation herauszuarbeiten, die sie benötigen, um sowohl Effizienz als auch Erfüllung in Kindererziehung und Beruf zu erleben. Dies ist eine reizvolle Agenda für das neue Millenium.

Literatur

Bernard, J.: The good-provider role: Its rise and fall. American Psychologist 1981, 36, S. 1-12

Blankenhorn, D.: Fatherless America. New York: Basic Books 1995

Chodorow, N./Contratto, S.: The fantasy of the perfect mother. In: Thorne, B./Yalom, M. (Hrsg.): Rethinking the family: Some feminist questions. Boston: Northeastern University Press 1992, S. 191-214

Cowan, C.P./Cowan, P.A.: Who does what when partners become parents: Implications for men, women and marriage. Marriage and Family Review 1988, 13, S. 105-131

Degler, C.N.: At odds: Women and the family in America from the revolution to the present. New York: Oxford University Press 1980

Demos, J.: The changing faces of fatherhood: A new exploration in family history. In: Cath, S./Gurwitt, A./Ross, J.M. (Hrsg.): Father and child: Developmental and clinical perspectives. Boston: Little, Brown 1982, S. 425-450

Dienhart, A./Daly, K.: Men and women cocreating father involvement in a nongenerative culture. In: Hawkins, A.J./Dollahite, D.C. (Hrsg.): Generative fathering: Beyond deficit perspectives. Thousand Oaks: Sage 1997, S. 147-164

Erikson, E.: Childhood and society. New York: Norton 1950

Firestone, S.: The dialectic of sex. New York: Bantam 1970

Friedan, B.: The feminine mystique. New York: Norton 1963

Hays, S.: The cultural contradictions of mothering. New Haven: Yale University Press 1996

Hawkins, A.J./Dollahite, D.C. (Hrsg.): Generative fathering: Beyond deficit perspectives. Thousand Oaks: Sage 1997

Hoffnung, M.: Motherhood: Contemporary conflict for women. In: Ferguson, S.J. (Hrsg.): Shifting the center: Understanding contemporary families. Mountain View: Mayfield 1997, S. 277-291

Horna, J./Lupri, E.: Fathers' participation in work, family life and leisure: A Canadian experience. In: Lewis, C.L./O'Brien, M. (Hrsg.): Reassessing fatherhood: New observations on fathers and the modern family. London: Sage 1987, S. 54-73

Johnson, W.B.: Father uninvolvement: Impact, etiology and potential solutions. Journal of Psychology and Christianity 1992, 12, S. 301-311

Lamb, M.E.: Introduction: The emergent American father. In: Lamb, M.E. (Hrsg.): The father's role: Cross cultural perspectives. Hillsdale: Erlbaum 1987, S. 3-25

Lamb, M.E./Pleck, J.H./Levine, J.A.: Effects of increased paternal involvement on fathers and mothers. In: Lewis, C.L./O'Brien, M. (Hrsg.): Reassessing fatherhood: New observations on fathers and the modern family. London: Sage 1987, S. 109-125

LaRossa, R.: Fatherhood and social change. Family Relations 1988, 37, S. 451-457

LaRossa, R.: The modernization of fatherhood: A social and political history. Chicago: University of Chicago Press 1997

LaRossa, R./Reitzes, D.C.: Continuity and change in middle class fatherhood: The culture-conduct distinction. Journal of Marriage and the Family 1993, 55, S. 455-468

Marsh, M.: Suburban lives. New Brunswick: Rutgers University Press 1990

Palkovitz, R.: The recovery of fatherhood? In: Carr, A./Von Leeuwen, M.S. (Hrsg.): Religion, feminism and the family. Louisville: Westminster John Knox Press 1996, S. 310-329

Palkovitz, R.: Reconstructing „involvement": Expanding conceptualizations of men's caring in contemporary families. In: Hawkins, A.J./Dollahite, D.C. (Hrsg.): Generative fathering: Beyond deficit perspectives. Thousand Oaks: Sage 1997, S. 200-216

Palkovitz, R.: Good fathering is good for everybody. Vortrag beim Governor's Summit on Fatherhood in Wilmington, Juni 1999

Palkovitz, R./Christiansen, S./Dunn, C.: Provisional balances: Fathers' perceptions of the politics and dynamics of involvement in family and career development. Michigan Family Review 1998, 3, S. 45-64

Pleck, J.: American fathering in historical perspective. In: Kimmel, M. (Hrsg.): Changing men: New directions in research on men and masculinity. Newbury Park: Sage 1987, S. 83-97

Popenoe, D.: American family decline, 1960-1990: A review and appraisal. Journal of Marriage and the Family 1993, 55, S. 527-555

Popenoe, D.: Life without father. New York: The Free Press 1996

Rotundo, E.A.: American fatherhood. American Behavioral Scientist 1985, 29, S. 7-24

Ruddick, S.: Maternal thinking: Towards a politics of peace. Boston: Beacon 1989

Snitow, A.: Feminism and motherhood: An American reading. Feminist Review 1992, 40, S. 32-51

Thurer, S.: The myths of motherhood: How culture reinvents the good mother. Boston: Allyn & Bacon 1994

Whitehead, B.D.: Dan Quayle was right. The Atlantic Monthly 1993, Heft 271, S. 47-84

Zinsmeister, K.: The nature of fatherhood. Arbeitspapier des Institute for American Values für das Symposium on Fatherhood in America. New York 1991

Bernhard Kalicki, Gabriele Peitz und Wassilios E. Fthenakis[*]

Subjektive Elternschaftskonzepte und faktische Rollenausübung: Theoretische Überlegungen und empirische Befunde

Subjektive Vorstellungen von der Elternrolle und entsprechende Erwartungen an die Ausübung der Elternschaft sind zu einem gewissen Grad kulturell vorgegeben. Innerhalb einer Kultur- und Sprachgemeinschaft besteht zumindest hinsichtlich der zentralen Funktionen und Aufgaben von Eltern Konsens (Goodnow/Collins 1990). Andererseits sind Begriffe wie „Mutterschaft" und „Vaterschaft" bzw. „mütterliche" und „väterliche Verantwortung" hinreichend vage definiert, sodass idiosynkratische oder situationsgebundene Begriffsauslegungen auftreten können (vgl. Barsalou 1987). In diesem Beitrag sollen nun zwei Aspekte subjektiver Elternschaftskonzepte herausgestellt werden, erstens die *Geschlechtsspezifität* der Erwartungen an Eltern und zweitens die *Kompatibilität* der wechselseitigen Verhaltenserwartungen beider Partner. Die Bedeutung dieser Merkmale für die Familienentwicklung wird anhand zweier Kriterien illustriert, nämlich anhand der *praktischen Ausgestaltung der Elternrolle* und anhand der *Partnerschaftszufriedenheit* der Eltern. Zuvor soll jedoch das Konstrukt der subjektiven Elternschaftskonzepte schärfer umrissen werden.

Begriffsklärung

Subjektive Elternschaftskonzepte fassen wir als die subjektive Auslegung der Begriffe „Mutterschaft", „Vaterschaft" oder „Elternschaft". Während solche Konzepte prinzipiell die unterschiedlichsten Inhalte umfassen können (z.B. stereotype Merkmalszuschreibungen), fokussieren wir unterschiedliche Fassetten der elterlichen Verantwortung. Auffassungen darüber, welche Aufgaben oder Funktionen zur Verantwortung der Eltern für ihr Kind gehören, stützen sich auf *Überzeugungen*, also auf subjektive Annahmen, die Wissen repräsentieren und mit einer gewissen

[*] Die geschilderten Befunde stammen aus der LBS-Familien-Studie „Übergang zur Elternschaft", gefördert von der LBS-Initiative *Junge Familie*. Mitgearbeitet an dieser Studie haben Anette Engfer und Angelika Dittmann.

Sicherheit vertreten werden (McGillicuddy-De Lisi/Sigel 1995). Wichtig sind in diesem Zusammenhang insbesondere Überzeugungen zur Entwicklung von Kindern, Überzeugungen zur Beeinflussbarkeit von Entwicklungsprozessen sowie Überzeugungen zur Instrumentalität spezifischer Erziehungspraktiken. Auffassungen von der elterlichen Verantwortung für das Kind fußen beispielsweise auf Annahmen über die Bedürfnisse von Kindern, auf Annahmen über den Einfluss von Eltern auf die kindliche Entwicklung und auf Annahmen zur Instrumentalität einzelner Erziehungsmaßnahmen. Verwandtschaft besteht auch zum Konstrukt der *Einstellung*, das die Bewertung eines Beurteilungsgegenstands meint (Eagly 1992). So lassen sich Einstellungen zu bestimmten Erziehungspraktiken wie dem Stillen oder körperlichen Strafen (im Überblick: Holden 1995) reformulieren als subjektive Elternschaftskonzepte („Mütter sollen ihr Kind stillen", „Eltern dürfen ihr Kind nicht züchtigen"). Interessante Bezüge lassen sich auch herstellen zum Konzept der Normen. Hier unterscheiden wir mit Brandtstädter (1977) wahrgenommene oder ermittelte *deskriptive Normen*, also Beschreibungen der vorherrschenden Handlungspraxis, von *präskriptiven Normen* im Sinne subjektiv verbindlicher Verhaltenserwartungen. So ist anzunehmen, dass sich die Vorstellungen von der mütterlichen Verantwortung (präskriptiver Aspekt) u.a. daran orientieren, wie die Mutterrolle üblicherweise ausgeübt wird (deskriptiver Aspekt; zur Interdependenz beider Normbegriffe vgl. Miller/Turnbull 1992). Bezogen auf die unterschiedlichen Erwartungen an Mütter und Väter beschreibt Goodnow (1995) diese Zusammenhänge recht anschaulich: „Bestimmte Ansichten über Kinder oder Kindererziehung entstehen aus alltäglichen Aktivitäten heraus und werden dabei gelernt. Beispielsweise müssen uns die unterschiedlichen Rollen von Müttern und Vätern nicht ausdrücklich erklärt werden. Sie zeigen sich vielmehr darin, inwieweit Väter in Geburtsvorbereitungskursen oder im Kreißsaal erwünscht sind, wie sehr mit ihrem Besuch bei Elternsprechtagen oder beim Kinderarzt gerechnet wird oder inwieweit man ihnen mit einem Ausdruck von Überraschung, Sorge oder Freude begegnet, wenn sie in der Öffentlichkeit als alleinige Betreuer eines kleinen Kindes gesehen werden" (S. 326; Übersetzung der Autoren).

Ein weiteres Kennzeichen subjektiver Elternschaftskonzepte ist ihr *relationaler* Charakter: Das Wissen über die Elternrolle und die Ansprüche an die elterliche Rollenausübung sind stets bezogen auf spezifische Konstellationen und Kontexte. So variieren die Vorstellungen von der elterlichen Verantwortung systematisch mit dem Alter des Kindes und den entsprechenden altersabhängigen Erwartungen an das Kind (Hess at al. 1980; Kemmler/Heckhausen 1959). Auch die vielfach belegte *Kulturspezifität* von normativen Erwartungen an Eltern und von Überzeugungen zur Elternschaft (Bornstein 1991; Harkness/Super 1996; LeVine/Miller/West 1988) lässt sich hier einordnen, da soziale und gesellschaftliche Normen stets funktional sind relativ zu historisch gewachsenen Kontexten (Kalicki 1996). Selbst intrakulturell variieren solche elternschafts- und erziehungsthematische Auffassungen, etwa in Abhängigkeit von der Sozialschicht (Kohn 1979).

Subjektive Elternschaftskonzepte besitzen für das Individuum unterschiedliche *Funktionen*. Sie repräsentieren erziehungsrelevantes Wissen (etwa über die altersspezifischen Bedürfnisse von Kindern) und ermöglichen so die Handlungsplanung. Als präskriptive Handlungserwartungen motivieren sie zur erwartungskonformen Rollenausübung, und dies nicht nur im Sinne eines von Außenstehenden ausgeübten Konformitätsdrucks, sondern durchaus im Sinne einer Selbstverpflichtung. Die subjektive Definition der eigenen elterlichen Verantwortung dient als Maßstab für die Selbstbewertung. Schließlich geschieht auch die Fremdbeurteilung anhand subjektiver Ansprüche und Erwartungen. Subjektive Elternschaftskonzepte eignen sich somit besonders zur Explikation innerfamilialer Partnerschaftsdynamiken.

Ontogenetischer Aufbau und Wandel subjektiver Elternschaftskonzepte

Während die psychologische Forschung lange Zeit davon ausging, dass elterliche Einstellungen und Überzeugungen schon vor der Übernahme der Elternrolle ausgebildet werden und in der Folge relativ stabil sind, stellen neuere Arbeiten diese Grundannahme in Frage und diskutieren die unterschiedlichen Quellen solcher Handlungsorientierungen (Goodnow 1984; Holden 1995). Der Einfluss der *primären Sozialisation*, also der Erfahrungen in der Herkunftsfamilie, wurde unter der Fragestellung der intergenerationalen Transmission von Erziehungseinstellungen studiert (Van Ijzendoorn 1992). Je nach Bewertung der erlebten oder erinnerten Erziehungsstile treten Assimilations- oder Kontrasteffekte auf (Goodnow 1992). Wie eingangs erwähnt, lassen sich die elternschaftsbezogenen Auffassungen jedoch auch als *kulturelle Konstruktionen* verstehen, die konsensuell geteilt werden und einem historischen Wandel unterliegen (Gergen/Gloger-Tippelt/Berkowitz 1990; Goodnow/Collins 1990). Diese kulturelle Normierung lässt sich anhand von Akkulturationseffekten belegen (Lambert 1987). Vor dem Eintritt in die Elternrolle, aber auch bei Schwierigkeiten in der Rolle, erfolgt typischerweise eine *gezielte Informationssuche*, die der Konstruktion oder Revision rollenrelevanter Schemata dient (Deutsch et al. 1988; Ruble 1994; Sameroff/Feil 1985). Schließlich prägen auch die *persönlichen Erfahrungen in der Elternrolle* die weitere Entwicklung subjektiver Elternschaftskonzepte (Goodnow 1984). Allgemeinpsychologische Arbeiten zum Wandel bzw. zur Resistenz von Ansichten angesichts nicht konfirmierender Erfahrungen zeigen, dass unterschiedliche Faktoren den Wandel subjektiver Annahmen und Überzeugungen beeinflussen: Art und Quelle der Information, der Grad der Etabliertheit des Schemas, die Notwendigkeit der Überzeugung für die Fortsetzung eines Plans, für den Erhalt einer Beziehung oder auch für die Stabilisierung des Selbstwerts etc. (Abelson 1986; Weber/Crocker 1983). Insofern subjektive Auffassungen von der elterlichen Verantwortung und entsprechende Anforderungen an die eigene Rollenausübung eingebettet sind in das epistemische System der Person sowie in das gesamte Gefüge ihrer persönlichen Werthaltungen und Präferenzen (De Luccie/Davis 1991), ist zu postulieren, dass sich diese Handlungsorientierungen auch im Zuge der *Koordinierung weiterer sozialer Rollen* (Beruf, Partnerschaft) sowie der *dyadischen Abstimmung* wechselseitiger Verhaltenserwartungen beider Partner weiter verändern können. Schließlich sind auch motivationale Einflüsse zu erwarten, und zwar nicht allein im Kontext größerer Krisen, sondern schon bei der den Selbstwert stützenden Interpretation und Rechtfertigung des alltäglichen Handelns („motivated cognition", vgl. Abelson 1986; Showers/Cantor 1985).

Subjektive Elternschaftskonzepte und faktische Rollenausübung

Die Annahme einfacher und enger Beziehungen zwischen subjektiven Elternschaftskonzepten und elterlichem Verhalten ist nicht gerechtfertigt. Die Erfahrungen der Einstellungsforschung haben gezeigt, dass häufig nur eine geringe Konsistenz von geäußerter Einstellung und beobachtetem Verhalten besteht. Auch die Forschungen zur Elternschaft bestätigen, dass globale, dekontextualisierte Überzeugungen und Einstellungen in keinem Zusammenhang zur tatsächlichen Rollenausübung stehen (Sigel 1986). Ob der Beurteiler einstellungskonform handelt, hängt generell von Situationsmerkmalen und von den aktuellen Interaktions- und Handlungszielen der Person ab (Ajzen/Fishbein 1977). In der Debatte über Kausalzusammenhänge zwischen Einstellung oder Überzeugung und Verhalten ist immer wieder hervorzuheben, dass sich beide Einflussrichtungen keineswegs ausschließen: Subjektive Überzeugungen können sowohl das Handeln leiten als auch durch diese Handlungen verstärkt werden.

Vorliegende Modelle und Befunde zur Ausübung der Elternrolle berücksichtigen unterschiedliche Einflussgrößen, darunter individuelle Merkmale der Eltern, Merkmale des Kindes, Merkmale des Familiensystems bzw. der elterlichen Partnerschaft sowie Kontextfaktoren (z.B. Belsky 1984; McHale/Huston 1984; Russell 1997). Im Folgenden prüfen wir die Bedeutung subjektiver Elternschaftskonzepte für die faktische Gestaltung der Elternrolle, gemessen an der innerdyadischen Aufteilung der Betreuung und Versorgung des Kindes. Hierzu nutzen wir die Daten einer laufenden Längsschnittstudie zum Übergang zur Elternschaft (Kalicki et al. 1999) und konzentrieren uns auf die folgenden Hypothesen:

- *H1:* Die relative Bedeutung der Mutterschaft im Vergleich zur Vaterschaft (stärkere zugeschriebene Verantwortung der Mutter) sagt eine Verteilung der kindbezogenen Aufgaben zu Lasten der Mutter voraus.
- *H2:* Traditionelle Auffassungen der Eltern hinsichtlich der Geschlechtsrollen (Verzicht und Selbstaufopferung als Erwartungen an die Mutter, Brotverdiener-Funktion des Vaters) sagen eine geringe väterliche Beteiligung voraus.
- *H3:* Hohe Ähnlichkeit der Ansprüche beider Eltern an die eigene Rollenausübung (Mutterschaftskonzept der Frau, Vaterschaftskonzept des Mannes) prädiziert eine Beteiligung beider Partner an der Betreuung und Versorgung des Kindes.
- *H4:* Die Geschlechtsspezifität bzw. Androgynität subjektiver Elternschaftskonzepte des Vaters prädiziert das väterliche Engagement in der Elternrolle und beeinflusst so die Partnerschaft: Eine ähnliche Definition von Mutterschaft und Vaterschaft durch den Mann trägt – vermittelt über die Ausübung der Vaterschaft – zur Partnerschaftszufriedenheit der Frau bei.

Erhebungsansatz

Um die *subjektiven Elternschaftskonzepte (SEK)* zu erfassen, wurden Eltern dreijähriger Kinder gefragt, inwiefern unterschiedliche Aufgaben oder Funktionen zur Verantwortung eines Vaters bzw. einer Mutter gehören. Hierzu wurde den Teilnehmern eine Liste mit 25 Fassetten vorgelegt, die sich vier Skalen zuordnen lassen:

1. das *Interesse am Kind* und die direkte Beschäftigung mit dem Kind (z.B. „sich Zeit nehmen für das Kind", „mit dem Kind spielen"),
2. Aspekte eines *reflektierten Erziehungsverhaltens* (z.B. „konsequent sein", „Geduld aufbringen"),
3. Verhaltensweisen zum *Erhalt eines positiven Familienklimas* (z.B. „die Erziehungsmaßnahmen des Partners unterstützen") und schließlich
4. Merkmale mit Bezug zu *traditionellen Geschlechtsrollen* (z.B. „eigene Karrierepläne zugunsten des Kindes zurückstellen", „für ein sicheres Familieneinkommen sorgen").

Die Vorstellungen von der Mutterschaft und die Vorstellungen von der Vaterschaft wurden unabhängig voneinander erfasst, und zwar anhand derselben Itemliste. In der Instruktion an die teilnehmenden Eltern eines dreijährigen Kindes wurde das Alter des Kindes nochmals spezifiziert („Bitte denken Sie bei der Beantwortung daran, was ein etwa dreijähriges Kind braucht"). Die Itemformulierung lautete dann „Gehört dies zur Verantwortung des Vaters (bzw. der Mutter)?" (siebenstufige Antwortskala von 0/„überhaupt nicht" bis 6/„voll und ganz"). Anhand dieser Einzelratings wurden unterschiedliche individuelle und dyadische Indexvariablen gebildet:

- die Variable *Dominanz des Mutterschaftskonzepts* (höhere Verantwortung der Mutter im Vergleich zum Vater) erfasst die aggregierten Differenzen zwischen Mutterschaftskonzept und Vaterschaftskonzept (25 Items; Cronbach's Alpha = .74 [Männer] bzw. .64 [Frauen]),
- die Variable *Traditionelle Geschlechtsrollen-Auffassungen* fasst drei geschlechtsstereotype Fassetten der Mutterschaft („das Kind im Auge behalten, wenn beide Eltern anwesend sind", „zugunsten des Kindes auf eigene Interessen verzichten", „eigene Karrierepläne zugunsten des Kindes zurückstellen" als Aufgaben der Mutter) und drei geschlechtsstereotype Fassetten der Vaterschaft („dem Kind materiellen Wohlstand bieten", „für ein sicheres Familieneinkommen sorgen", „die Partnerschaft oder Ehe nicht aufs Spiel setzen" als Aufgaben des Vaters) zusammen (6 Items; Cronbach's Alpha = .87 [Männer] bzw. .70 [Frauen]),
- die Variable *Geschlechtsspezifität bzw. Androgynität der Elternschaftskonzepte* errechnet sich als korrelative Profilähnlichkeit von Mutterschafts- und Vaterschaftskonzept (vgl. Cronbach/Gleser 1953), wobei die Verteilung dieses Korrelationsmaßes durch eine *Fisher's* Z-Transformation optimiert wurde (vgl. Bortz 1985, S. 262),

– das dyadische Maß der *Ähnlichkeit der selbstbezüglichen Elternschaftskonzepte beider Partner* errechnet sich als *Fisher's* Z-transformierte Profilähnlichkeit zwischen dem Mutterschaftskonzept der Frau und dem Vaterschaftskonzept des Mannes.

Als zusätzliche Maße wurden die *Wochenarbeitszeit des Mannes*, die zugeschriebene *Rollenkompetenz des Vaters* (selbst perzipiert: 5 Items, Cronbach's Alpha = .68; Zuschreibung durch die Partnerin: 6 Items, Cronbach's Alpha = .76 – erfasst während der Schwangerschaft), die *PFB-Partnerschaftsqualität* (Hahlweg/Schindler/Revenstorf 1982), die *Zufriedenheit mit der Rollenausübung des Partners* (beurteilt anhand der Fassetten des Elternschaftskonzepts; Cronbach's Alpha = .86 für die Frauen bzw. .78 für die Männer) sowie die *subjektive Partnerschaftszufriedenheit* (Real-Ideal-Diskrepanzen im Partnerkonzept; Kalicki et al. 1999) erhoben.

Die *Aufteilung kindbezogener Tätigkeiten* wurde differenziert erfragt. So gaben die Eltern für eine Liste von 19 Aufgaben an (z.B. mit dem Kind spielen, das Kind fürs Bett fertig machen und zu Bett bringen, das Kind bei Krankheiten versorgen), wer dies übernimmt (Antwortmöglichkeiten: „ich selbst", „mein Partner", „wir beide"). Anhand dieser 19 aufgabenspezifischen Ratings wurden drei Zählvariablen gebildet, nämlich (1) die Zahl der Aufgaben, die *ausschließlich die Mutter* übernimmt; (2) die Zahl der Aufgaben, die *ausschließlich der Vater* übernimmt; (3) die Zahl der Aufgaben, an denen sich *beide Eltern* beteiligen.

Stichprobe und Durchführung

Die Stichprobe dieser Längsschnittstudie umfasste initial 175 Paare im Übergang zur Elternschaft, die zum ersten Messzeitpunkt (letztes Trimester der Schwangerschaft) zusammenlebten und zwischen Dezember 1995 und Mai 1996 ein gemeinsames Kind erwarteten. Diese Gesamtstichprobe teilte sich auf in 91 kinderlose Paare („Ersteltern") und in 84 Paare, die bereits ein oder zwei Kinder hatten („Zweit- und Dritteltern"). Die Frauen waren bei der Ersterhebung zwischen 20 und 39 Jahre alt ($M = 29.8$, $SD = 4.0$); ihre Partner waren im Alter von 23 bis 45 ($M = 32.0$, $SD = 4.8$). Die Partnerschaften bestanden im Durchschnitt seit 7.4 Jahren ($M_{Ersteltern} = 5.9$; $M_{Zweit-/Dritteltern} = 9.1$). 92% aller Paare waren zu Beginn der Studie verheiratet. Rekrutiert wurden die Teilnehmer über die Tagespresse, über eine Elternzeitschrift sowie über die Praxen einzelner Frauenärzte. Die meisten Paare lebten im Raum München (45%) und in der Umgebung von Paderborn (28%), andere kamen aus dem gesamten Bundesgebiet (27%). Die Teilnahme war freiwillig und wurde honoriert. Die hier vorgestellten Daten stammen vom fünften Messzeitpunkt, drei Jahre nach der Geburt des Zielkindes. Bei listenweisem Ausschluss fehlender Fälle verbleiben 99 Paare mit vollständig vorliegenden Datensätzen.

Ergebnisse

Die subjektiven Elternschaftskonzepte der befragten Eltern sind in Abbildung 1 dargestellt. Betrachten wir die Einschätzungen varianzanalytisch mit dem Gruppenfaktor *Elterngruppe* (erstes Kind vs. zweites Kind) und den Messwiederholungsfaktoren *Beurteilergeschlecht* (abhängige Stichproben: Mütter vs. Väter) und *Zielgeschlecht* (Mutterschafts- vs. Vaterschaftskonzept) sowie *Verantwortungsbereich*, zeigen sich folgende Effekte:

1. Der Faktor *Elterngruppe* zeigt einen eindeutigen Haupteffekt: Die Eltern, die im Rahmen unserer Studie ihr erstes Kind bekamen, haben höhere Erwartungen an die Ausübung der Elternschaft als die Eltern mehrerer Kinder. Dies ist verständlich, da die zweite Gruppe ihre Aufmerksamkeit und Verantwortung auf mehrere Kinder verteilt und zudem aufgrund ihrer Erfahrungen in der Elternrolle realistischere Auffassungen vertritt.
2. Die inhaltlichen Fassetten der elterlichen Verantwortung erscheinen den Beurteilern unterschiedlich wichtig (die Profile verlaufen nicht senkrecht, sondern diagonal – Haupteffekt der *Verantwortungsbereiche*). Breitere Verhaltensklassen oder Begriffskategorien (sich für das Kind interessieren, sich Zeit nehmen für das Kind) sind wichtiger als speziellere (mit dem Kind tollen oder raufen, mit dem Kind etwas alleine unternehmen). Und einzelne Erziehungspraktiken werden bevorzugt (das Kind loben), andere hingegen stärker abgelehnt (Strenge zeigen).
3. Die Erwartungen an den Vater sind insgesamt höher als die entsprechenden Erwartungen an die Mutter (die grauen Profile liegen weiter rechts – Haupteffekt des *Geschlechts der Zielperson*).
4. Frauen haben generell höhere Erwartungen an Eltern als Männer (die Profile mit Kreissymbolen liegen weiter rechts – Haupteffekt des *Beurteilergeschlechts*). Die große Bedeutung der Elternschaft für die Mütter entspricht dabei den traditionellen Geschlechtsrollen, die im Übergang zur Elternschaft verstärkt hervortreten (vgl. Kalicki/Fthenakis/Peitz 1999).
5. Es zeigen sich Wechselwirkungen von Beurteilergeschlecht und dem Geschlecht der Zielperson, und zwar insbesondere bei den Erwartungen an ein *reflektiertes Erziehen* (das Kind loben: besonders niedrige Erwartungen der Männer an ihre Partnerin; dem Kind gutes Benehmen beibringen: besonders hohe Erwartungen der Mütter an ihr eigenes Verhalten) und, wie zu erwarten, bei den Aspekten der traditionellen Geschlechtsrollen. Hier zeigen sich übrigens auch die deutlichsten Haupteffekte des Zielgeschlechts (hohe Verantwortung des Vaters für die Sicherung des Einkommens und für materiellen Wohlstand, starke Erwartung des Karriereverzichts der Mutter).

Als Indikator für die Ausübung der Elternrolle nutzen wir die Aufteilung kindbezogener Aufgaben zwischen den Partnern. Die Mittelwerte der drei Zählvariablen sind in Abbildung 2 illustriert. Knapp die Hälfte der Aufgaben (im Durchschnitt 9,1 von 19) übernimmt nach Angaben der Frauen ausschließlich die Mutter; ebenso viele

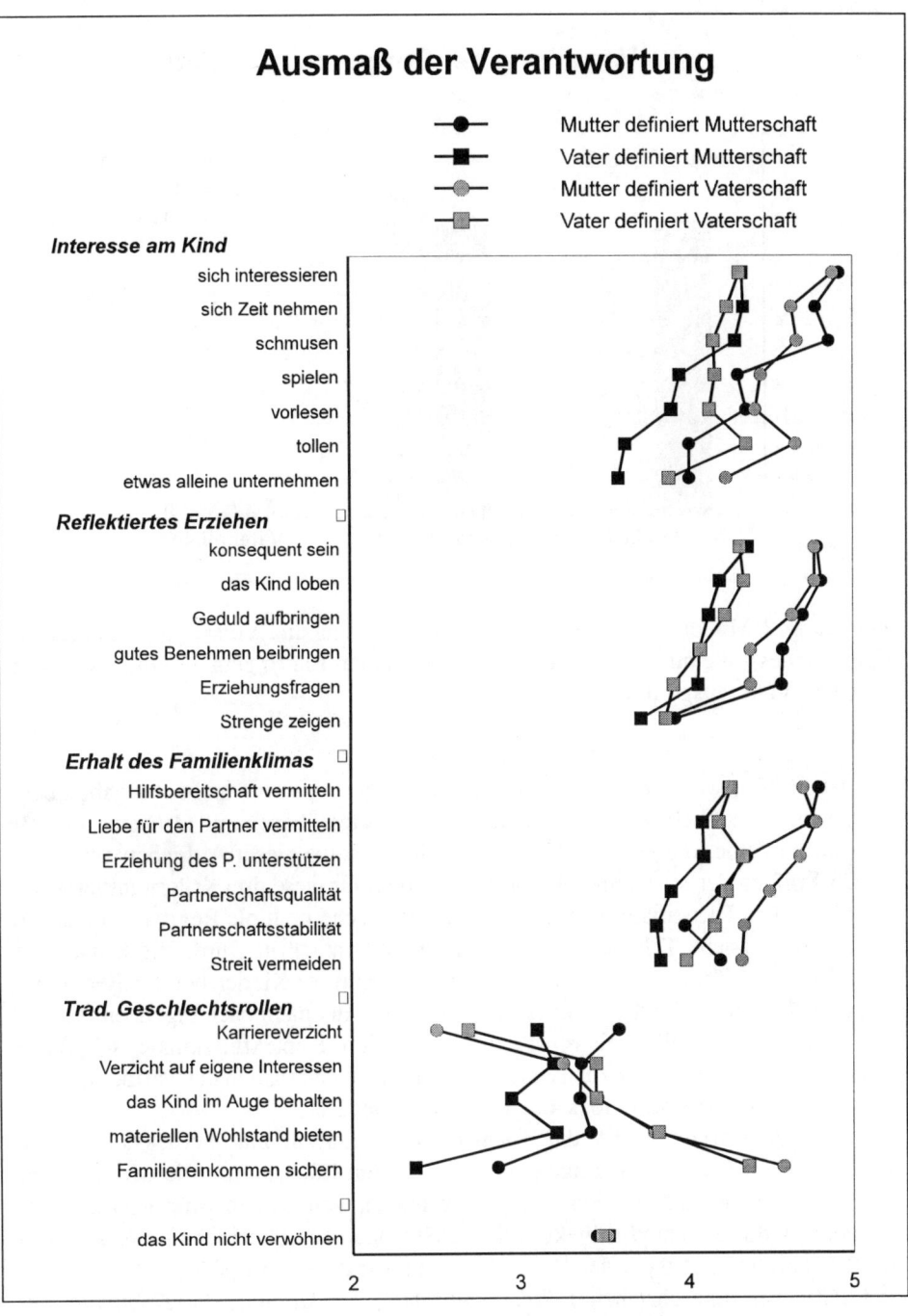

Abbildung 1: Mutterschaftskonzepte (schwarze Profile) und Vaterschaftskonzepte (graue Profile) von Frauen (Kreissymbole) und Männern (Quadrate)

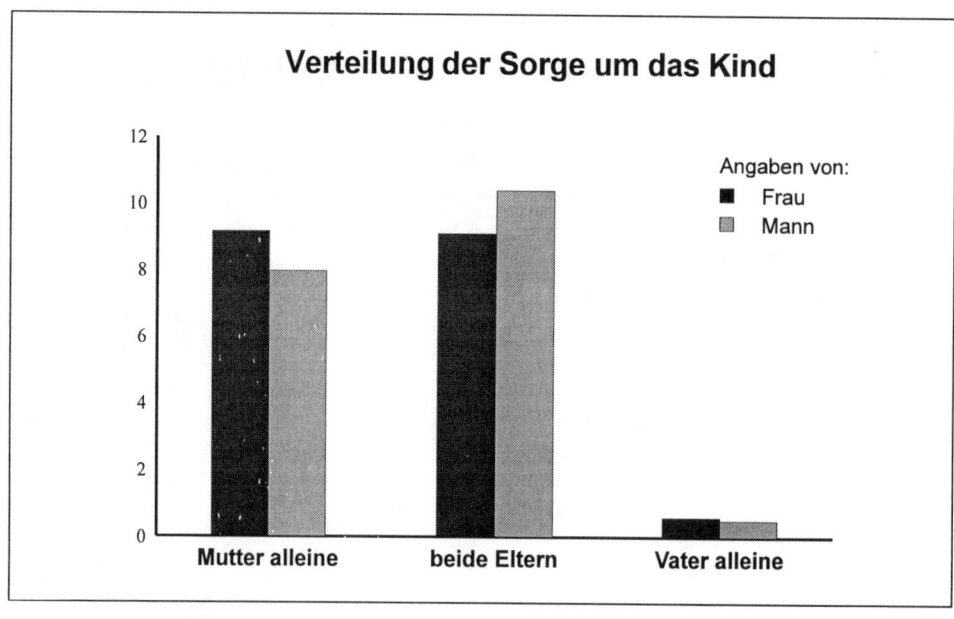

Abbildung 2: Mittlere Anzahl von Aufgaben (Betreuung und Versorgung des dreijährigen Kindes), die allein von der Mutter, von beiden Eltern gemeinsam bzw. allein von dem Vater ausgeführt werden

Aufgaben (9,1) werden von beiden Eltern erledigt; etwa eine halbe Aufgabe übernimmt ausschließlich der Vater (jeder zweite Vater übernimmt also eine der 19 Aufgaben alleine, die anderen Väter übernehmen keine dieser Aufgaben alleine).

Zur Prüfung der ersten drei Hypothesen wurden für diese drei Kriteriumsvariablen der elterlichen Partizipation jeweils eine hierarchische multiple Regressionsanalyse durchgeführt (siehe Tabelle 1). Im ersten Prädiktionsschritt wurde die Kinderzahl berücksichtigt. Tatsächlich übernehmen Väter mehrerer Kinder bei der Betreuung des dreijährigen Zielkindes mehr Aufgaben alleine. In einem nachfolgenden Regressionsschritt wurden alle weiteren Prädiktorvariablen (Kontextmerkmale, subjektive Einschätzungen des Vaters zur Elternschaft, das Rollenverhalten der Partnerin sowie Partnerschaftsmerkmale) blockweise aufgenommen.

Als Kontextvariable wurde die *Wochenarbeitszeit des Mannes* berücksichtigt. Mit zunehmendem beruflichen Engagement des Mannes übernimmt die Mutter mehr Aufgaben alleine und werden weniger Aufgaben von beiden Eltern ausgeführt. Weitere Prädiktoren sind subjektive Einschätzungen zur Elternschaft aus der Sicht des Mannes und aus Sicht der Partnerin, und zwar die (selbst perzipierte bzw. von der Partnerin zugeschriebene) *Rollenkompetenz des Mannes*, die *Dominanz des Mutterschaftskonzepts* (größere Verantwortung der Mutter im Vergleich zur Verantwortung des Vaters) sowie die *Traditionellen Geschlechtsrollen-Auffassungen* (Selbstaufopferung der Mutter, Brotverdiener-Funktion des Vaters). Wie die Ergeb-

Tabelle 1: Schrittweise Regression der von der Partnerin berichteten Verteilung kindbezogener Aufgaben auf die Kinderzahl (1. Schritt) und auf weitere Größen (2. Schritt)

	Mutter alleine			Vater alleine			beide Eltern		
	b	ΔR^2	R^2	b	ΔR^2	R^2	b	ΔR^2	R^2
Kontrollierte Variable									
Kinderzahl	-.13	.02	.02	.23*	.05*	.05*	.05	.00	.00
Kontextmerkmale									
Wochenarbeitszeit des Mannes	.33**			-.05			-.30**		
Einschätzungen des Mannes									
selbstperzipierte Rollenkompetenz des Mannes (T1)	-.03			-.05			.06		
Dominanz des Mutterschaftskonzepts	.12			-.22*			-.06		
Traditionelle Geschlechtsrollen-Auffassungen	.05			.21*			-.10		
Einschätzungen der Frau									
zugeschriebene Rollenkompetenz des Mannes (T1)	-.16			.23*			.10		
Dominanz des Mutterschaftskonzepts	-.05			.14			.02		
Traditionelle Geschlechtsrollen-Auffassungen	.16			-.20+			-.10		
Partnerschaftsmerkmale									
Ähnlichkeit der Elternschaftskonzepte	-.22*			-.19+			.27*		
PFB-Partnerschaftsqualität (Angaben des Mannes)	-.16	.23**	.25**	-.01	.15+	.20*	.17+	.22**	.22**

Anmerkungen: b – standardisiertes Regressionsgewicht *beta*, ΔR^2 – Zuwachs an aufgeklärter Varianz im jeweiligen Prädiktionsschritt, R^2 –Varianzaufklärung im vollständigen Modell. $N = 96$ Elternpaare
$+ p < .10$ $* p < .05$ $** p < .01$ (zweiseitige Tests)

nisse zeigen, ist das Zutrauen des Mannes in seine eigenen Fähigkeiten als Vater nicht bedeutsam für seine Partizipation, wohl aber die von der Partnerin zugeschriebene Rollenkompetenz. Je stärker das Zutrauen der Partnerin in die Rollenkompetenz des Mannes ist, desto mehr Aufgaben übernimmt der Vater alleine. Offenbar besitzen die Mütter eine „Gatekeeper-Funktion". Die relative Bedeutung von Vaterschaft und Mutterschaft (Dominanz des Mutterschaftskonzepts) trägt ebenfalls zur Vorhersage der Partizipation bei. Je stärker der Mann die elterliche Verantwortung bei der Mutter sieht, desto weniger Aufgaben übernimmt er als Vater. Die erste Hypothese findet damit Bestätigung. Traditionelle Auffassungen der Frau sagen eine niedrigere Partizipation des Vaters voraus. Dies stützt die zweite Hypothese. Traditionelle Auffassungen des Mannes stehen nicht in dieser Beziehung zur väterlichen Partizipation. Männer mit traditionelleren Auffassungen praktizieren offenbar eine stärkere Separierung der Sorge um das Kind. Die zweite Hypothese wird also nur teilweise bestätigt. Schließlich ist auch *das Gefüge der Elternschaftskonzepte beider Partner* bedeutsam für die praktische Ausgestaltung der Elternrolle. Je ähnlicher die Erwartungen beider Eltern an die eigene Person sind, desto weniger Aufgaben werden separat ausgeführt und desto mehr Aufgaben übernehmen beide Eltern gemeinsam. Die dritte Hypothese gilt als vollends bestätigt. Die von dem Mann berichtete *Partnerschaftsqualität* prädiziert ebenfalls die Ausübung der Elternschaft: Je höher die Partnerschaftsqualität ist, desto mehr Aufgaben werden gemeinsam ausgeführt. Dies ist plausibel, da die Beteiligung des Vaters an der Sorge um das Kind etwa mit der Absicht geschehen kann, die Partnerin zu entlasten. Ingesamt lässt sich zwischen 20 und 25 % der Kriteriumsvarianz mit Hilfe dieser Variablen aufklären.

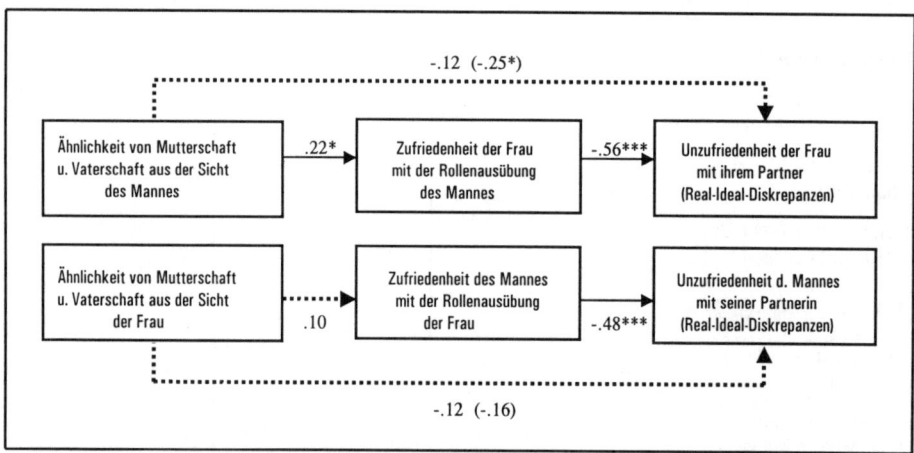

Abbildung 3: Effekt der Geschlechtsunspezifität der Elternschaftskonzepte des Mannes auf die subjektive Partnerschaftszufriedenheit der Frau, vermittelt über die Zufriedenheit der Frau mit der Rollenausübung ihres Partners ($N = 99$ Paare; Test der Mediation nach Baron/Kenny 1986, S. 1177: $z = 1.65$; $p = .05$)

Die vierte Hypothese postuliert eine Mediationsbeziehung zwischen der Geschlechtsspezifität der Elternschaftskonzepte des Mannes, der Rollenausübung durch den Mann und der Partnerschaftszufriedenheit der Frau. Die Testung geschah in einer Pfadanalyse (Baron/Kenny 1986) und erbrachte eine volle Bestätigung. Der bivariat deutliche Zusammenhang zwischen der Geschlechtsunspezifität (Androgynität) der Elternschaftskonzepte des Mannes und der Partnerschaftszufriedenheit der Frau wird vermittelt über die Zufriedenheit der Frau mit der Rollenausübung ihres Partners. Dieses Zusammenhangsmuster ist geschlechtsspezifisch: Die Zufriedenheit des Mannes mit der Rollenausübung seiner Partnerin ist nicht abhängig von den Elternschaftskonzepten der Mutter; auch der bivariate Zusammenhang zwischen Elternschaftskonzepten der Mutter und Partnerschaftszufriedenheit des Vaters tritt nicht auf (siehe Abbildung 3).

Diskussion

Die subjektive Auslegung der Begriffe „mütterliche" und „väterliche Verantwortung" zeigt systematische Bezüge zur tatsächlichen Ausgestaltung der Elternrolle. Der Zusammenhang zwischen subjektiven Elternschaftskonzepten und tatsächlicher Rollenausübung muss jedoch nicht auf einstellungs- oder überzeugungskongruentes Handeln zurückgehen, er kann auch durch die Rechtfertigung des Rollenverhaltens zustande kommen. Darüber hinaus sagt auch das Gefüge der Überzeugungen und Erwartungen beider Partner die innerdyadische Aufteilung kindbezogener Aufgaben und Verantwortungsbereiche voraus. In dieser Studie konnte nachgewiesen werden, dass ähnliche Vorstellungen der Partner von ihren elterlichen Pflichten mit einer partnerschaftlichen und gemeinsamen Ausübung der Elternschaft einhergehen: Paare, die wenig Unterschiede machen zwischen den Aufgaben von Mutter und Vater, üben die Aufgaben, die bei der Betreuung und Versorgung des dreijährigen Kindes anfallen, gemeinsam aus. Diese Ergebnisse passen zu früheren Befunden von Deal, Halverson und Wampler (1989), die eine Reihe positiver Effekte hoher Übereinstimmung der Eltern in ihren Erziehungseinstellungen auf die Partnerschaftszufriedenheit, die Qualität des Erziehungsverhaltens und die Anpassung der Familienmitglieder fanden.

Angesichts der nach wie vor unausgewogenen Verteilung von beruflichen und familialen Aufgaben kommt insbesondere der Bereitschaft der Väter, in stärkerem Maße Verantwortung für das Kind zu übernehmen, besondere Bedeutung zu. Männer mit stark geschlechtsspezifischen Vorstellungen von der elterlichen Verantwortung zeigen ein Rollenengagement, das hinter den Erwartungen ihrer Partnerinnen zurückbleibt, was zu deren Unzufriedenheit führen kann.

Mit den subjektiven Elternschaftskonzepten wurde ein theoretisches Konstrukt eingeführt, das sowohl die handlungsleitenden Wissensbestände und Werthaltungen der einzelnen Akteure umfasst als auch dyadische Passungskonstellationen spezifiziert. Weitere Merkmale subjektiver Elternschaftskonzepte wie die erfahrungsabhängige *Differenziertheit* dieser Schemata, ihr *Bezug zu anderen Formen elternschafts-*

thematischer Kognitionen und Werturteile (z.B. Wahrnehmungen und Attributionen des kindlichen Verhaltens), die *subjektive Sicherheit* der Überzeugungen oder die *Änderbarkeit* solcher Handlungsorientierungen blieben in diesem Text unbeleuchtet. Gegenstand von Anschlussanalysen, die wir im Fortgang unserer Längsschnittstudie anstellen werden, sind individuelle und dyadische Anpassungsprozesse, die im Zuge der Entwicklungsregulation und im Geflecht unterschiedlicher Partnerschaftsdynamiken auftreten. Hierbei scheint es sinnvoll, Elternschaft nicht allein mit Blick auf die innerfamiliale Partizipation zu betrachten, sondern die vielfältigen Funktionen zu berücksichtigen, die über die direkte Eltern-Kind-Interaktion hinausreichen.

Literatur

Abelson, R.P.: Beliefs are like possessions. Journal for the Theory of Social Behaviour 1986, 16, S. 223-250

Ajzen, I./Fishbein, M.: Attitude-behavior relations: A theoretical analysis and review of empirical research. Psychological Bulletin 1977, 84, S. 888-918

Baron, R.M./Kenny, D.A.: The moderator-mediator variable distinction in social psychological research: Conceptual, strategic, and statistical considerations. Journal of Personality and Social Psychology 1986, 51, S. 1173-1182

Barsalou, L.W.: The instability of graded structure: Implications for the nature of concepts. In: Neisser, U. (Hrsg.): Concepts and conceptual development: Ecological and intellectual factors. Cambridge: Cambridge University Press 1987, S. 101-140

Belsky, J.: The determinants of parenting: A process model. Child Development 1984, 55, S. 83-96

Bornstein, M.H. (Hrsg.): Cultural approaches to parenting. Hillsdale: Erlbaum 1991

Bortz, J.: Lehrbuch der Statistik. Berlin: Springer, 2. Aufl. 1985

Brandtstädter, J.: Normen. In: Herrmann, T./Hofstätter, P.R./Huber, H.P./Weinert, F.E. (Hrsg.): Handbuch psychologischer Grundbegriffe. München: Kösel 1977, S. 327-334

Cronbach, L.J./Gleser, G.C.: Assessing similarity between profiles. Psychological Bulletin 1953, 50, S. 456-473

De Luccie, M.F./Davis, A.J.: Do men's adult life concerns affect their fathering orientations? Journal of Psychology 1991, 125, S. 175-188

Deal, J.E./Halverson, C.F./Wampler, K.S.: Paternal agreement on child-rearing orientations: Relations to parental, marital, family, and child characteristics. Child Development 1989, 60, S. 1025-1034

Deutsch, F.N./Ruble, D.N./Fleming, A./Brooks-Gunn, J./Stangor, C.: Information seeking and marital self-definition during the transition to motherhood. Journal of Personality and Social Psychology 1988, 55, S. 420-431

Eagly, A.H.: Uneven progress: Social psychology and the study of attitudes. Journal of Personality and Social Psychology 1992, 63, S. 693-710

Gergen, K.J./Gloger-Tippelt, G./Berkowitz, P.: The cultural construction of the developing child. In: Semin, G.R./Gergen, R.J. (Hrsg.): Everyday understanding: Social and scientific implications. Beverly Hills: Sage 1990, S. 108-129

Goodnow, J.J.: Parents' ideas about parenting and development: A review of issues and recent work. In: Lamb, M./Brown, A./Rogoff, B. (Hrsg.): Advances in developmental psychology, Bd. 3. Hillsdale: Erlbaum 1984, S. 193-242

Goodnow, J.J.: Parents' ideas, children's ideas: Correspondence and divergence. In: Sigel, I.E./McGillicuddy-DeLisi, A.V./Goodnow, J.J. (Hrsg.): Parental belief systems: The psychological consequences for children. Hillsdale: Erlbaum, 2. Aufl. 1992, S. 293-317

Goodnow, J.J.: Parents' knowledge and expectations. In: Bornstein, M.H. (Hrsg.): Handbook of parenting, Bd. 3. Mahwah: Erlbaum 1995, S. 305-332

Goodnow, J.J./Collins, W.A.: Development according to parents: The nature, sources, and consequences of parents' ideas. Hillsdale: Erlbaum 1990

Hahlweg, K./Schindler, L./Revenstorf, D.: Partnerschaftsprobleme: Diagnose und Therapie. Heidelberg: Springer 1982

Harkness, S./Super, C. (Hrsg.): Parents' cultural belief systems. New York: Guilford 1996

Hess, R./Kashigawi, K./Azuma, H./Price, G.G./Dickson, W.: Maternal expectations for early mastery of developmental tasks and cognitive and social competence of preschool children in Japan and the United States. International Journal of Psychology 1980, 15, S. 259-272

Holden, G.W.: Parental attitudes toward childrearing. In: Bornstein, M.H. (Hrsg.): Handbook of parenting, Bd. 3. Mahwah: Erlbaum 1995, S. 359-392

Kalicki, B.: Lebensverläufe und Selbstbilder. Die Normalbiographie als psychologisches Regulativ. Opladen: Leske+Budrich 1996

Kalicki, B./Fthenakis, W.E./Peitz, G.: The emergence of traditional gender-roles at the transition to parenthood. Beitrag zum SRCD Biennial Meeting in Albuquerque/NM, 15.-18.04.1999

Kalicki, B./Peitz, G./Fthenakis, W.E./Engfer, A.: Passungskonstellationen und Anpassungsprozesse beim Übergang zur Elternschaft. In: Reichle, B./Werneck, H. (Hrsg.): Übergang zur Elternschaft. Stuttgart: Enke 1999, S. 129-146

Kemmler, C./Heckhausen, H.: Mütteransichten über Erziehungsfragen. Psychologische Rundschau 1959, 10, S. 83-93

Kohn, M.L.: The effects of social class on parental values and practices. In: Reiss, D./Hoffman, H. (Hrsg.): The American family: Dying or developing? New York: Plenum 1979, S. 45-68

Lambert, W.: The fate of old-country values in a new land: A cross-national study of child rearing. Canadian Psychology 1987, 28, S. 9-20

LeVine, R.A./Miller, P.M./West, M.M. (Hrsg.): Parental behavior in diverse societies. New directions for child development, Bd. 40. San Francisco: Jossey-Bass 1988

McGillicuddy-De Lisi, A.V./Sigel, I.E.: Parental beliefs. In: Bornstein, M.H. (Hrsg.): Handbook of parenting, Bd. 3. Mahwah: Erlbaum 1995, S. 333-358

McHale, S.M./Huston, T.L.: Men and women as parents: Sex role orientations, employment, and paternal roles. Child Development 1984, 55, S. 1349-1361

Miller, D.T./Turnbull, W.: The counterfactual fallacy: Confusing what might have been with what ought to have been. In: Montada, L./Filipp, S.-H./Lerner, M. (Hrsg.): Life crises and experiences of loss in adulthood. Hillsdale: Erlbaum 1992, S. 179-193

Ruble, D.N.: A phase model of transitions: Cognitive and motivational consequences. In: Zanna, M. (Hrsg.): Advances in experimental social psychology, Bd. 26. New York: Academic Press 1994, S. 163-214

Russell, A.: Individual and family factors contributing to mothers' and fathers' positive parenting. International Journal of Behavioral Development 1997, 21, S. 111-132

Sameroff, A.J./Feil, L.A.: Parental concepts of development. In: Sigel, I.E. (Hrsg.): Parental belief systems: The psychological consequences for children. Hillsdale: Erlbaum 1985, S. 83-105

Showers, G.C./Cantor, V.: Social cognition: A look at motivated strategies. Annual Review of Psychology 1985, 36, S. 275-305

Sigel, I.E.: Reflections on the belief-behavior connection: Lessons learned from a research program on parental belief systems and teaching strategies. In: Ashmore, R.D./Brodzinsky, D.M. (Hrsg.): Thinking about the family: Views of parents and children. Hillsdale: Erlbaum 1986, S. 35-65

Van Ijzendoorn, M.H.: Intergenerational transmission of parenting: A review of studies in nonclinical populations. Developmental Review 1992, 12, S. 76-99

Weber, R./Crocker, J.: Cognitive processes in the revision of stereotypic beliefs. Journal of Personality and Social Psychology 1983, 45, S. 961-977

Kay P. Bradford und Alan J. Hawkins[*]

Die Entstehung der generativen Kindererziehung: Intimität und ihre Implikationen für Generativität

Das Interesse an der Förderung einer guten, kompetenten Familienerziehung ist nicht neu. Von den Schriften Platos und Aristoteles bis hin zur gegenwärtigen Unmenge von Erziehungsratgebern haben Gesellschaften und Individuen immer wieder versucht, die Familienerziehung zu verbessern – sei es, um die politische Macht zu stärken, aus religiösen und moralischen Gründen, zur persönlichen Erfüllung oder wegen des Familienwohls. Glücklicherweise führen empirische Forschungsarbeiten, die aus vielfältigen theoretischen Perspektiven erfolgen, zu einer fortwährenden Zunahme unseres Wissens über die Ursprünge eines guten väterlichen oder mütterlichen Verhaltens – was als „eines der faszinierendsten Puzzles gegenwärtiger Familienstudien" bezeichnet wurde (Snarey 1993, S. 276).

Dieses Kapitel geht von der Position aus, dass gute Kindererziehung aus einem Entwicklungsprozess resultiert, wobei die Familienerziehung im Rahmen von Erik Eriksons Theorie der psychosozialen Entwicklung untersucht wird (Erikson 1950; J. Erikson 1988). Eriksons Theorie bezieht sich auf die Persönlichkeitsentwicklung (MacDermid/Franz/De Reus 1998). Anstatt Fertigkeiten zu diskutieren, die gute Eltern besitzen, werden wir somit interpersonale Prozesse behandeln, die die Entstehung von Eigenschaften fördern, die gute Eltern auszeichnen. Die meisten entwicklungspsychologischen Theorien befassen sich mit Wachstum und Veränderung innerhalb des Lebenszyklus und stellen die Bedeutung vorausgegangener Erfahrungen heraus, die sowohl das gegenwärtige Verhalten als auch nachfolgende Entwicklungen beeinflussen (Wallen 1993). Auf vergleichbare Weise betont eine an Erikson orientierte Perspektive die Wichtigkeit vergangener Erfahrungen und konzeptualisiert Kindererziehung als erlerntes Verhalten, das auf bereits abgeschlossenen psychosozialen Entwicklungsstufen aufbaut. Wir verwenden den Begriff „generative" Kindererziehung, da dies einen sich über einen Zeitraum erstreckenden Entwicklungsprozess impliziert. Wir untersuchen Belege, denen entnommen werden

---

[*] Aus dem Amerikanischen übersetzt von Martin R. Textor.

kann, dass generative Kindererziehung in der Tat ein Prozess des Lernens und der Veränderung ist, der einen Teil des Lebenslaufs in Anspruch nimmt.

Für viele ist der nächstliegende Einfluss auf die Entwicklung von Generativität die intime Beziehung, die der Elternschaft vorausgeht und neben ihr besteht. Wir widmen besondere Aufmerksamkeit Prozessen innerhalb der Ehe, die der generativen Kindererziehung entwicklungsmäßig vorangehen. So sind wir der Meinung, dass eine liebevolle intensive Beziehung zwischen Mutter und Vater einen Kontext schafft, in dem Eigenschaften, die Generativität fördern, voraussichtlich gelernt und praktiziert werden sowie in der Vorbereitung auf eine fürsorgliche, verantwortungsvolle Elternschaft ausprobiert werden mögen (Cummings/O'Reilly 1997; Erel/ Burman 1995; Harris/Furstenberg/Marmer 1998; Maccoby 1995). So beruht die Entwicklung eines guten Erziehungsverhaltens größtenteils auf der Grundlage interpersonaler Lernerfahrungen aus allen psychosozialen Phasen vor der Elternschaft, aber vor allem aus der Stufe des frühen Erwachsenenalters von Intimität versus Isolation. Obgleich die Verbindung zwischen der Entwicklung von Intimität und guter Kindererziehung noch nicht viel untersucht wurde, lässt Eriksons Theorie der psychosozialen Entwicklung diesen Zusammenhang klar und logisch erscheinen sowie vermuten, dass die Entwicklung von Generativität ohne eine zuvor entstandene Grundlage der Intimität gefährdet ist. Das bedeutet, dass ein Elternteil ohne vorausgegangene Beziehungserfahrungen, die die Entwicklung und den Erhalt von Intimität in der Paarbeziehung erleichtert haben, sich wahrscheinlich mehr bei der Erziehung seines bzw. ihres Kindes schwer tun wird. Aber auch Belege werden untersucht werden, die das Umgekehrte vermuten lassen – dass generative Kindererziehung tendenziell Intimität fördert.

Unsere Abhandlung über die stufenweise Entwicklung generativen Erziehungsverhaltens beschreibt nicht einen universellen Weg, der auf jeden zutrifft, da natürlich die Entwicklungsverläufe von Menschen viel zu unterschiedlich sind. Jedoch wird in der gegenwärtigen Diskussion versucht, wichtige, von vielen Personen geteilte Elemente der Entwicklung Erwachsener zu beleuchten, die – wenn auch nicht universell – einen typischen und vielleicht sogar idealen Entwicklungsverlauf für viele begründen. Die Forschung zeigt, dass väterliches Verhalten besonders empfindlich auf den Kontext intimer Beziehungen reagiert (Erel/Burman 1995; McBride/ Rane 1998). So dürfte der Zusammenhang zwischen Intimität und Generativität vor allem für Männer wichtig sein. Aus diesen und anderen Gründen, die wir auf den folgenden Seiten darlegen werden, konzentrieren wir uns vorrangig auf väterliches Verhalten.

Reife Wechselseitigkeit: eine Diskussion über Intimität und Ehe

Die Vorstellung von einer qualitativ hochwertigen Ehe als optimalen Kontext für die Förderung der generativen Kindererziehung und insbesondere des väterlichen Engagements verneint keinesfalls, dass es fürsorgliche und pflichtbewusste Kindererziehung außerhalb einer Ehe gibt. Doherty und seine Kollegen machen jedoch geltend: „Wir glauben, dass die Forschung [in Nordamerika] deutlich zeigt, dass es bei den meisten Männern substanzielle Barrieren für ein väterliches Verhalten außerhalb einer liebevollen, verantwortungsbewussten, kooperativen Ehe gibt" (Doherty/Kouneski/Erickson 1998, S. 290). Aspekte der Beziehungsstruktur müssen in dem Maße berücksichtigt werden, in dem sie auf den Prozess einwirken (Doherty 1997). Eine Ehe von hoher Qualität bietet normalerweise der Beziehungsstruktur einen gewissen Grad an Stabilität, die es Eheprozessen ermöglicht, über längere Zeiträume hinweg abzulaufen. Es ist klar, dass intime Beziehungsstrukturen und die daraus resultierenden Prozesse außerhalb der Ehe existieren. Jedoch mögen andere Beziehungsstrukturen und die entsprechenden Prozesse nicht so effektiv im Erzeugen generativer Charakteristika sein. Beispielsweise erfordert die Entwicklung von Verantwortungsbewusstsein Zeit und ein gewisses Maß an Dauerhaftigkeit. Ebenso verlangt reife Intimität Zeit für ihre emotionale Komponente der Verpflichtung sowie die Bereitschaft, für einander zu sorgen, als verhaltensmäßige Komponente (Noller 1996). Ehen von hoher Qualität enthalten von Natur aus die Komponenten Zeit, Dauerhaftigkeit und wenigstens etwas Konsistenz der wechselseitigen Sorge.

Obgleich Intimität und Ehe keine Synonyme sind, wird reife Intimität in Nordamerika normalerweise durch die Eheschließung formell bekräftigt. Erikson (1950) definiert Intimität als reife Wechselseitigkeit, die über Sexualität hinausgeht (diese jedoch einschließt). Er betrachtete das Erreichen von Intimität als Erfüllung des natürlichen Fortpflanzungstriebes. Auf diese Weise verknüpft Eriksons Theorie Intimität und Elternschaft; neuere wissenschaftliche Arbeiten bestätigen diesen Zusammenhang. So schreiben beispielsweise Joan Erikson (1988) und Nock (1998), dass nahezu alle Gesellschaften irgendeine Form von Ehe kreiert haben, um lang andauernde, intime Beziehungen anzuerkennen. Darüber hinaus ist in Nordamerika die Institution der Ehe die Grundlage, auf der Familien gebildet (Hetherington/Parke 1993; Whyte 1990) sowie Kinder beschützt und aufgezogen werden (Doherty/ Kouneski/Erickson 1998). Trotz des Bedeutungsverlusts von Konventionen bezüglich der Eheschließung verabreden sich die meisten nordamerikanischen Paare noch und leben sogar zusammen mit der Intention zu heiraten (Whyte 1990). Außerdem stellt Nock (1998) fest, dass „wenige Aspekte des Lebens in Amerika so konstant sind wie die Beziehung zwischen Ehe und Elternschaft. Mit sehr wenigen Ausnahmen werden verheiratete Frauen und Männer Mütter und Väter" (S. 34). Nock argumentiert, dass die männliche Identität in der Mittelschicht der nordamerikanischen Gesellschaft in der Tat weitgehend durch Ehe und Vaterschaft definiert ist – dies ist der Weg, auf dem Männer ihre Maskulinität unter Beweis stellen.

Trotz dieser gesellschaftlichen Normen ist die Ehe bei Minderheiten, insbesondere bei schwarzen Amerikanern mit niedrigem Einkommen, disproportional seltener (East 1998). Dies ist zum Teil auf die ökonomische Natur der Ehe zurückzuführen, da die Sozialgesetze Verheiratete schlechter stellen. Angesichts dieser Barrieren für eine Ehe betont eine kürzlich erschienene Publikation des Morehouse Research Institute und des Institute for American Values (1999) die Bedeutung der Ehe für die Unterstützung der Kindererziehung und insbesondere für das Engagement des Vaters. Sie fordert Wirtschaftsreformen, um Männern zu helfen, sich mehr mit ihren

Kindern zu beschäftigen und sie materiell zu unterhalten: „Ein Hauptziel der Vaterschaftsbewegung in der Gemeinschaft schwarzer Amerikaner muss sein, die Beziehungen zwischen Müttern und Vätern zu stärken, damit sie – wo immer möglich – zu starken, gesunden Ehen führen. ... Die Vaterschaftsbewegung muss *sowohl* die Ehe *als auch* die Heiratsfähigkeit fördern" (a.a.O., S. 15).

Die Ehe ist somit mehr als nur eine Form der intimen Verbindung eines Paares. Ehe impliziert gewisse gesellschaftliche Rollen und trägt dazu bei, die Persönlichkeiten beider Ehepartner zu prägen (Clausen 1995). Die positiven Auswirkungen der Ehestruktur auf die Eltern-Kind-Beziehungen mögen – zumindest teilweise – durch die Prozesse bedingt sein, die von der Ehestruktur zugelassen werden. Somit behaupten wir, dass die Ehe Beziehungsprozesse in die Wege leiten kann, die eine generative Kindererziehung fördern.

Generative Kindererziehung und Intimität als psychosoziale Phasen

Die Generativität ist die siebte von Eriksons acht Stufen der psychosozialen Entwicklung (Erikson 1950). Am häufigsten als Sorge für die nächste Generation definiert, ist Generativität die bedeutendste psychosoziale Entwicklungsstufe sowohl für Männer als auch Frauen im Erwachsenenalter (Christiansen/Palkovitz 1998; Palkovitz 1996; Snarey 1997). Erikson (1950) theorisiert, dass die psychosoziale Entwicklung von einer Phase zur nächsten voranschreitet und dass die derzeitige Entwicklungsstufe entweder auf den vorangegangenen aufbaut oder die unbewältigten Krisen in die neuen Anforderungen der nächsten Stufe hineinträgt. So entsteht theoretisch die generative Elternschaft auf der Grundlage, die durch die Bewältigung früherer Entwicklungsphasen geschaffen wurde, wobei am nächstliegenden die Charakteristika oder Tugenden der Stufe der Intimität sind. Diese beiden Phasen stehen in einem engen Zusammenhang miteinander, und dementsprechend umfasst eine Untersuchung der Entwicklung von Generativität natürlich auch die Intimität.

Generativität wird als die längste und wichtigste Entwicklungsstufe von Erwachsenen betrachtet (J. Erikson 1988). Obgleich sie sich in Aktivitäten wie Mentorenschaft oder Philanthropie äußern kann, ist Elternschaft bei weitem die häufigste Art, wie Erwachsene für die nächste Generation sorgen (Erikson 1964; Snarey 1993; Stewart/Vandewater 1998). Dementsprechend ist die entwicklungsgemäße Bereitschaft und Fähigkeit, Kinder aufzuziehen, für Eltern von großer Bedeutung für ihr psychosoziales Wohlbefinden und auch für das Wohlbefinden ihrer Kinder.

Erikson sieht in der Liebe den entscheidenden Punkt, an dem ein Individuum vorrangig zum Geber wird, anstatt primär ein Empfänger zu sein (Wakefield 1998): „Liebe in dem evolutionären und generationalen Sinn ist meines Erachtens die Umwandlung der während der ganzen Kindheit empfangenen Liebe in die Fürsorge, die anderen während des Erwachsenenalters gewidmet wird" (Erikson 1964, S. 127f.). Daher meinen wir, dass die Stufe der Intimität eine wichtige entwicklungsmäßige Vorläuferin der Generativität ist und dass beide Phasen zusammen eine Art von Meta-Phase bilden, in der man vorrangig zum Sorgenden wird (Wakefield 1998)

– eine Aufgabe, die sowohl herausfordernd als auch belohnend ist (Hawkins et al. 1993). Der Verknüpfungspunkt ist die Ich-Ausdehnung – ein Prozess, bei dem eine andere Person, für die man tief empfindet, ein zentraler Bestandteil des Selbst wird. Wenn sich dieser Prozess fortsetzt, führt er oft zur biogenetischen oder generativen Manifestation dieser Intimität, nämlich zu einem Kind, und mag die Ich-Stärke vergrößern. Letzteres ermöglicht dem Elternteil, die schwere Last der Kindererziehung zu tragen.

Eine Warnung hinsichtlich der Kultur

Die individualistische oder kollektive Orientierung der soziokulturellen Gruppe, in der sich die Entwicklung einer Person vollzieht, hat eine bedeutende Wirkung auf Entwicklungsprozesse (Kagitcibasi 1996). Die westliche Gesellschaft im Allgemeinen, und die amerikanische Gesellschaft im Besonderen, hat immer mehr Wert auf die Leistungen und Rechte des Individuums gelegt (Bellah 1985). Obgleich ein solcher Fokus die Vorbereitung einer Person auf Generativität verbessern kann (z.B. durch höhere Bildung oder die psychische Gesundheit, die ein Elternteil in die Eltern-Kind-Beziehung einbringt), haben einige Wissenschaftler geltend gemacht, dass der Individualismus so weit überbetont wurde, dass nun die Generativität gefährdet ist (z.B. Bahr/Bahr 1996; Bellah 1990; Dreyfus 1981). Sie argumentieren in der Regel, dass unsere zunehmend vom Markt bestimmten Gesellschaften oft die individuelle Freiheit und Selbstbezogenheit höher werten als die Fürsorge für andere. Benedict (1938) hat einleuchtend aufgezeigt, dass jede beliebige Kultur in unterschiedlichem Maße auf die Rollen und Aufgaben von Erwachsenen vorbereitet und dass ein Mangel an Vorbereitung und Übung oft zu schwierigen Übergängen und eingeschränkter Fähigkeit führt, Erwachsenenrollen zu erfüllen. In dem Ausmaß, zu dem die Kultur des Individualismus die Vorbereitung auf Generativität verringert (z.B. durch weniger Erfahrungen, die verantwortungsbewusste Fürsorge für andere lehren), werden Beziehungen, die Erfahrungen vermitteln, welche die Fähigkeit zu pflegen und zu sorgen lehren, immer wichtiger für die Erziehungsaufgabe von Erwachsenen. Wir sind der Meinung, dass die psychosoziale Phase der Intimität sowohl Männer als auch Frauen ermutigt, die Einflüsse einer oft nicht generativen, nicht fürsorglichen Kultur zu überwinden (Dienhart/Daly 1997). Dies geschieht dadurch, dass ein bedeutsamer beziehungsmäßiger Kontext geschaffen wird, in dem generative Eigenschaften gelernt und später auf die Generativität angewandt werden können. Dieses Argument mag besonders für Kulturen von Bedeutung sein, die den Individualismus betonen.

Die Entwicklung der generativen Kindererziehung ist komplex, da Generativität weitgehend von dem erfolgreichen Abschluss vorausgegangener Entwicklungsphasen abhängig ist. In dem Ausmaße, zu dem Eriksons Theorie der stufenweisen Entwicklung zutreffend ist, lässt sich generative Familienerziehung nur verstehen, wenn die Prozesse untersucht werden, die mit der Bewältigung früherer Phasen zu tun haben. Auch muss man wissen, was in die nächste Entwicklungsstufe mit hineingenommen wurde. Wir behandeln zuerst den Prozess der stufenweisen Entwicklung und zeigen, dass Lernen eine wichtige Rolle in der Entwicklung von Erwachsenen spielt. Dann betrachten wir speziell die Phase der Intimität und prüfen Belege dafür, dass eine reife, liebevolle und enge Beziehung einen optimalen Kontext für die Entwicklung der Eigenschaften Liebe, Fürsorge und Verantwortungsbewusstsein bietet, die dann eine Grundlage für Eltern-Kind-Beziehungen bilden.

Soziales Lernen in Beziehungen

Laut der Forschung über die Entwicklung von Beziehungen kann man davon ausgehen, dass die Bewältigung einer jeden psychosozialen Entwicklungsstufe einen längerfristigen Prozess des Erlernens von Beziehungskompetenz beinhaltet. Erikson (1974) spielt folgendermaßen auf das Lernen während der Entwicklung Erwachsener an: „In der Jugend findest du heraus ... wer du sein willst. Im frühen Erwachsenen-alter lernst du, mit wem du gerne zusammensein willst – bei der Arbeit und im Privatleben, nicht nur Intimitäten austauschend, sondern Intimität teilend. Im Erwachsenenalter lernst du jedoch zu erkennen, für was und für wen du sorgen kannst" (S. 124).

Ein angemessenes Verhalten in irgendeiner Beziehung setzt die kompetente Verwendung von über einen Zeitraum angesammeltem Wissen voraus (Duck 1993), und es ist der Kontext enger Beziehungen zu Familienmitgliedern und Freunden, in dem wir über menschliche Beziehungen lernen (Fletcher/Fitness 1993). Andersen (1993) führt Belege an, nach denen Beziehungen eine Kombination von interpersonalen Interaktionen und der kognitiven Aktivität der Interagierenden sind. Durch diesen Prozess der Interaktion und die ihn begleitenden Kognitionen entwickeln Individuen Schemata, die auf früherer Erfahrung basierende Wissensstrukturen sind. Schemata geben späteren Beziehungen Bedeutung und lassen kompetentes Verhalten zu. Beziehungsschemata haben eine enorme Wirkung auf Beziehungen, da diese besondere Art von Schemata das Wissen über verschiedene Formen von Beziehungen prägt. Auf solche Weise tragen vorausgegangene Erfahrungen dazu bei, den Prototyp (d.h. die eigene subjektive Vorstellung) von dem zu definieren, was es bedeutet, eine Mutter oder ein Vater zu sein. Diese Art von Wissen ähnelt dem Konzept der „working models" in der Bindungstheorie, jedoch dienen Beziehungsschemata ausdrücklich dazu, Beziehungskategorien zu definieren.

Honeycutt (1993) zeigt auf ähnliche Weise, dass sich Beziehungen entsprechend der „Erinnerungsstruktur" fortentwickeln. Erfahrungen werden gefiltert und verstanden anhand von „Erwartungen", die ihrerseits das Produkt früherer Erfahrungen sind. Die gerade beschriebenen Lernprozesse führen letztendlich zurück bis zum Beginn des Lebens einer Person; es wurde aufgezeigt, dass sie im frühen Säuglings-alter beginnen (Rubin/Bukowski/Parker 1998). So dürfte es vernünftig sein anzunehmen, dass generative Kindererziehung ein Lernprozess mit Wurzeln in engen Beziehungen ist und dass diese Beziehungen bedeutsame Lernerfahrungen ermöglichen, aus denen heraus sich Generativität entwickelt. Außerdem lernen Individuen durch ihre Erfahrungen mit anderen, Verhaltensweisen zu verstehen und richtig zu interpretieren, wobei sie auch mit neuen und unbekannten Arten des Seins und Verhaltens in Beziehungen konfrontiert werden (Miller 1993). Beispielsweise lassen einige Forschungsarbeiten vermuten, dass Konflikt in dem Maße zu persönlicher Weiterentwicklung führt, in dem er zwischenmenschliche Zwänge klärt sowie zu neuem Verständnis und beide Seiten zufrieden stellenden Lösungen führt (z.B. Cummings/Davies 1994; Miller 1993).

Männer, Frauen und das Erlernen der Generativität

Obgleich sich einige Wissenschaftler (z.B. Canary/Emmers-Sommer 1997; Thorne 1997) bemühen, geschlechtsspezifische Unterschiede nicht überzubetonen, gibt es Hinweise dafür, dass Männer im Vergleich zu Frauen benachteiligt sind, was das Erlernen elterlicher Generativität betrifft. Die Sorge für die nächste Generation setzt Interesse und Verantwortung für andere voraus (McAdams/Hart/Maruna 1998), und während einige Aspekte westlicher Gesellschaften sowohl für Männer als auch für Frauen die Gelegenheiten zum Erlernen fürsorglicher Eigenschaften reduzieren (Dienhart/Daly 1997), werden Männer sogar noch weniger ermutigt zu lernen, für andere zu sorgen. In der derzeitigen amerikanischen Gesellschaft sammeln Mädchen z.B. mehr Erfahrung mit unterstützenden Interaktionen (Denton/Zarbatany 1996) und weisen mehr fürsorgliche Wertorientierungen auf, die sich auf Menschen und Beziehungen richten (Badger/Craft/Jensen 1998). Im Gegensatz dazu werden Jungen nicht zu guten Zuhörern erzogen und lernen nicht, es anderen leichter zu machen, sich selbst zu öffnen. Stattdessen werden sie oft dazu sozialisiert, Unabhängigkeit und Reserviertheit wertzuschätzen sowie Konflikte durch Macht – die Verwendung von Körperkraft, Überredungskunst oder dem höheren Status – zu lösen anstatt durch Verhandlungen (Levant 1992; Maccoby 1995). Frauen werden hingegen im Vergleich zu Männern viel häufiger als Förderer von Beziehungen gesehen (Maccoby 1990; Van Yperen/Buunk 1990; Whyte 1990). Außerdem stellt Gottman (1994) fest, dass Männer dazu tendieren, stärkere physiologische Reaktionen auf bestimmte Gefühle zu haben als Frauen. Dies mag für manche Männer bedeuten, dass das Erleben von Emotionen unangenehm oder riskant ist. Eine Studie lässt vermuten, dass Mädchen die Kindheit mit komplexeren Objektbeziehungen als Jungen verlassen – was impliziert, dass ihre sozialen Fähigkeiten größer sind (Chodorow 1978). Da die Grenzen der Beziehungen von Mädchen nach außen hin durchlässiger werden, sind sie zu sozialem Lernen vermutlich fähiger als Jungen. In dem Ausmaße, in dem das soziale Lernen eines Mannes Unabhängigkeit und Individualismus anstatt von Zugehörigkeit betont, sind Beziehungserfahrungen nötig, die zu einer interpersonalen Orientierung und zu Beziehungsfertigkeiten führen, die für eine erfolgreiche Kindererziehung gebraucht werden.

Niedrigere Grade von Intimität in einem Partner können den Grad der Intimität in der Paarbeziehung verringern, was wiederum die Eltern-Kind-Beziehungen beeinflusst. Beispielsweise vermutet Steil (1997), dass wegen der wechselseitigen

Natur der Intimität derjenige Partner, der mehr Distanz und weniger Interaktion bevorzugt, die Menge an Intimität bestimmen wird, die ein Ehepaar erreichen kann. Steil betont, dass es in der Regel die Ehemänner sind, die als „Torhüter" der Intimität fungieren, da sie emotional distanzierter und unabhängiger sind. Sie meint, dass es der Kommunikationsstil der Ehemänner (nicht der Ehefrauen), die Beziehungsgespräche der Ehemänner (nicht der Ehefrauen) und die Reife der Intimität bei Ehemännern (nicht Ehefrauen) sind, die zwischen Ehepaaren mit niedriger versus hoher Eheanpassung diskriminieren. Darüber hinaus haben Männer, die sich kognitiv und beziehungsmäßig besser auf ihre Ehefrauen einstellen können und die offener für deren Einfluss sind, befriedigendere Ehen, sind erfolgreicher in der Transition zur Elternschaft und haben engere, befriedigendere Eltern-Kind-Beziehungen (Gottman 1996; Gottman/Silver 1999). In dem Ausmaß, zu dem Männer mit relativ weniger ausgebildeten Fähigkeiten der Interdependenz, Kontaktaufnahme und Kommunikation in Beziehungen eintreten, werden sie von Interaktionen profitieren, die Defizite in ihrem Beziehungswissen abbauen. So ist eine reife, liebevolle Beziehung noch wichtiger für die soziale Entwicklung von Männern im Allgemeinen und für die Entwicklung von Generativität im Besonderen.

Eine der wichtigsten Möglichkeiten, die durch die Entwicklung einer reifen, liebevollen Beziehung eröffnet wird, ist die Schaffung eines dauerhaften Kontextes, in dem für Generativität notwendige Eigenschaften gelernt und eingeübt werden können. Neben genauen Beobachtungen und Interpretationen der Hinweisreize des anderen verlangt eine reife intime Beziehung auch die Sorge und langfristige Verpflichtung für eine bestimmte Person (Jordan/Stanley/Markman 1999). Insbesondere Sorge und Verpflichtung stehen ebenfalls im Mittelpunkt einer verantwortlichen, generativen Kindererziehung (Doherty/Erickson/Kouneski 1998; McAdams/Hart/Maruna 1998). Vergleichbar mit der Phase der Intimität umfasst generative Erziehung die Entwicklung eines nach außen gerichteten Fokus und von Interdependenz sowie später die Anwendung dieser Fertigkeiten und Eigenschaften bei bestimmten Personen. Eine Studie lässt vermuten, dass Kindererziehung Generativität in Männern fördert, aber weniger in Frauen: Väter erreichten signifikant höhere Werte laut einem Messinstrument für Generativität als Männer, die niemals Väter waren, während Werte für Generativität bei Frauen nicht in einem direkten Zusammenhang mit Mutterschaft standen (McAdams/de St. Aubin 1992).

Anzumerken ist, dass die Ehe auch Anerkennung für traditionell maskuline Formen des Zeigens von Liebe bieten mag. Cancian (1987) argumentiert, dass ab Mitte des 18. Jahrhunderts Liebe feminisiert wurde und dass Liebe in einer modernen Gesellschaft nun weitgehend verbale Selbstöffnung und Kommunikation von Emotionen meint. Typisch männliche Weisen, Fürsorge zu zeigen – wie geteilte Aktivitäten, Gewährung von Schutz oder praktische Hilfe –, verloren an Bedeutung und werden oft nicht als wahren Ausdruck von Liebe betrachtet (a.a.O.). Die Ehe mag einen für beide Seiten vorteilhaften Austausch von Verhaltensstilen ermöglichen, wodurch Männer und Frauen leichter unterschiedliche Formen des Ausdrucks von Liebe wertschätzen und sich ihnen anpassen können.

Die Entwicklung von Interdependenz durch Intimität und Generativität

Die Beschreibung von Intimität als „reife Wechselseitigkeit" (Erikson 1950) impliziert eine komplexe Ordnung von Reziprozitäten zwischen Partnern. Die Entwicklung von Intimität zwingt das Individuum, den verständlichen Fokus auf sein Selbst hinter sich zu lassen, und fordert wechselseitiges Geben, Nehmen und Verantworten (J. Erikson 1988; Snarey 1993). Anders als bei irgendeiner vorausgegangenen psychosozialen Phase hängen sowohl Intimität als auch Generativität von der Verbindung mit einer anderen Person ab, die bereit und fähig ist, die Aufgabe der Sorge zu teilen (Erikson 1964). Intimität wird mit einer bestimmten Person entwickelt und ist auf sie gerichtet (Noller 1996). Sie ist die erste Stufe in der psychosozialen Entwicklung, die explizit die Integration eines anderen in das eigene Ich erfordert. Um Intimität – und später Generativität – zu erreichen, muss sich das Ich von einem undifferenzierten Zustand, in dem es größtenteils auf sich selbst fokussiert ist, ausweiten zu einem differenzierten Zustand, in dem es sich anderer Personen bewusst ist und für sie sorgt, bis es genügend Beziehungswissen gibt, um reife Wechselseitigkeit zu erreichen. Man muss beginnen, für andere zu sorgen, und darf nicht länger hauptsächlich ein Empfänger von Fürsorge bleiben. Ein Versagen bei der Fortentwicklung von dem Fokus auf sich selbst zu einem interdependenten Zustand führt zu Isolation und später zu Stagnation.

Erikson (1950) beschreibt die Antipode der Intimität als Isolation bzw. Beschäftigung mit sich selbst. Auf ähnliche Weise wird Stagnation, die Antipode zur Generativität, als Ergebnis einer Konzentration auf das Selbst und die eigenen Bedürfnisse gesehen: „Wenn Menschen bei der Entwicklung von Generativität versagen, regredieren sie zu einem zwanghaften Bedürfnis nach Pseudo-Intimität, einem durchdringenden Gefühl der Stagnation und zu persönlicher Verarmung" (Erikson 1963, S. 267). Deshalb ist die Fähigkeit, sich für das Wohl und die Bedürfnisse anderer zu interessieren, von zentraler Bedeutung sowohl für Intimität als auch Generativität. In einer Untersuchung über die Auswirkungen der Ehe auf das Wohlbefinden von Erwachsenen fanden Gove, Style und Hughes (1990) heraus, dass Ehepaare, die ihre Bemühungen auf das Erreichen individuellen Glücks konzentrieren, das Gegenteil des Gewünschten erreichen und in der Regel unglücklich werden. Glückliche Paare tendieren hingegen dazu, auf die Bedürfnisse des anderen zu fokussieren; dies scheint das Wohlbefinden zu fördern. Bei einer anderen Studie wurde ermittelt, dass Individualismus mit einem geringeren Maß an Sorge, Liebe und Verpflichtung in der Beziehung verbunden ist (Dion/Dion 1991).

Während der Zunahme der Anzahl und Komplexität der Beziehungen eines Individuums bleibt die Entwicklung reifer Intimität ein wichtiger Meilenstein für ihn, für seinen Partner und für die Kinder, die der Gemeinschaft entspringen mögen. Bartholomew (1993) nennt eine Vielzahl von Belegen, dass die Bindungsmuster Erwachsener mit verschiedenen Aspekten der Beziehungskompetenz zusammenhängen. Bindung wird hier definiert als eine fortdauernde emotionale Bande zwischen zwei Erwachsenen und ist bis zu einem gewissen Grad vergleichbar mit der affektiven Bindung zwischen Säuglingen und ihren vorrangigen Pflegepersonen (Hazan/Shaver

1987). Neuere Forschungsergebnisse belegen, dass die Bindungsstile Erwachsener eine wichtige Auswirkung auf ihr Verhalten in Ehe- und Elternbeziehungen haben. Beispielsweise fanden Volling, Notaro und Larsen (1998) heraus, dass die eheliche Liebe bei sicher gebundenen Erwachsenen größer ist. Darüber hinaus stellten sie fest, dass sich Erwachsene mit sicheren Bindungsstilen als Eltern kompetenter erlebten als Erwachsene mit unsicheren oder ängstlich-ambivalenten Bindungsstilen. Aus der Sicht der Bindungstheorie werden liebevolle (d.h. romantische) Beziehungen im Allgemeinen als die wichtigsten aller Bindungsbeziehungen im Erwachsenenleben bezeichnet: „Nicht nur werden individuelle Unterschiede bei Bindungsstilen in romantischen Beziehungen augenscheinlich, sondern solche Beziehungen können potenziell auch eine therapeutische Rolle spielen, indem sie die Auswirkungen früherer und schwierig verlaufender Bindungsbeziehungen abschwächen" (Bartholomew 1993, S. 37). Dementsprechend mag die Ehe – mehr als irgendeine andere Beziehung – einen Kontext bieten, in dem Männer und Frauen ihr Beziehungswissen erweitern können, das wiederum die Grundlage für gute Eltern-Kind-Beziehungen ist. Wir werden nun die spezifischen Komponenten der Intimität erörtern sowie das Beziehungslernen, das sowohl Männer als auch Frauen erfahren und das ihnen hilft, fürsorgliche, generative Eltern zu werden.

Ehe als ein Wegbereiter der Generativität: was wir lernen

Noller (1996) meint, dass reife Liebe (definiert als sowohl kurz- als auch langfristige Verpflichtung gegenüber dem Geliebten und der Beziehung, sowohl Leidenschaft als auch Kameradschaft einschließend) gesunde Ehe- und Familienbeziehungen erhält und zu persönlicher Zufriedenheit führt. Die Implikation ist, dass reife, interdependente Liebe sowohl Intimität als auch Generativität unterstützt. Dies mag zum Teil durch die enge Beziehung zwischen Liebe und Fürsorge bedingt sein. Fürsorglichkeit, die wichtigste Tugend bei Generativität, wird fast immer erwähnt, wenn es darum geht zu definieren, was jemanden zu lieben heißt (Fehr 1993). Sternbergs (1986) trianguläre Theorie der Liebe geht davon aus, dass Liebe aus drei Komponenten besteht: Intimität, Verpflichtung und Leidenschaft. Spätere Untersuchungen haben bestätigt, dass diese drei Faktoren wichtige Bestandteile von Liebe sind (Barnes/Sternberg 1997; Fehr 1993; Fehr/Russell 1991). Der Prozess des Erlernens und Entwickelns dieser drei Komponenten vermittelt sowohl Männern als auch Frauen wichtige Erfahrungen, die ihnen helfen werden, liebevolle und verantwortungsbewusste Eltern zu werden und zu bleiben. Es mag sein, dass die gegenwärtigen demografischen Trends bei der Familienbildung wie z.B. die Zunahme herausgeschobener Ehen, nicht ehelicher Lebensgemeinschaften und Zweitehen sehr viel Variation in diesen Prozess hineinbringen. Ob der Prozess selbst in solchen Kontexten relativ konstant bleibt, ist eine Frage, die empirisch überprüft werden müsste.

Weitgehend Einigkeit herrscht unter Wissenschaftlern, dass persönliche Beziehungen entsprechend des Grades an Intimität – definiert als Nähe, Zuneigung und Liebe – unterschieden werden können, die das jeweilige Paar erreicht (Canary/Emmers-Sommer 1997). Laut Sternberg (1986) umfasst Intimität das enge Gefühl von Bindung und Bezogenheit, das Personen in Liebesbeziehungen füreinander empfinden. Er beschreibt Handlungen, in denen sich Intimität als Kommunizieren über innere Gefühle, als Empathie für den anderen sowie als emotionale und materielle Unterstützung äußert. Cancian (1987) unterscheidet drei Arten von Liebe – interdependent, kameradschaftlich und unabhängig. Er ist der Meinung, dass die interdependente Liebe die Art von Liebe ist, die am ehesten fähig ist, Ehe und Familie zu stützen. Die interdependente Liebe ist auch die Form, die am besten der Definition Eriksons von reifer Intimität entspricht. Cancian (a.a.O.) betont, dass interdependente Liebe – charakterisiert durch Wechselseitigkeit, Gleichheit und offene Kommunikation – am meisten das Wohlbefinden jedes Individuums fördert, da es von seinem Partner Unterstützung erfährt.

In der Forschung wurde allgemein eine positive Beziehung zwischen der Qualität der Ehe und der Eltern-Kind-Beziehungen gefunden (Burman/Erel 1995). Genauer gesagt, es wird die Annahme bestätigt, dass eine gute Ehe – sowohl vor der Elternschaft als auch parallel zu ihr – sich positiv auf Eltern-Kind-Beziehungen auswirkt. Einige Belege verweisen auf besondere Eigenschaften, die durch Intimität gelernt und entwickelt werden. Sie lassen vermuten, dass bestimmte in der intimen Beziehung entwickelte Eigenschaften die Eltern-Kind-Beziehungen zu definieren helfen. Es folgen Beispiele für Intimität als Vorläufer elterlicher Intimität: Eine Längsschnittuntersuchung ergab, dass bessere eheliche Kommunikation über verschiedene Aspekte der Beziehung später mit einer größeren Kompetenz als Eltern korrelierte (Heath 1976). Die größere Ehezufriedenheit von Vätern erwies sich hier auch als ein Prädiktor für kompetenteres erzieherisches Verhalten. In einer anderen Studie wurde herausgefunden, dass die Qualität der Ehebeziehung (z.B. Sorgen füreinander, Verspieltheit) die Engagiertheit als Vater voraussagen lässt (Feldman/Nash/Aschenbrenner 1983). Längsschnittstudien zeigen ferner, dass die Beziehungsqualität eines Paares vor der Ehe wie auch nach der Geburt ihres Kindes in Verbindung steht zu der kindlichen Bindung und dem Sicherheitsgefühl (Howes/Markman 1989) – Auswirkungen, die mit kompetenter Kindererziehung zusammenhängen.

Die eheliche Intimität kann auch zur gleichen Zeit die Eltern-Kind-Beziehungen beeinflussen. Eine Längsschnittstudie ergab, dass ein größeres Maß an Ehequalität gleichzeitig mit einem höheren Grad an Qualität in Eltern-Kind-Beziehungen korrelierte (Shek 1998). Andere Untersuchungen lassen vermuten, dass Mutter-Kind- und Vater-Kind-Beziehungen besser bei harmonischen Ehen sind (Cummings/O'Reilly 1997) und dass Eltern in befriedigenden Ehen sowohl ihre Kinder als auch die Elternrolle positiver beurteilen (Goldberg 1990). Darüber hinaus zeigten Väter, die von einer höheren Ehezufriedenheit berichteten, weniger negative Verhaltensweisen und waren sensibler in Interaktionen mit ihren Kindern (Belsky et al. 1991). Ferner wurde ermittelt, dass Mütter in engen, vertrauensvollen Ehebeziehungen wärmer und sensibler gegenüber ihren Kindern waren (Cox et al. 1989; Goldberg/Easterbrooks 1984). Umgekehrt lassen Forschungsarbeiten vermuten, dass sich Väter oft von ihren Kindern distanzieren, wenn sich die Ehebeziehung verschlechtert (Cummings/ O'Reilly 1997; Harris/Furstenberg/Marmer 1998).

McBride und Rane (1998) fanden heraus, dass sich aus der Bewertung des Erziehungsbündnisses (definiert als wechselseitiger Respekt, Kommunikation und Wertschätzung des Beitrages des anderen) durch ein Paar das väterliche Engagement voraussagen lässt. Die globale Bewertung der Ehezufriedenheit war jedoch bei weitem nicht ein so bedeutender Prädiktor für die Involviertheit des Vaters. Diese Forschungsergebnisse lassen die Möglichkeit zu, dass Eltern in ihrer Beziehung miteinander unglücklich und trotzdem erfolgreiche, involvierte Eltern sein können. Jedoch zeigt eine neuere Längsschnittstudie, dass Ehepaare, deren ursprünglich gute Ehequalität sich in einem Zeitraum von zwei Jahren verschlechterte, signifikant häufiger einander bei der Erziehung nicht unterstützten im Vergleich zu Paaren, deren Beziehung immer schlechter wurde, und zu Paaren, deren Beziehung gut blieb (Belsky/Hsieh 1998). Die Autoren meinen, dass mit der gemeinsamen Erziehung verbundene Prozesse und eheliche Interaktionen reziprok sind: Jedes wirkt auf das andere ein. Diese Untersuchungen zeigen, dass wenn ein Paar erfolgreich Interdependenz entwickelt, sei es bezüglich ihrer eigenen Beziehung oder ausgeweitet auf das Elternbündnis, dies eine positive Wirkung auf die Qualität der Eltern-Kind-Beziehungen hat. Besonders wichtige Elemente umfassen effektive Kommunikation und Problemlösefertigkeiten ebenso wie emotionale Involviertheit und Unterstützung.

Neuere Forschungsarbeiten lassen darauf schließen, dass der Grad an Interdependenz in der Ehe eine größere Wirkung auf Vater-Kind-Beziehungen als auf Mutter-Kind-Beziehungen hat. Es wurde herausgefunden, dass eine unglückliche Ehe die Werte für Eltern-Kind-Zuneigung bei Vätern reduziert, nicht aber bei Müttern (Rossi/Rossi 1990). White (1999) stellte fest, dass die Herzlichkeit eines Kindes gegenüber dem Vater in einem signifikanten Zusammenhang zu dem von der Mutter genannten Grad an ehelicher Zuneigung stand; der Grad an Herzlichkeit des Kindes gegenüber der Mutter korrelierte nicht signifikant mit dem von dem Vater genannten Grad an ehelicher Zuneigung. Es gibt auch Belege dafür, dass sich die Fähigkeit eines Vaters, die Mutter glücklich zu machen, positiv auf die Beziehungen der Kinder zu ihrem Vater auswirkt (Booth/Amato 1994; Harris/Furstenberg/Marmer 1998). So ist bei verheirateten Vätern die Qualität der Vater-Kind-Beziehungen zumindest etwas abhängig von dem Grad an Beziehungswärme zwischen den Partnern und der Ehezufriedenheit. Aus diesen Untersuchungen ergibt sich, dass mehr Intimität in der Ehe zu engeren Vater-Kind-Beziehungen führen wird.

Generative Kindererziehung mag eine positive Wirkung auf die Intimität haben. Gottman (1996) zeigt, dass je expressiver ein Vater ist, umso mehr leitet er seine Kinder an, auf andere zu achten, desto besser ist die Ehe und umso mehr Zärtlichkeit erweist er seiner Frau. Untersuchungen haben ergeben, dass involviertere Väter stabilere Ehen haben und dass Frauen zufriedener mit ihrer Ehe sind, wenn sich ihre Partner intensiv mit den Kindern beschäftigen (Kalmijn 1999; Steil 1997).

Verpflichtung beinhaltet Stabilität und Ausschließlichkeit. Dieser Begriff verweist auf die Hingabe an eine bestimmte Person und auf die Entscheidung, auf lange Sicht zu lieben und in der Beziehung zu bleiben (Sternberg 1986). Sowohl Noller (1996) als auch Sternberg (1986) betonen, dass ein Teil der Liebe die bewusste Entscheidung zu lieben ist; Verpflichtung gibt der Beziehung Stabilität gegenüber wechselhaften Gefühlen. Außerdem verstärken sich Liebe und Verpflichtung gegenseitig (Hecht/Marston/Larkey 1994; Levinger 1988). Obgleich einige der Meinung sind, dass Liebe und Verpflichtung Synonyme seien (z.B. Forgas/Dobosz 1980), zeigt die neuere Forschung, dass sie verschieden, aber eng miteinander verknüpft sind (Fehr 1993).

Verpflichtung ist genauso elementar für Elternschaft wie für intime Liebesbeziehungen. Ein vor kurzem veröffentlichter Bericht (Doherty/Kouneski/Erickson 1998), der vom United States Department of Health and Human Services in Auftrag gegeben wurde, hält fest, dass die langfristige Verpflichtung – einschließlich der Anerkennung der Vaterschaft sowie des Willens, anwesend zu sein und zum Unterhalt beizutragen – essenziell für verantwortungsvolle Vaterschaft ist. Bei einer Längsschnittstudie wurde herausgefunden, dass die Verpflichtung der Väter, ihre Ehen zu erhalten, ein starker Prädiktor für spätere väterliche Generativität war, insbesondere bezogen auf Töchter (Snarey 1993). So scheint die Folgerung vernünftig zu sein, dass die Entwicklung von Verpflichtung zunächst für Intimität und dann für die Eltern-Kind-Beziehung notwendig ist und dass die Verpflichtung zur Intimität später eine feste Grundlage für die Verpflichtung zur Generativität bildet. In Nordamerika mag die Ehe wegen der Betonung des Selbst durch die Kultur oft die erste langfristige Verpflichtung sein, die eine Person eingeht. Zu lernen, wie wertvoll Verpflichtung ist und wie man sich einer auf wechselseitige Fürsorge aufgebauten Beziehung (d.h. der reifen Intimität) hingibt und Opfer eingeht, mag eine wichtige Basis für die Verpflichtung zu einer bei weitem einseitigeren Beziehung sein (d.h. zur Kindererziehung).

Noller (1996) meint, dass Teil der Verpflichtung zu einer Liebesbeziehung auch die Entschlossenheit ist, die Beziehung für beide Seiten so befriedigend wie möglich zu machen. Jordan, Stanley und Markman (1999) bezeichnen diese Form der Verpflichtung als „persönliche Hingabe" – im Gegensatz zur „erzwungenen Verpflichtung" oder ungern erfüllten Pflicht gegenüber der Beziehung. Hingabe wird charakterisiert als „Zentriertsein auf andere" bzw. als Teamzentriertheit im Gegensatz zur Selbstzentriertheit. Dies schließt Sensibilität für den Partner und die Übernahme von dessen Perspektive auf längere Sicht ein. Diese Art von Verpflichtung gibt jedem Partner sowohl für die Gegenwart als auch für die Zukunft die Bestätigung, dass seine Opfer für die Beziehung von der anderen Seite hoch geschätzt werden. Das hier Gelernte dürfte eine wertvolle Basis sein, von der aus man seinen Kreis der Fürsorge auf die nächste Generation ausweiten kann.

Leidenschaft umfasst romantische und sexuelle Aspekte von Liebesbeziehungen (Sternberg 1986) und ist eine Form des Fühlens, Denkens und Handelns gegenüber einer anderen Person, die in dem ausgeprägten Wunsch verankert ist, beieinander zu sein. In einer Hinsicht ist Leidenschaft die sichtbarste Verbindung zwischen Intimität und dem, was Kotre (1984) als biologische Generativität beschreibt – die Empfängnis, die Schwangerschaft und Pflege von Säuglingen –, insofern als Geschlechtsverkehr und Empfängnis zur Schwangerschaft führen. Biologische Generativität macht natürlich elterliche Generativität möglich, die Fürsorge für das Kind und dessen Integration in das Familiensystem einschließt (a.a.O.).

Leidenschaft – insbesondere wenn sie durch die Intimität und Verpflichtung der Ehe kanalisiert wird – macht die Ehe aufregend, was ein Vorläufer für das Spannende sein mag, das Eltern mit ihren Kindern erleben können. Eine Längsschnittstudie fand einen positiven Zusammenhang zwischen der Häufigkeit und Freude am ehelichen Geschlechtsverkehr sowie der späteren Elternkompetenz (Heath 1976). Außerdem mag fortdauernde Leidenschaft, die ein tiefgründiges Bedürfnis ist, beieinander zu sein, Teil der beständigen Kraft der Biologie oder der Blutbande sein, die Familien definiert und zusammenhält.

Zusammenfassend dürfte es eindeutig sein, dass die Qualität der Beziehungsprozesse die Entwicklung der generativen Fähigkeiten eines Individuums prägt. Die Forschung zeigt, dass Erfahrungen in intimen Beziehungen in der Tat wichtige Implikationen für Eltern-Kind-Beziehungen haben. Ohne die Erfahrung tief gehender Interdependenz oder Intimität ist es wahrscheinlich schwieriger für ein Individuum, Eigenschaften wie Wärme und Empathie oder Kompetenz als Elternteil zu entwickeln; dies mag besonders auf Väter zutreffen. Wenn man die Verpflichtung innerhalb einer Liebesbeziehung nicht erlebt hat, ist man weniger bereit, den Wert der Dauerhaftigkeit und Hingabe an einen vertrauten Anderen zu akzeptieren, und damit weniger geneigt, ein Gefühl der Verpflichtung für die Eltern-Kind-Beziehung aufzubringen. Ohne die Erfahrung fortdauernder Leidenschaft ist es weniger wahrscheinlich, dass man die Aufregung und Freude erwartet und schätzt, die oft Teil der Eltern-Kind-Beziehungen sind. Wie zuvor erwähnt, schließt jedoch der Mangel an Erfahrung in reifer Intimität nicht immer die Entwicklung von Generativität aus. Durch Prozesse, die als „Nacharbeiten" (Snarey 1993) bezeichnet werden, mag Generativität in einer kompensatorischen Reaktion auf die Schwierigkeiten früherer Phasen entwickelt werden.

Generativ durch Nacharbeiten werden

Wissenschaftler haben die Vorstellung des Nacharbeitens hinsichtlich von Situationen beschrieben, in denen die Entwicklungsverläufe bei weitem nicht optimal waren. Nacharbeiten bedeutet, auf positive Weise mit dem Guten und Schlechten in der eigenen Vergangenheit umzugehen (Kotre/Kotre 1998). Die Hypothese lautet, dass

Kinder von kalten, distanzierten oder misshandelnden Eltern versuchen werden, anders als diese zu erziehen, und somit die Fürsorge zu verbessern versuchen, die sie ihren eigenen Kindern angedeihen lassen (Snarey 1993). Belsky (1984) meint, dass „Väter, die warm, fürsorglich und engagiert sind, wahrscheinlich Söhne aufziehen werden, die sich mit ihnen identifizieren und sie nachahmen, während unbeteiligte Väter – die aller Wahrscheinlichkeit nach nur eine schwache Identifikation und einen geringen Nachahmungswunsch erzeugen – vielleicht einen kompensatorischen Prozess hervorrufen, der später ihre Söhne veranlasst, auf genau entgegengesetzte Weise als ihre eigenen Väter zu erziehen" (S. 86).

Es ist eindeutig, dass Kinder von Eltern mit Defiziten hinsichtlich Generativität selbst gefährdet sind, nicht generativ zu werden, was durch die zu erwartenden Schwierigkeiten dieser Kinder beim erfolgreichen Durchlaufen verschiedener psychosozialer Stufen bedingt ist. Wie Erikson und andere argumentiert haben, führen nicht bewältigte Phasen zu Ich-Schwächen, die bei den neuen Anforderungen der frühen Erwachsenenjahre zu Problemen führen können. Es ist bei diesen Kindern natürlich weniger wahrscheinlich, dass sie psychosoziale Stufen erfolgreich bewältigen, und so werden generative Defizite von einer Generation zur nächsten weitergegeben. Jedoch wurde festgestellt, dass die Motivation für ein größeres Engagement als Vater häufig aus einem Prozess resultiert, bei dem Väter den Mangel an Involviertheit ihrer eigenen Väter dadurch kompensieren, dass sie ihren Kindern mehr Zeit und Fürsorge widmen (Pleck 1997).

Nacharbeiten kann sowohl in der Phase der Intimität als auch in derjenigen der Generativität erfolgen. Und aufgrund der engen Verknüpfung dieser beiden Phasen wird Nacharbeiten von Intimität zu Nacharbeiten von Generativität führen. Wamboldt und Reiss (1989) meinen, dass die Ehe eine Gelegenheit bietet, die eigenen Interaktionsmuster in Beziehungen zu verändern – eine zweite Chance für Familienerfahrung. Wie zuvor erwähnt, gibt es genügend Belege dafür, dass sich das Funktionieren der Ehe und die Qualität der Paarbeziehung auf die Eltern-Kind-Beziehungen auswirken (z.B. Cummings/O'Reilly 1997; Erel/Burman 1995). So kann das Nacharbeiten von Intimität zum Nacharbeiten von Generativität werden.

Das folgende klinische Fallbeispiel, dass der Arbeit des Erstautoren entnommen wurde, illustriert den Zusammenhang zwischen Intimität und Generativität und verdeutlicht die Vorstellung des Nacharbeitens. Dieser Bericht über einen Vater, der hier als Joe bezeichnet wird, zeigt, wie die Ehebeziehung half, seine Entwicklung hin zu generativer Elternschaft zu revitalisieren und zu unterstützen, die aufgrund von Drogenkonsum ins Stocken geraten war.

Joe begann als Teenager, zu rauchen und mit Drogen zu experimentieren. Er tat dies in einem Versuch, „sich in die breite Masse einzufügen" und sich vom Einfluss seiner Eltern zu lösen, der seinem Gefühl nach erdrückend war. Um seinen zunehmenden Drogenbedarf zu finanzieren, begann er zu stehlen. Er lernte später ein Handwerk und war nach Abschluss der Schule erfolgreich im Beruf. Jedoch setzte er den Drogenkonsum fort, und mit Mitte 20 führten seine illegalen Aktivitäten zu einer mehrjährigen Gefängnisstrafe. In seinen Dreißigern traf Joe eine Frau, die einen Sohn aus erster Ehe hatte. Mit ihrer Hilfe hörte Joe auf, Drogen zu nehmen.

Beide heirateten, und Joe wuchs schnell in seine neue Rolle als Vater hinein. Dann bekamen er und seine Frau noch eine Tochter. Es gelingt ihm nun, sich von Drogen und illegalen Aktivitäten fernzuhalten, und er nennt seine Beziehung zu seiner Frau, seine tiefe Liebe für seine beiden Kinder und seinen Wunsch, ein guter Ehemann und Vater zu sein, als Motivation, auf Drogen zu verzichten. Die Kameradschaft und Nähe in seiner Ehe geben ihm eine befriedigende und stabile Identität als Ehegatte und Vater. Als er seine Zeit und Fürsorge in diese Rollen investierte, benötigte er nicht länger Drogen, um sich irgendwo einzugliedern. „Ich liebe mein Leben mit meiner Familie, und der Gedanke, sie zu verlieren, hält mich davon ab, wieder Drogen zu nehmen." Eine wichtige Rolle bei seinem Erfolg, abstinent zu bleiben, spielte die Verbesserung seiner Fähigkeiten für Interdependenz – seine effektive Kommunikation mit seiner Frau und die Fortentwicklung seiner zunehmenden Fertigkeiten in seinen Beziehungen am Arbeitsplatz.

Schlusswort

Idealerweise baut generative Kindererziehung auf einer Grundlage von Stärken auf, die durch frühere Lebenserfahrungen – vom Vertrauen eines Säuglings bis zur Identitätsbildung eines Jugendlichen – entwickelt wurden, am allernächsten aber auf der Grundlage einer verpflichtenden, liebevollen, intimen Beziehung. Forschungsarbeiten aus verschiedenen Fachrichtungen, bei denen die Ehebeziehung mit den elterlichen und Eltern-Kind-Beziehungen verknüpft wurde, bestätigen, dass die Stufen der Intimität und Generativität von Natur aus in einem Zusammenhang stehen, und lassen vermuten, dass generative Kindererziehung sich am wahrscheinlichsten im Kontext reifer Intimität entwickelt. Eine qualitativ hochwertige Ehe scheint außerdem sowohl für Männer als auch für Frauen – vor allem aber für Männer – ein effektiver Weg zu sein, viele nicht generative Aspekte der westlichen Gesellschaft zu überwinden. Wenn es in einer Ehe Stabilität und wechselseitig befriedigende Muster der Interdependenz gibt, wird ein Kontext geschaffen, der Fürsorge fördert, unterstützt und ermutigt. Darüber hinaus schafft die Ehe eine Umwelt, in der der enorme Aufwand, der mit dem Pflegen und Aufziehen eines Kindes verbunden ist, gemeinsam erbracht werden kann. Zusätzlich zu ihren strukturellen Vorteilen mag eine qualitativ hochwertige Ehe die Erweiterung des Beziehungswissens und der für intime und generative Beziehungen benötigten Fertigkeiten erleichtern und dadurch das Wohlbefinden sowohl der beiden Ehepartner als auch ihrer Kinder fördern.

Trotz der beträchtlichen Anzahl an Forschungsarbeiten über die Auswirkungen der Ehebeziehung auf die Eltern-Kind-Beziehungen ist die entwicklungsmäßige Verbindung zwischen Intimität und Elternschaft nicht gut dokumentiert. Die vorliegende Diskussion über die Zusammenhänge zwischen Intimität und der Entwicklung von Generativität ist zugegebenermaßen konzeptuell. Jedoch werden wir durch die Fähigkeit der gegenwärtigen entwicklungsmäßigen Perspektive ermutigt, eine große Bandbreite von ansonsten atheoretischen Forschungsergebnissen über Kindererziehung effektiv zu ordnen. Die Übereinstimmung zwischen früheren empirischen Arbeiten und der Entwicklungstheorie gibt dieser Perspektive Konstruktvalidität. Jedoch muss die Idee von der fürsorglichen Kindererziehung als etwas während der Entwicklung Gelerntes oder Erreichtes noch empirisch untersucht werden, um zu bestimmen, ob und in welchem Maße Intimität, Verpflichtung und Leidenschaft in der Ehe eine Grundlage für ähnliche Eigenschaften bildet, die generative Kindererziehung erleichtern. Eine solche Forschungsaufgabe kann nicht direkt angegangen werden, wenn man die gegenwärtige Vielfalt an Familienformen und andere demografische Variationen wie beim Heiratsalter berücksichtigen will. In einer Familie lebende Stiefeltern stehen beispielsweise oft vor der Herausforderung, neue Eltern-Kind-Beziehungen aufzubauen und gleichzeitig eheliche Intimität zu begründen (Pill 1990). Ebenso mag ein relativ spätes Heiratsalter mit einer großen Bandbreite an Erfahrungen mit Intimität und Generativität verknüpft sein. Jedoch im Licht des starken Zusammenhangs zwischen der intimen Beziehung und der Eltern-Kind-Beziehung tut jeder ernst gemeinte Versuch, Mutterschaft und Vaterschaft zu verbessern, gut daran, Komponenten der beziehungsmäßigen Intimität zu berücksichtigen – insbesondere solche, die erwiesenermaßen die Eltern-Kind-Beziehung beeinflussen.

Literatur

Andersen, P.A.: Cognitive schemata in personal relationships. In: Duck, S. (Hrsg.): Understanding relationship processes series, Bd. 1. Individuals in relationships. Thousand Oaks: Sage 1993, S. 1-29

Badger, K./Craft, R.S./Jensen, L.: Age and gender differences in value orientation among American adolescents. Adolescence 1998, 33 (131), S. 591-596

Bahr, H.M./Bahr, K.S.: A paradigm of family transcendence. Journal of Marriage and the Family 1996, 58, S. 541-555

Barnes, M.L./Sternberg, R.J.: A hierarchical model of love and its prediction of satisfaction in close relationships. In: Sternberg R.J./Hojjat, M. (Hrsg.): Satisfaction in close relationships. New York: Guilford 1997, S. 79-101

Bartholomew, K.: From childhood to adult relationships: Attachment theory and research. In: Duck, S. (Hrsg.): Understanding relationship processes series, Bd. 2. Learning about relationships. Thousand Oaks: Sage 1993, S. 30-62

Bellah, R.N.: Habits of the heart: Individualism and commitment in American life. New York: Harper & Row 1985

Bellah, R.N.: The invasion of the money world. In: Blankenhorn, D./Bayme, S./Elshtain, J.B. (Hrsg.): Rebuilding the nest: A new commitment to the American family. Milwaukee: Family Service America 1990, S. 227-236

Belsky, J.: The determinants of parenting: A process model. Child Development 1984, 55, S. 83-96

Belsky, J./Hsieh, K.H.: Pattern of marital change during the early childhood years: Parent personality, coparenting, and division-of-labour correlates. Journal of Family Psychology 1998, 12, S. 511-528

Belsky, J./Youngblade, L./Rovine, M./Volling, B.: Patterns of marital change and parent-child interaction. Journal of Marriage and the Family 1991, 53, S. 487-498

Benedict, R.: Continuities and discontinuities in cultural conditioning. Psychiatry 1938, 1, S. 161-167

Booth, A./Amato, P.R.: Parental marital quality, parental divorce, and relations with parents. Journal of Marriage and the Family 1994, 56, S. 21-34

Burman, B./Erel, O.: Interrelatedness of marital relations and parent-child relations: a meta-analytic review. Psychological Bulletin 1995, 118, S. 108-132

Canary, D.J./Emmers-Sommer, T.M.: Sex and gender differences in personal relationships. New York: Guilford 1997

Cancian, F.M.: Love in America: Gender and self-development. Cambridge: Cambridge University Press 1987

Chodorow, N.: The reproduction of mothering. Berkeley: University of California Press 1978

Christiansen, S.L./Palkovitz, R.: Exploring Erikson's psychosocial theory of development: Generativity and its relationship to paternal identity, intimacy, and involvement in childcare. Journal of Men's Studies 1998, 7, S. 133-156

Clausen, J.A.: Gender, contexts, and turning points in adults' lives. In: Moen, P./Elder, G.H. Jr./Luscher, K. (Hrsg.): Examining lives in context: Perspectives on the ecology of human development. Washington: American Psychological Association 1995, S. 365-389

Cox, M.J./Owen, M.T./Lewis, J.M./Henderson, U.K.: Marriage, adult adjustment, and early parenting. Child Development 1989, 60, S. 1015-1024

Cummings, E.M./Davies, P.: Children and marital conflict: The impact of family dispute and resolution. New York: Guilford 1994

Cummings, E.M./O'Reilly, A.W.: Fathers in family context: Effects of marital quality on child adjustment. In: Lamb, M.E. (Hrsg.): The role of the father in child development. New York: John Wiley, 3. Aufl. 1997, S. 49-65

Denton, K./Zarbatany, L.: Age differences in support processes in conversations between friends. Child Development 1996, 67, S. 1360-1373

Dienhart, A./Daly, K.: Generative fathering in a non-generative society. In: Hawkins, A.J./ Dollahite, D.C. (Hrsg.): Generative fathering: Beyond deficit perspectives. Thousand Oaks: Sage 1997, S. 147-164

Dion, K.K./Dion, K.L.: Psychological individualism and romantic love. Journal of Social Behavior and Personality 1991, 6, S. 17-33

Doherty, W.J.: The best of times and the worst of times: Fathering as a contested arena of academic discourse. In: Hawkins, A.J./Dollahite, D.C. (Hrsg.): Generative fathering: Beyond deficit perspectives. Thousand Oaks: Sage 1997, S. 217-227

Doherty, W.J./Kouneski, E.F./Erickson, M.F.: Responsible fathering: An overview and conceptual framework. Journal of Marriage and the Family 1998, 60, S. 277-292

Dreyfus, H.L.: Knowledge and human values: A genealogy of nihilism. Teachers College Record 1981, 82, S. 507-520

Duck, S.: Preface. In: Duck, S. (Hrsg.): Understanding relationship processes series, Bd. 1. Individuals in relationships. Thousand Oaks: Sage 1993, S. IX-XIII

East, P.L.: Racial and ethnic differences in girls' sexual, marital, and birth expectations. Journal of Marriage and the Family 1998, 60, S. 150-162

Erel, O./Burman, B.: Interrelatedness of marital relations and parent-child relations: A meta-analytic review. Psychological Bulletin 1995, 118, S. 108-132

Erikson, E.H.: Childhood and society. New York: Norton 1950

Erikson, E.H.: Childhood and society. New York: Norton, 2. Aufl. 1963

Erikson, E.H.: Insight and responsibility. New York: Norton 1964

Erikson, E.H.: Dimensions of a new identity: The 1973 Jefferson lecture in the humanities. New York: Norton 1974

Erikson, J.: Wisdom and the senses. New York: Norton 1988

Fehr, B.: How do I love thee? Let me consult my prototype. In: Duck, S. (Hrsg.): Understanding relationship processes series, Bd. 1. Individuals in relationships. Thousand Oaks: Sage 1993, S. 87-120

Fehr, B./Russell, J.A.: Concept of love viewed from a prototype perspective. Journal of Personality and Social Psychology 1991, 60, S. 425-438

Feldman, S.S./Nash, S.C./Aschenbrenner, B.G.: Antecedents of fathering. Child Development 1983, 54, S. 1628-1636

Fletcher, G.J.O./Fitness, J.: Knowledge structures and explanations in intimate relationships. In: Duck, S. (Hrsg.): Understanding relationship processes series, Bd. 1. Individuals in relationships. Thousand Oaks: Sage 1993, S. 121-143

Forgas, J.P./Dobosz, B.: Dimensions of romantic involvement: Towards a taxonomy of heterosexual relationships. Social Psychology Quarterly 1980, 43, S. 290-300

Goldberg, W.A.: Marital quality, parental personality, and spousal agreement about perceptions and expectations for children. Merrill-Palmer Quarterly 1990, 36, S. 531-556

Goldberg, W.A./Easterbrooks, M.A.: Role of marital quality in toddler development. Developmental Psychology 1984, 20, S. 504-514

Gottman, J.M.: Why marriages succeed or fail. New York: Simon and Schuster 1994

Gottman, J.M.: Toward a process model of men in marriages and families. Vortrag auf der „Conference on Men in Families", Pennsylvania State University, Herbst 1996

Gottman, J.M./Silver, N.: The seven principles for making marriage work. New York: Crown 1999

Gove, W./Style, C.B./Hughes, M.: The effect of marriage on the well-being of adults: A theoretical analysis. Journal of Family Issues 1990, 11, S. 4-35

Harris, K.M./Furstenberg, F.F. Jr./Marmer, J.K.: Paternal involvement with adolescents in intact families: The influence of fathers over the life course. Demography 1998, 35, S. 201-216

Hawkins, A.J./Christiansen, S.L./Sargent, K.P./Hill, E.J.: Rethinking fathers' involvement in child care. Journal of Family Issues 1993, 14, S. 531-549

Hazan, C./Shaver, P.R.: Conceptualizing romantic love as an attachment process. Journal of Personality and Social Psychology 1987, 52, S. 511-524

Heath, D.H.: Competent fathers: Their personalities and marriages. Human Development 1976, 19, S. 26-39

Hecht, M./Marston, P.J./Larkey, L.K.: Lovers and friends. Journal of Social and Personal Relationships 1994, 11, S. 25-43

Hetherington, E.M./Parke, R.D.: Child psychology: A contemporary viewpoint. New York: McGraw-Hill 1993

Honeycutt, J.M.: Memory structures for the rise and fall of personal relationships. In: Duck, S. (Hrsg.): Understanding relationship processes series, Bd. 1. Individuals in relationships. Thousand Oaks: Sage 1993, S. 60-86

Howes, P./Markman, H.J.: Marital quality and child functioning: A longitudinal investigation. Child Development 1989, 60, S. 1044-1051

Jordan, P.L./Stanley, S.M./Markman, H.J.: Becoming parents. San Francisco: Jossey-Bass 1999

Kagitcibasi, C.: Family and human development across cultures: A view from the other side. Mahwah: Erlbaum 1996

Kalmijn, M.: Father involvement in childrearing and the perceived stability of marriage. Journal of Marriage and the Family 1999, 61, S. 409-421

Kotre, J.: Outliving the self: Generativity and the interpretation of lives. Baltimore: The Johns Hopkins University Press 1984

Kotre, J./Kotre, K.B.: Intergenerational buffers: „The damage stops here." In: McAdams, D.P./de St. Aubin, E. (Hrsg.): Generativity and adult development: How and why we care for the next generation. Washington: American Psychological Association 1998, S. 367-389

Levant, R.F.: Toward the reconstruction of masculinity. Journal of Family Psychology 1992, 5, 379-402

Levinger, G.: Can we picture „love"? In: Sternberg, R.J./Barnes, M.C. (Hrsg.): The psychology of love. New Haven: Yale University Press 1988, S. 139-158

Maccoby, E.E.: Gender and relationships: A developmental account. American Psychologist 1990, 45, S. 513-520

Maccoby, E.E.: The two sexes and their social systems. In: Moen, P./Elder, G.H. Jr./Luscher, K. (Hrsg.): Examining lives in context: Perspectives on the ecology of human development. Washington: American Psychological Association 1995, S. 347-364

MacDermid, S.M./Franz, C.E./De Reus, L.A.: Generativity: At the crossroads of social roles and personality. In: McAdams, D.P./de St. Aubin, E. (Hrsg.): Generativity and adult development: How and why we care for the next generation. Washington: American Psychological Association 1998, S. 181-217

McAdams, D.P./de St. Aubin, E.: A theory of generativity and its assessment through self-report, behavioral acts, and narrative themes in autobiography. Journal of Personality and Social Psychology 1992, 62, S. 1003-1015

McAdams, D.P./Hart, H.M./Maruna, S.: The anatomy of generativity. In: McAdams, D.P./de St. Aubin, E. (Hrsg.): Generativity and adult development: How and why we care for the next generation. Washington: American Psychological Association 1998, S. 7-43

McBride, B.A./Rane, T.R.: Parenting alliance as a predictor of father involvement: An exploratory study. Family Relations 1998, 47, S. 229-235

Miller, J.B.: Learning from early relationship experience. In: Duck, S. (Hrsg.): Understanding relationship processes series, Bd. 2. Learning about relationships. Thousand Oaks: Sage 1993, S. 1-29

Morehouse Research Institute/Institute for American Values: Turning the corner on father absence in Black America. Atlanta: Morehouse Research Institute 1999

Nock, S.L.: Marriage in men's lives. New York: Oxford University Press 1998

Noller, P.: What is this thing called love? Defining the love that supports marriage and family. Personal Relationships 1996, 3, S. 97-115

Palkovitz, R.: Parenting as a generator of adult development: Conceptual issues and implications. Journal of Social and Personal Relationships 1996, 13, S. 571-592

Pill, C.J.: Stepfamilies: Redefining the family. Family Relations 1990, 39, S. 186-193

Pleck, J.H.: Paternal involvement: Levels, sources, and consequences. In: Lamb, M.E. (Hrsg.): The role of the father in child development. New York: John Wiley & Sons, 3. Aufl. 1997, S. 66-103

Rossi, A./Rossi, P.: Of human bonding: Parent-child relations across the life course. New York: Aldine de Gruyter 1990

Rubin, K.H./Bukowski, W./Parker, J.G.: Peer interaction, relationships, and groups. In: Eisenberg, N. (Hrsg.): Handbook of child psychology, Bd. 3. Social, emotional, and personality development. New York: Wiley 1998, S. 619-700

Shek, D.T.L.: Linkage between marital quality and parent-child relationship: A longitudinal study in the Chinese culture. Journal of Family Issues 1998, 19, S. 687-704

Snarey, J.: How fathers care for the next generation: A four-decade study. Cambridge: Harvard University Press 1993

Snarey, J.: Foreword: The next generation of work on fathering. In: Hawkins, A.J./Dollahite, D.C. (Hrsg.): Generative fathering: Beyond deficit perspectives. Thousand Oaks: Sage 1997, S. IX-XII

Steil, J.M.I.: Marital equality: Its relationship to the well-being of husbands and wives. Thousand Oaks: Sage 1997

Sternberg, R.J.: A triangular theory of love. Psychological Review 1986, 93, S. 119-135

Stewart, A.J./Vandewater, E.A.: The course of generativity. In: McAdams, D.P./de St. Aubin, E. (Hrsg.): Generativity and adult development: How and why we care for the next generation. Washington: American Psychological Association 1998, S. 75-100

Thorne, B.: Children and gender: Constructions of difference. In: Gergen, M.M./Davis, S.N. (Hrsg.): Toward a new psychology of gender: A reader. New York: Routledge 1997, S. 185-201

Van Yperen, N./Buunk, B.: A longitudinal study of equity and satisfaction in intimate relationships. European Journal of Social Psychology 1990, 20, S. 287-309

Volling, B.L./Notaro, P.C./Larsen, J.J.: Adult attachment styles: Relations with emotional well-being, marriage, and parenting. Family Relations 1998, 47, S. 355-367

Wakefield, J.C.: Immortality and the externalization of the self. In: McAdams, D.P./de St. Aubin, E. (Hrsg.): Generativity and adult development: How and why we care for the next generation. Washington: American Psychological Association 1998, S. 133-174

Wallen, J.: Addiction in human development: Developmental perspectives on addiction and recovery. New York: Hawthorn 1993

Wamboldt, F.S./Reiss, D.: Defining a family heritage and a new relationship identity: Two central tasks in the making of a marriage. Family Process 1989, 28, S. 317-335

White, L.: Contagion in family affection: Mothers, fathers, and young adult children. Journal of Marriage and the Family 1999, 61, S. 284-294

Whyte, M.K.: Dating, mating, and marriage. New York: Aldine de Gruyter 1990

Autorinnen und Autoren

Bradford, Kay P., Brigham Young University, School of Family Life, Provo

Fthenakis, Wassilios E., Prof. Dr. Dr. Dr., Leiter des Staatsinstituts für Frühpädagogik, München, Universität Augsburg

Hawkins, Alan J., Prof. Dr., Brigham Young University, School of Family Life, Provo

Hoffman, Lois Wladis, Prof. Dr., University of Michigan, Department of Psychology, Ann Arbor

Kalicki, Bernhard, Dr., Staatsinstitut für Frühpädagogik, München

Ladwig, Arndt, Staatsinstitut für Frühpädagogik, München

Levine, James A., Dr., Direktor des Families and Work Institute, New York

Marks, Loren, University of Delaware, Department of Individual and Family Studies, Newark

Mintz, Steven, Prof. Dr., University of Houston, College of Humanities, Fine Arts, and Communication

Palkovitz, Rob, Prof. Dr., University of Delaware, Department of Individual and Family Studies, Newark

Peitz, Gabriele, LBS-Familien-Studie, München

Pittinsky, Todd L., Harvard University, Department of Psychology, Cambridge

Sander, Elisabeth, Prof. Dr., Universität Koblenz-Landau, Institut für Psychologie, Koblenz

Textor, Martin R., Dr., Staatsinstitut für Frühpädagogik, München

Reihe »Beltz Handbuch«

Klaus Hurrelmann / Dieter Ulich
(Hrsg.)
**Handbuch
der Sozialisationsforschung**
Studienausgabe.
5., neu ausgestattete Auflage 1999.
XIV, 750 Seiten. Broschiert.
ISBN 3-407-83143-9

In einer interdisziplinären Gesamt-
darstellung werden die Theorien,
Methoden und Ergebnisse der
Sozialisationsforschung behandelt.

Das Handbuch vermittelt dabei nicht
nur einen geschlossenen Überblick,
sondern ist gleichzeitig Nachschlage-
werk und bietet aktuelle Informationen.
35 Autorinnen und Autoren haben
dazu beigetragen, die gesamte Spann-
breite der Forschung zur menschlichen
Entwicklung in der sozialen und
ökologischen Umwelt zu thematisieren.
Als ausgewiesene Fachleute in ihren
Gebieten repräsentieren diese Autorinnen und Autoren nicht nur die
wesentlichen theoretischen Zugänge
zum Feld, sondern zeigen auch neue
integrative und interdisziplinäre
Forschungsansätze auf, informieren
anschaulich über die zentralen
Instanzen der Sozialisation (Familie,
Kindergarten, Gleichaltrigengruppe,
Schule, Betrieb, Hochschule, sozialpädagogische Institutionen, Institutionen der psychosozialen Versorgung,
Massenmedien) und berichten über
die Forschung zu den wesentlichen
Dimensionen des menschlichen
Entwicklungsprozesses (kognitive,
sprachliche, emotionale, politische
Sozialisation und Selbstkonzept-
entwicklung).

BELTZ

F0005

Beltz Verlag · Postfach 10 01 54 · 69441 Weinheim · www.beltz.de

Reihe »Beltz Handbuch«

Christoph Wulf (Hrsg.)

Vom Menschen

Handbuch Historische Anthropologie

Kosmologie • Welt und Dinge
Genealogie und Geschlecht • Körper
Medien und Bildung
Zufall und Geschick • Kultur

BELTZ Handbuch

Christoph Wulf (Hrsg.)
Vom Menschen
Handbuch Historische Anthropologie
1997. 1160 Seiten. Gebunden.
ISBN 3-407-83136-6

Ambivalenz und Verunsicherung, Vielfalt und Komplexität bestimmen menschliches Leben am Ende des 20. Jahrhunderts. Immer schwieriger wird es, sich in der Welt, der Gesellschaft und in sich selbst zu orientieren. In dieser Situation drängt sich die Frage auf, was man vom Menschen und seinen Grundverhältnissen wissen könne.

Normative Anthropologien haben ihre Überzeugungskraft verloren. Nicht mehr dem universellen Menschen, der männlich, europäisch und abstrakt gedacht wurde, sondern dem Partikularen und der Vielgestaltigkeit menschlicher Erscheinungen gilt das Interesse. Die Erkenntnissuche richtet sich auf ein anthropologisches Wissen, das sich seiner Geschichtlichkeit und kulturellen Bedingtheit bewusst ist.
Die etwa neunzig Artikel dieses Handbuchs gliedern sich in sieben Abschnitte: Kosmologie – Welt und Dinge – Genealogie und Geschlecht – Körper – Medien und Bildung – Zufall und Geschick – Kultur.
Das Handbuch wird unterstützt vom Interdisziplinären Zentrum für Historische Anthropologie der Freien Universität Berlin und der Gesellschaft für Historische Anthropologie.

»Ein bahnbrechendes und großartiges Buch, das menschliche Grundbefindlichkeiten, Existenzweisen und Lebenshorizonte beschreibt und zu verstehen sucht. Auf dem deutschen Buchmarkt gibt es kein vergleichbar gründliches und reichhaltiges Werk, das Fachleuten wie Laien großen Lesegewinn verspricht.«
Publik-Forum

BELTZ

F0008

Beltz Verlag · Postfach 10 01 54 · 69441 Weinheim · www.beltz.de

Methoden Sozialer Arbeit

Nando Belardi u.a.
Beratung
Eine sozialpädagogische Einführung.
Editon Sozial.
Berufsfelder Sozialer Arbeit, Bd. 10.
216 Seiten. Broschiert.
ISBN 3-407-55823-6

Sozialpädagogen und Mitglieder verwandter Berufsgruppen sind immer auch beratend tätig, selten jedoch ausschließlich. Denn sie haben es mit sehr verschiedenen Zielgruppen, Institutionen und Aufgaben zu tun.

Die vielen Angebote auf dem Sektor von Beratung und Psychotherapie sind deshalb für die sozialen Berufe in ihrem Gebrauchswert teilweise sehr begrenzt, sind sie doch für andere Zwecke und Arbeitszusammenhänge entwickelt worden. Deshalb konzentriert sich dieses Buch auf das notwendige Beratungswissen für die Sozialpädagogik. Im ersten Teil wird es in allgemeiner Form beschrieben. Im zweiten Teil werden anwendungsspezifische Beispiele aus sieben verschiedenen Praxisfeldern vorgestellt.

»Das Buch zeichnet sich durch einen großen Praxisbezug aus, der durch viele Fallbeispiele mitbedingt wird ... Dieses Buch ist ein Muß für alle Studierenden der Sozialpädagogik – aber auch berufstätige Sozialarbeiter können von ihm profitieren.«
Nachrichtendienst des Deutschen Vereins für öffentliche und private Fürsorge

»Das Buch und sein Autor bieten eine sehr bedeutsame Einführung und Übersicht in Probleme, die mit Beratung zusammenhängen und kreieren auch ein wichtiges neues Rollenverständnis einer sozialpädagogischen Beratung.«
GwG-Zeitschrift

F0020

Beltz Verlag · Postfach 10 01 54 · 69441 Weinheim · www.beltz.de